国际贸易单证（第3版）

International Trade Documentation (3rd Edition)

【UCP600／INCOTERMS 2010适用】

李 京 ◎ 编著

本书配有光盘

北京理工大学出版社
BEIJING INSTITUTE OF TECHNOLOGY PRESS

内 容 简 介

本书为《国际贸易单证（第 3 版）》，介绍了国际贸易中的单证体系，各类海关、银行、运输、企业和机构单证的内容、性质和用途，以及当前电子单证的应用和发展，重点分析了信用证单证实务，战略性地提出了解决单证处理中各类问题的思路和方法。本书第 3 版适用于国际商会《跟单信用证统一惯例（2007 年修订本）》（UCP600）与《2010 年国际贸易术语解释通则》（INCOTERMS 2010）的最新规则。本书旨在使读者认识、了解单证，熟悉单证处理的原则、方法和惯例，掌握单证操作的技巧，特别是如何签好进出口合同以保证单证操作的有效性和效率。书中配有大量的单证操作流程图和单证样本，每章配备复习思考题，全书最后还编有单证操作练习，并附有国际贸易单证中英文词汇对照表。本书配备光盘，包含课堂演示课件（PPT）、主要单证、信用证制单练习和附录资源。

本书适用于高等院校国际贸易专业的本科和研究生教学，可以作为国际贸易单证课程的核心教材或国际贸易实务、外贸函电、外贸谈判等课程的辅助教材，还可以作为对外贸易职业教育和培训教材使用，指导广大外贸企业员工进行外贸单证操作。

版权专有　侵权必究

图书在版编目（CIP）数据

国际贸易单证 / 李京编著. -- 3 版. -- 北京 ： 北京理工大学出版社，2017.9（2024.6 重印）
ISBN 978-7-5682-4888-4

Ⅰ. ①国… Ⅱ. ①李… Ⅲ. ①国际贸易-原始凭证
Ⅳ. ①F740.44

中国版本图书馆 CIP 数据核字（2017）第 241020 号

责任编辑：	武丽娟	文案编辑：	武丽娟
责任校对：	周瑞红	责任印制：	李志强

出版发行 / 北京理工大学出版社有限责任公司
社　　址 / 北京市丰台区四合庄路 6 号
邮　　编 / 100070
电　　话 /（010）68944439（学术售后服务热线）
网　　址 / http://www.bitpress.com.cn

版 印 次 / 2024 年 6 月第 3 版第 2 次印刷
印　　刷 / 廊坊市印艺阁数字科技有限公司
开　　本 / 787 mm × 1092 mm　1/16
印　　张 / 12.75
字　　数 / 294 千字
定　　价 / 38.00 元

图书出现印装质量问题，请拨打售后服务热线，负责调换

第3版重印前言

国际货物贸易、跨境电商在信息技术和全球化潮流的推动下不断发展、深化，我国对外贸易发展取得世界瞩目的成就。党的二十大报告明确提出"高质量发展是全面建设社会主义现代化国家的首要任务"和"必须坚持高水平对外开放"。因此，加大国际贸易实践教学和教材建设成为新时代外经贸人才培养的重要内容。

《国际贸易单证》最初产生于北京理工大学"增设国际贸易单证实践课"的教改成果，旨在为国际贸易专业实践教学提供适宜的教材资源。自2005年首次出版、2008年、2017年修订出版以来，在国际贸易专业广泛使用，成为国际贸易理论与实务课程的实践延伸，也是学生参加外经贸业务实习前的重要指导。本书重点突出国际贸易专业的实践特点，总结了国际贸易单证的主要类别和操作技巧，教材配备的光盘数字资源为师生的教学与学习活动提供了有力的资源，方便学生的模拟实验，也是国际贸易专业学生初次参加国际贸易实务、实习的快速入门指南。

由于市场需求较大，此次进行第3版重印，同时做了两点更新和补充：第一，增加了关于国际商会《2020年国际贸易术语解释通则》（INCOTERMS 2020）的内容；第二，响应数字赋能新形态教材建设的号召，增加了章节讲义的内容，并以二维码形式呈现，读者在阅读中可以通过扫码查看每章的课件内容，方便学习和复习。

感谢广大读者对本书的支持，希望我国的对外贸易发展得更快更好。

第3版前言

2005年《国际贸易单证》的出版，为国际贸易专业的师生、国际经贸业务人员提供了简洁清晰、深入浅出、形象生动的教学与学习材料，对于读者迅速、有效地获得国际贸易单证的基本知识及操作策略起到了重要的作用。2008年修订版的出版及时更新了国际商会关于跟单信用证统一惯例的规则，保持了《国际贸易单证》的时效性。随着经济全球化的深入和国际商务规则的持续更新，我们有必要及时按照国际贸易单证的新内容、新规则和新策略对本书进行修订，因此，本书在前两版的基础上，做了如下修订：

第一，针对国际商会《2010年国际贸易术语解释通则》（INCOTERMS 2010）的内容，修订了全书相关的合同价格、金额条款，使得合同条款适用于INCOTERMS 2010。

第二，针对国际商会《跟单信用证统一惯例2007年修订本》（UCP600），进一步更新了本书的信用证案例内容。

此外，针对我国对外贸易管理制度的变化，对进出口核销、核查制度的内容等进行了修订说明。

第3版一如既往地保留了前两版的特点，体系全面，综合性强；精练、重点突出，详略得当，教辅资源丰富。

在本书的写作中，笔者参阅和吸收了国内外同行的许多有价值的成果，在此表示衷心的感谢。书中难免有不尽完善之处，欢迎读者提出宝贵意见和建议。

第2版前言

《国际贸易单证》自出版发行以来，受到了广大读者的欢迎。特别是本书对单证处理技巧的透彻分析以及随书配备的光盘资源，在作者承担的国际贸易单证实务教学中取得了很好的教学效果，也得到了使用本教材的广大教师和学生的好评。

随着国际贸易实务的迅速发展，国际贸易单证中不断出现新内容、新规则，因此对这些新事物需要有及时的新认识，制定新对策，形成新技巧。2007年7月1日国际商会《跟单信用证统一惯例》（UCP600）生效，标志着信用证的有关概念、内容、规则和风险都发生了一定的变化，并对各方当事人产生了不同的影响。本书在第1版的基础上，特别针对国际贸易单证的发展进行了全面修订，具体如下：

第一，本书增加了对UCP600的介绍，包括跟单信用证统一惯例的发展和UCP600的产生、主要内容和对比UCP500的主要变化。

第二，本书着重分析UCP600对国际贸易单证实务的影响，以及出口制单中相应的注意问题，按照UCP600的新规则重新编写了涉及UCP600的全部信用证案例分析和单证，使读者能从完整的信用证案例中看到UCP600下的单证操作，并掌握处理技巧。

第三，本书对跟随UCP600发生变化的《国际标准银行实务》（ISBP）和SWIFT信用证格式进行了介绍，保持了对配套惯例的完整介绍。本版内容具有较强的时效性。

此外，为了更好地阐释国际贸易单证实务中时间管理的策略，本书在第四章中增加了相关的案例分析。本书保留了第1版的基本特点，体系全面，综合性强；精练，重点突出，详略得当，教辅资源丰富。

本书由李京编著，杜晓东参加了第四章的编写工作。在本书的写作中，笔者参阅和吸收了国内外同行的许多有价值的成果，在此表示衷心的感谢。书中难免有不尽完善之处，欢迎读者提出宝贵意见和建议。

第1版前言

"二战"后世界经济的发展得益于国际贸易的不断扩大,国际分工的不断深入,"二战"后的经济兴盛被称为"贸易引领的发展(trade-led-growth)"。虽然关税与形形色色的非关税壁垒仍然是国际贸易的主要阻力,世界贸易环境依然朝向自由贸易的方向发展,多边化和区域性的贸易协定不断涌现。包括中国在内的许多新兴工业化国家和地区的经济腾飞也归功于政府采取的开放政策,实行较高的经济开放度,即较高的对外贸易—国内生产总值比。

国际贸易的重要性要求国际贸易实务操作的成功,而国际贸易的各个程序均体现为国际贸易单证的处理,即单证的取得或签发。这样,对国际贸易单证的了解、掌握和妥善处理,就成为国际贸易顺利进行的重要保证。

中国是世界经济贸易大国,是世界贸易组织的年轻成员。随着贸易开放和履行入世承诺步伐的加快,我国的对外贸易无论是总量、增长速度,还是参与贸易的企业数量、从事贸易实务的人员数量,都在飞快增长着。这就提出了如何有效并高效地解决贸易单证的学习、操作和实践问题。在我国改革开放初期,只有少数专门从事对外贸易的企业有资格对外签约、进行贸易,在贸易单证的学习和培训中,多以"师傅带徒弟"的方式进行。这会产生诸如缺乏全面的系统观,学习存在局限性、不完整性和效率低等问题。然而,即使这种学习方式是有效的,在2004年7月1日以后,我国大量取得进出口资格的新企业也难以采用,因为没有那么多的"师傅"。众多国际贸易实务教材中的内容也难以满足针对国际贸易单证的学习和实践要求。

笔者在五年从事进出口业务和四年进行国际贸易专业教学的基础上,将专业实践所得和教学需要结合起来,撰写了这本《国际贸易单证》。在本书的编写过程中,始终体现了作者的下列写作思想:

(1) 学习和研究国际贸易与实务离不开国际贸易单证知识,取得或签发有关的单证是每一步贸易操作的落脚点。

(2) 学习贸易单证要有系统的认识。对于每一种单证,不仅要了解它的内容、格式,还要通过它的功能掌握其在贸易环节中的地位以及单证间的区别和联系。

(3) 学习贸易单证要有战略性的思考,学会逆向思维。除掌握单证的内容、性质和作用外,要研究单证—流程—合同间的关系,学会总结如何保证单证操作的顺畅,特别是如何订立外贸合同可以更好地完成实务中的环节,完成单证操作。

(4) 学习贸易单证要有效率。单证学习应避免简单地罗列各种单证,面面俱到,成为烦冗的文件或手册汇编。其实,我们更应该通过给读者一个引导和线索,帮助他们建立知识框架。

本书第一章介绍了国际贸易流程——这是研究国际贸易单证的基础和出发点,单证是为实现某个环节的目标而签发的——并按照三种基本支付方式,即电汇、托收和信用证,分别说明了相应的贸易流程。第二章阐述了国际贸易单证的性质、功能,并分类介绍了各种国际贸易单证。第三章是单证操作的难点和重点,即信用证单证实务。本章先简要介绍了信用证单证流转核心思想和信用证单证流程,作为信用证单证实务的依据和原则,随后,以一个精编的国际贸易案例,生动地阐述了信用证单证的缮制和审核。仅通过这一案例,读者就可以学习和掌握常规信用证单证的基本处理思想和办法。特别是,书中对于所涉及单证都从信用证和合同中的对应条款、单证缮制要点、相应的国际惯例、注意事项和容易出现的问题,以及合同谈判时如何避免这些问题等角度进行了综合性的分析,使读者超越于简单的正向的单证填制工作。对于国际贸易单证中的常见疑难问题,在第四章中介绍,这些都是关键性的问题。随着信息技术的发展,电子单证也越来越多地出现在国际贸易中,关于电子单证在国际贸易中的应用和发展,在第五章中介绍。书中配有大量单证操作流程图和单证样本,每章配备复习思考题。此外,全书最后的单证操作练习和附录中的国际贸易单证中英词汇对照表,可为读者提供很好的学习资源。

本书的主要特色:

(1) 系统地介绍国际贸易单证,对重要单证进行重点说明。形形色色的国际贸易单证使人难以掌握整个单证系统的组成,即使同一名称的单证也可能因功能、签发机构和涉及贸易内容不同而迥异,所以在介绍单证时以分类方式进行体系性的介绍十分有效,可帮助读者对单证系统形成科学认识。

(2) 关联性地介绍国际贸易单证。如果仅从各个单证自身的内容入手,则容易切断读者认识贸易谈判与合同、贸易流程和单证处理间的内在联系,而这种内在联系是顺利进行贸易的重要保证。本书从多个角度剖析了贸易谈判与合同—贸易流程—单证处理三者间的内在联系,提出了单证操作是实现贸易合同和流程的具体手段;合同签订得不完善,会影响单证的操作,从而影响交易目标的实现。

(3) 战略性地介绍国际贸易单证。在注意到单证—贸易合同和流程的相互关系基础上,向读者提出单证处理的结果直接影响贸易合同和流程执行结果;而在贸易谈判和签约时全面考虑单证处理、签好国际贸易合同是保证单证操作顺利进行的重要基础,在阐述单证内容时,介绍了如何通过严密的贸易合同和流程操作来保证单证处理。此外,第四章中关于疑难问题的处理,对于实际单证操作具有较强的指导作用。

(4) 高效地介绍国际贸易单证。作者在教学中十分注意以引导和启发性的方式来组织学习,避免"填鸭式"的面面俱到,注意让学生掌握知识体系,所以,本书在编写时避免了那种文件汇编式的单证介绍,注重培养读者的学习能力,读者在掌握了本书的单证处理思想后,自己就可以去深入研究某些感兴趣的具体种类的单证。

(5) 对于国内外电子单证的介绍,特别是美国的自动进出口系统和欧盟的单一管理文件,为广大读者提供了同行业发展的重要近期信息。

(6) 书中配备大量的示意图、流程图和各种单证的样式,可以清晰、直观地说明问题;作者把多年外贸业务工作经验应用到案例和练习的编写中,而不是简单地引用一套现有的资料,以求为读者提供高质量的案例学习和练习。

(7) 本书配有 CD-ROM,包括:① 课件演示,供课堂教学使用。② 单证一览表,罗列了国际贸易中的常用单证。③ 制单练习,包括第三章第三节、第四节及全书最后的单证练习中的全部内容。④ 附录。

在本书的写作中,笔者参阅和吸收了国内外同行的许多有价值的成果,在此表示衷心的感谢。书中难免有不尽完善之处,欢迎读者提出宝贵意见和建议。

目 录

第一章 国际贸易流程 ………………………………………………………… 1
  第一节 国际贸易基本程序 ……………………………………………… 1
  第二节 国际贸易合同的履行 …………………………………………… 2
  第三节 不同支付方式下的国际贸易流程 ……………………………… 6
  第四节 UCP600 与信用证业务国际惯例的发展 ……………………… 21
  复习思考题 ……………………………………………………………… 23

第二章 国际贸易中的单证 ………………………………………………… 24
  第一节 单证的作用与流程 ……………………………………………… 24
  第二节 单证的种类（1）——合同、协议和备忘录 ………………… 29
  第三节 单证的种类（2）——支付单证 ……………………………… 35
  第四节 单证的种类（3）——通关单证 ……………………………… 73
  第五节 单证的种类（4）——外贸部门管理单证 …………………… 78
  第六节 单证的种类（5）——其他单证 ……………………………… 85
  复习思考题 ……………………………………………………………… 92

第三章 信用证单证实务 …………………………………………………… 93
  第一节 信用证单证流转核心思想 ……………………………………… 93
  第二节 信用证单证流程 ………………………………………………… 94
  第三节 L/C 单证的缮制和处理 ………………………………………… 96
  第四节 制单练习 ……………………………………………………… 142
  复习思考题 …………………………………………………………… 156

第四章 国际贸易单证实务中的疑难问题 ……………………………… 157
  第一节 贸易单证与贸易谈判 ………………………………………… 157
  第二节 单证流程与国际贸易中的时间管理 ………………………… 159
  第三节 大型设备国际贸易的结算与支付 …………………………… 165
  复习思考题 …………………………………………………………… 167

第五章 电子单证 ………………………………………………………… 169
  第一节 电子单证的产生与发展 ……………………………………… 169
  第二节 电子单证的特点 ……………………………………………… 169
  第三节 电子单证的应用 ……………………………………………… 170

复习思考题 ·· 175

单证操作练习 ·· 176

附录一 国际商会《2020 年国际贸易术语解释通则》中的 11 种术语 ············ 187

附录二 国际商会《2010 年国际贸易术语解释通则》中的 11 种术语 ············ 188

附录三 国际贸易单证常用词汇和短语（中英对照）································ 189

参考文献 ·· 192

第一章

国际贸易流程

在国际贸易中,买卖双方经过市场调研和交易磋商,签订进出口合同,作为约束双方权利和义务的依据,并依照相关法规和国际惯例履行合同,实现国际贸易的最终目的。

第一节　国际贸易基本程序

国际贸易是不同国家(或地区)的买卖双方进行有关商品或服务的交易活动,它包括有形的国际货物买卖和无形的服务贸易。由于服务贸易的开放主要涉及进口国(或地区)的经济政策和进出口国政府间的双边谈判,所以这里我们以研究国际货物贸易为主。其实,国际货物贸易和国际服务贸易是有着紧密联系的,一般的货物买卖中也往往包含着服务(如产品的安装调试),服务贸易有时也涉及货物贸易(如在进口地引进用以提供服务的有形产品)。

通常,国际贸易的买卖双方要经历交易准备、交易磋商、签订合同和履行合同四个环节。

一、交易准备阶段

在交易准备阶段,买卖双方主要进行以下活动:
- 国际市场调研。包括收集、整理和分析关于产品、市场环境、技术条件、法律规定、供求情况、价格波动和竞争程度等方面的信息。
- 选择交易对象。在经济全球化和信息技术发达的时代,选择交易对象的机会很多,但是要注意资信和经营能力的调查,防范交易风险。
- 制订经营战略。包括购销计划,产品的基本规格、数量和交货期限,支付条件以及财务预算,以此作为贸易谈判的依据。当然,这些经营战略较为粗略,具有指导性,它们应随着环境和条件的变化及时进行调整。

二、交易磋商阶段

买卖双方在交易磋商中就交易的各个条件进行协商以求得意见一致并达成交易。交易磋商在形式上可分为口头和书面两种:口头磋商主要是指面对面或者通过电话进行的谈判形式,随着信息技术的发展,也包括利用网络进行的视频、语音沟通;书面磋商是指通过信件、数据电文(包括电报、电传、传真、电子数据交换 EDI、电子邮件、网络信息)等方式来磋商交易。两者特点不同,但在国际贸易谈判中均有重要作用。交易磋商的内容涉及拟签订的买卖合同的各项条款,包括品名、品质、数量、包装、价格、装运、保险、支付以及商检、索赔、仲裁和不可抗力,等等。此阶段,买卖双方应将交易各环节的内容和可预见到的问题逐一讨论,作为订立合同的依据。从交易磋商到达成一致所经历的环节一般包括询盘、发盘、还盘等,经常需要往复多次,直至接受和达成交易。

三、签订合同阶段

国际货物买卖合同是不同国家的当事人按一定条件达成买卖商品的协议。经过交易磋商,一方的发盘或还盘被对方有效地接受后,合同即告成立,双方建立了合同关系。合同要具有法律效力,受法律保护,须具备下列条件:① 当事人必须在自愿和真实的基础上达成协议。② 当事人必须有订立合同的行为能力。③ 合同必须有对价(Consideration)和合法的约因(Cause)(对价是指合同当事人之间所提供的相互给付,即双方互为有偿;约因是指当事人签订合同所追求的真实目的)。④ 合同的标的和内容必须合法。⑤ 合同的形式必须符合法律规定的要求。有关合同的具体形式、种类和内容,将在第二章详细介绍。

四、履行合同阶段

合同一经生效,买卖双方均应按照合同确立的权利、责任和义务认真履行合同内容,以保证交易的顺利实现。履行合同是国际贸易中最为重要的环节之一,但它需要前三个阶段的基础来保证。合同是否得以履行,取决于国际市场环境的变化程度、买卖双方的意愿和合同条款的完备程度,因此,无论是市场调研还是交易磋商与签约,都会对日后合同的履行产生影响。当履约过程中出现诸如不可抗力之类的意外影响时,双方应本着将损失降至最小、互助互利的思想,必要时修改合同款项或签订补充协议,尽量实现合同目标。本书以合同签订后履约阶段的步骤作为介绍国际贸易流程的基本内容。

第二节 国际贸易合同的履行

国际贸易合同的履行对于买卖双方均有重要意义。卖方以顺利交货和结汇收款为目的,买方则需要顺利收货和支付货款。我们不应把国际贸易合同简单地割裂为"出口合同"和"进口合同",而应把一笔交易看成一个整体,进出口双方分别为两个联系的当事人,对于进口方而言,这是一笔进口合同,而对出口方则为出口合同,它们是一个事物的两个方面。卖方也要了解买方的工作程序,反之亦然。这样不仅有利于加强合作,即在执行合同的过程中互相协助,提供便利,搞好衔接,还可以防范风险,使每一个步骤都能互相牵制。一般地,合同签订后所涉及的履约环节包括四个主要步骤,即合同生效、货物的交付、货款的支付和贸易核查与退税,如图1-1所示。

一、合同生效

合同正式生效和启动,除了需要满足具备法律效力的条件外,还依签约双方当事人针对合同标的所达成的保留性条款。例如,当合同标的的进口或出口需要所在国的管理部门审批(要求申领进/出口许可证)时,在买卖双方已就交易条款达成协议但尚未取得贸易许可的情况下,双方可在合同中注明"本合同在买(卖)方取得进(出)口许可证时生效"。此外,有时买卖双方也以支付一定比例的定金等作为合同正式启动的条件。在国际贸易实务中，签约后合同没有执行的情况也不少见，只要当事方没有投入或造成损失，而且不愿追究时，合同就得不到履行。按照国际商法的规定，在往来函电中已构成的有效接受，即具有法律约束力，但它不意味着交易的真正执行。

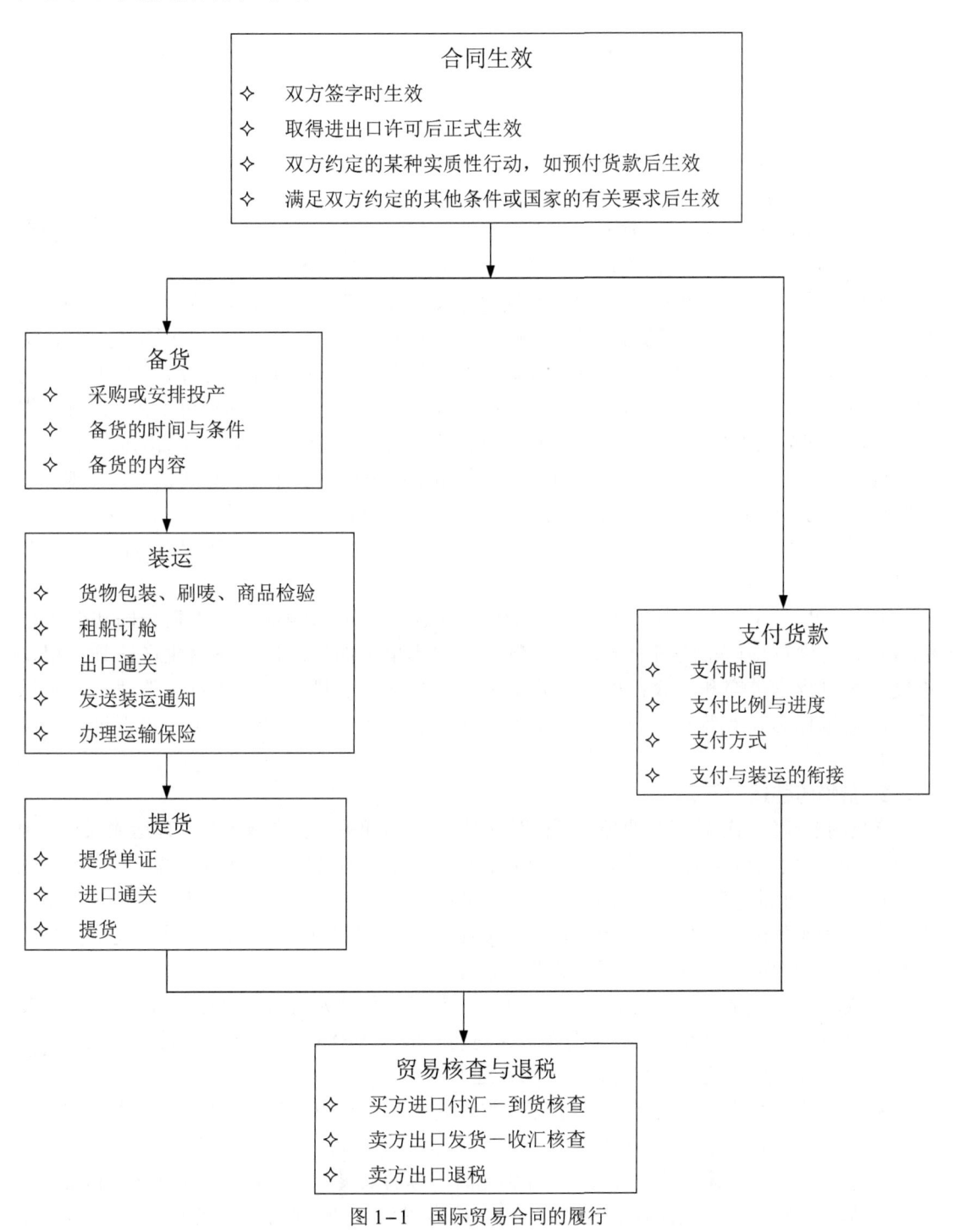

```
┌─────────────────────────────────────┐
│              合同生效                │
│  ◇ 双方签字时生效                    │
│  ◇ 取得进出口许可后正式生效          │
│  ◇ 双方约定的某种实质性行动，        │
│    如预付货款后生效                  │
│  ◇ 满足双方约定的其他条件或          │
│    国家的有关要求后生效              │
└─────────────────────────────────────┘
                  │
    ┌─────────────┤
    ▼             │
┌───────────────┐ │
│     备货       │ │
│ ◇ 采购或安排投产│ │
│ ◇ 备货的时间与  │ │
│   条件         │ │
│ ◇ 备货的内容   │ │
└───────────────┘ │
    │             │
    ▼             │
┌───────────────┐ │  ┌──────────────────┐
│     装运       │ │  │     支付货款      │
│ ◇ 货物包装、刷唛│ │  │ ◇ 支付时间        │
│   、商品检验   │ │  │ ◇ 支付比例与进度  │
│ ◇ 租船订舱     │ │  │ ◇ 支付方式        │
│ ◇ 出口通关     │ │  │ ◇ 支付与装运的衔接│
│ ◇ 发送装运通知 │ │  └──────────────────┘
│ ◇ 办理运输保险 │ │           │
└───────────────┘ │           │
    │             │           │
    ▼             │           │
┌───────────────┐ │           │
│     提货       │ │           │
│ ◇ 提货单证     │ │           │
│ ◇ 进口通关     │ │           │
│ ◇ 提货         │ │           │
└───────────────┘ │           │
    │             │           │
    └─────────────┴───────────┘
                  ▼
┌─────────────────────────────────────┐
│          贸易核查与退税              │
│  ◇ 买方进口付汇－到货核查            │
│  ◇ 卖方出口发货－收汇核查            │
│  ◇ 卖方出口退税                      │
└─────────────────────────────────────┘
```

图 1-1　国际贸易合同的履行

二、货物的交付

货物的交付指从备货到货物装运直至最终提货的过程，其中涉及的环节有生产、订购、检验、包装、装运、出口通关、投保、进口通关、提货等。

1. 备货

备货指出口方（卖方）根据合同条款的要求与规定准备货物。货物的种类、规格、质量、数量、包装方式均应满足合同要求。但是，卖方的备货时间却会因交易的条件不同产生很大差异。

（1）当货物标的全部为卖方库存现货时，卖方进行备货不需任何额外的准备，备货在合同订立时即告完成。

（2）许多情况下，卖方需要根据买方订单进行专门备货，即从其他供货商处进货或根据订单生产，这样会产生一定的费用和风险，如果买方将来拒绝履行收货和付款义务，会给卖方带来巨大损失。如果合同中对于争议的处理方式已有明确规定，如友好协商或提交仲裁，则不得将争议通过提交法庭的方式解决，而且当合同中规定仲裁地点在买方国家进行时，更不利于卖方的权利请求。即使合同允许以诉讼方式解决争议，卖方需要花费大量的时间、精力和资金。因此，大多数的国际货物买卖合同要求买方支付一定数额的预付货款，或开立银行信用证，或提交银行履约保函，作为对卖方利益的保证，也作为合同正式启动的条件。这样，卖方应该在收到符合合同约定的预付款、信用证或银行履约保函才正式备货。在国际贸易实践中，同时出于风险和效率的考虑，卖方也应一边等待预付款、信用证或银行履约保函，一边做好备货的准备工作，如联系生产、供应和包装、运输等事宜，做到"万事俱备，只欠东风"。

卖方的正式备货工作为：办理货物的生产和出口许可（需要时）；根据合同和信用证的规定，向供货厂商采购符合要求的货物，或向本单位的生产部门下达生产计划；根据进度计划对货物催交和验收；检验货物的品质、规格；安排货物的清点、整理、包装以及刷制运输标志，等等。买方应按时履行合同中约定的付款或开证义务，以保证卖方顺利备货。

2. 货物的装运

货物的装运包括运输工具的预定（租船订舱）、出口通关、货物装运和办理运输保险。根据合同中所确定的贸易术语不同，买卖双方的装运责任也不相同。责任方应按照合同约定预定运输工具，准备办理出口通关的文件，办理通关手续，安排货物的装运出口并办理保险。办理上述手续的不一定是同一当事方。各方责任、风险和费用的划分依合同中确定的贸易术语和相关条件而定。这一阶段需要注意的问题有：

- 如果合同规定由买方租船订舱，则买方应将运输代理人的信息及时告知卖方，以便卖方在出口地与该代理人联系衔接货物的装船事宜（EXW 价格条件下除外，因为该方式下卖方的交货地点在卖方工厂所在地）。

- 卖方在货物出运后，应及时（按照合同约定和信用证的相关要求）向买方发出装运通知，将装运的细节，如合同/信用证号、商品品名、规格、品质、数量、包装、价值、离岸时间、运输工具及航次、预计到达时间等通知买方，以便买方安排接货和相关事宜，在应由买方投保时办理保险手续。国际贸易合同基本都要求卖方发送装运通知，这是买方及时得到货物运输信息和各阶段协调衔接的重要保证，在航空运输和近洋运输中尤为重要。
- 国际贸易货物应办理保险。买/卖方按照合同约定办理投保手续。

3. 提货

提货主要包括进口通关手续的办理和在进口国接收货物。一般来说，由买方办理进口的许可手续、到货的进口通关手续、缴纳关税和其他税费，以及在进口国约定地点提取货物。但是由于贸易术语的不同，提货的地点和买卖双方的责任、义务也不同。EXW 价格条件下，卖方在出口国工厂所在地即完成交货义务，所以买方在该地点提货。提货后的一切事宜均由买方自付费用，自担风险办理，包括出口通关手续。DDP 价格条件下，卖方负责货物运至进口国目的地的所有风险和费用，买方在进口地办理提货即可，进口通关手续也由卖方办理。

三、货款的支付

买方按照合同收领货物和支付货款是买方的基本义务。依买卖双方谈判达成交易的条件不同和各国有关法律规定的差异，货款支付的时间、比例和支付方式（工具）各不相同。货款支付条件的谈判和执行过程是一项较为复杂的程序，受其他贸易环节的影响，也制约着其他内容的执行。

货款支付的时间可以约定在合同执行中的任何时期。实际工作中常常采用的有：
- 签约后的某段时间内支付，并以此作为合同正式启动的条件；
- 装运前的某段时间内支付，作为装运的条件；
- 装运后的某段时间内支付，装运单据（主要是提货单证）成为取得货款的条件。

货款支付可以一次进行，也可以分次按比例进行，这要看双方在合同谈判中的约定和进口方国家的有关外汇管理要求。

- 货款可以一次性支付，但是支付的时间和条件对买卖双方的影响是不同的。买方均希望按照货到付款的原则进行，以排除收货风险；而卖方则愿意收到全部货款后再履行交货义务，以不占压己方资金并排除交易的收款风险。
- 多数情况下，买卖双方为了体现公平、互利和保证双方的利益，在约定付款条件时采用互相抑制和促进的原则，将货款分批按比例进行，且买方的每次支付均与卖方一定程度的履约挂钩（为条件），而卖方按合同进行的每一步骤也与获得相应的货款支付挂钩。例如买卖双方在合同中约定：买方在合同签字生效后 7 日内向卖方支付 10%的预付金，这样卖方便正式开始投产或订购合同项下的货物；到了装运前的一段特定时间，如 45 日内，买方开立以卖方或指定第三方为受益人的银行信用证，卖方则安排装运和发货，并通知买方；然后卖方持所需单据向议付行议付货款。这样，既保证了卖方在有保证的前提下安排备货和履行交货义务后的收款，也保证了买方支付货款可以提取货物。
- 货款的具体支付金额和时间，不仅受双方当事人意愿的影响，还受限于进口国有关对外支付的规定。例如，当进口国有关法规对预付款的最高金额或比例做出限制性规定时，买卖双方的合同条款还要依此进行商定。

常用的支付方式主要包括：汇付、托收和信用证方式。汇付是进口人主动（或在出口人的催促下）通过银行单方面向出口商支付货款的行为；托收则为出口商通过委托银行向进口人收取款项的行为，它提供的也是一种商业信用；信用证则是银行信用的应用，进口人委托银行开立信用证，在信用证条款的要求下，出口商（受益人）履行合同并向银行提交信用证要求的单据进行货款议付，买方通过向银行付款赎单取得货权凭证或其他所需单据。此外，上述基本的支付方式可以在实际需要中结合应用，如采用汇付方式预付定金，余款以信用证方式结算。关于支付方式与支付条件，特别是信用证结算单证与操作程序，我们将在后面的章节中具体介绍。

四、贸易核查与退税

各国的对外贸易均在国家规定的法律政策下进行。许多国家为了规范管理对外贸易，采用了进出口核查办法防止国内资本截留境外或进出口经营者的重大经营失误。对于出口商来讲，要保证交付货物后的安全收汇，外汇管理部门会按照相关政策法规核查出口商的收汇、结汇单据和海关的出口记录；进口商在规定时间内要将进口货物的到货证明、海关的进口放行单据和外汇款项支付记录提交外汇管理部门进行核查。出口商在完成贸易收汇和出口发货之后，还可以按照有关政策向税务管理部门办理出口退税手续。

第三节 不同支付方式下的国际贸易流程

鉴于上节所讲，由于买卖双方在合同中所约定的各种有关货物、装运、价格术语、支付条件和争议处理方式的不同，国际贸易流程大相径庭。所以，如果仅以 FOB—海运-进口和 CIF—海运-出口两种模式来描述国际贸易流程，未免过于简单和片面，因为实际操作中买卖双方的约定是有多种选择的，各种要素的组合结果是无穷多的，仅以它们为例不足以说明国际贸易流程的内容，尤其不利于从战略角度学习如何进行国际贸易合同的商谈和履行。但是，我们没有必要，也不可能面面俱到，在此，我们以不同支付方式作为主线来介绍和分析不同的国际贸易流程及其中的重要问题，不同贸易术语导致的不同操作也在其中区分说明。

一、电汇（T/T）/汇付条件下的国际贸易流程

汇付（Remittance）是汇出行（Remitting Bank）应汇款人（Remitter）的要求，以一定的方式（电汇、信汇或票汇），把一定金额，通过汇入行或付款行（Paying Bank）的国外联行或代理行，支付给收款人（Payee, Beneficiary）的一种支付方式。汇款方式的四个主要当事人是：汇款人、收款人、汇出行和汇入行。

最为常用的汇付方式为电汇（T/T, Telegraphic Transfer），它是汇出行应汇款人的要求，以电报通知汇入行或付款行，请它将款项支付给收款人的方式。电汇的主要流程如图1-2所示。

图1-2中各项说明如下：

① 汇出行受理汇款人（买方）的汇款申请时，要求汇款人将款项存入银行并填制汇款申请书，提交汇款申请审核所需要的有关文件或单证。因为各个国家对外汇的管制方式不同，汇出要求也不一样，汇出银行不仅为汇款人提供汇款服务，还负责审核汇出条件是否符合国家的外汇管理规定，必要时还负责向汇款人提供售汇服务。

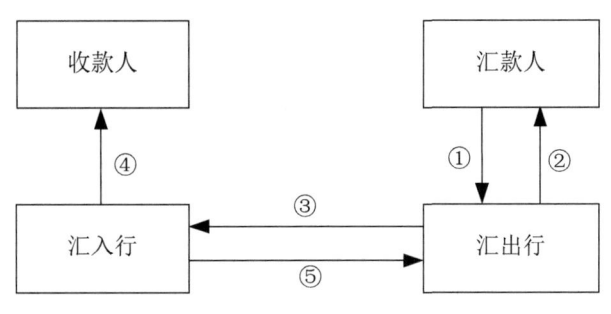

图 1–2 电汇的主要流程

② 汇款人向汇出行取得付款回执，作为款项已汇和日后核查的依据。如果汇款人提交的汇款申请不符合要求，汇出行将全部文件退还汇款人。

③ 汇出行以电报通知汇入行或付款行向收款人付款。银行间通过已建立的业务联系和账务往来形成支付路径，因而汇入行可以向收款人支付，并从汇出行的账户中划拨。

④ 汇入行审核无误后通知收款人并支付款项，并提供相关单据。

⑤ 汇入行转寄汇出行该款项的付讫收据，与汇出行进行结算。

信汇（M/T, Mail Transfer）的业务流程与电汇相同，唯一的区别在于汇出行以邮寄信汇委托书的方式通知汇入行向收款人支付款项。信汇委托书上一般无须加银行密押，而加具授权人的签字，汇入行凭汇出行的预留印鉴核对签字无误后，即将款项解付。

票汇（D/D, Demand Draft）是汇出行应汇款人的要求，开立以其在付款地的联行或代理行为付款人的汇票交给汇款人，由汇款人自带或寄交收款人，收款人凭其到指定汇入行或付款行取得款项的支付方式。

三种汇付方式的主要区别见表 1–1。

表 1–1 电汇、信汇和票汇方式的比较

汇付方式	支付命令的交递方式	速度/费用	取款通知	背书转让
电汇	电子方式	较快/略高	付款行发出	不可，因为银行直接代收代付
信汇	邮寄	较慢/较低	付款行发出	不可，因为银行直接代收代付
票汇	汇款人自带或寄交收款人	较慢/较低	付款行无须发出，收款人持票领取	收款人可背书

电汇由于通过银行以电子方式传递，具有速度快和方便的优点，成为最主要和最常用的汇付方式。电汇方式下的国际贸易流程如图 1–3 所示。

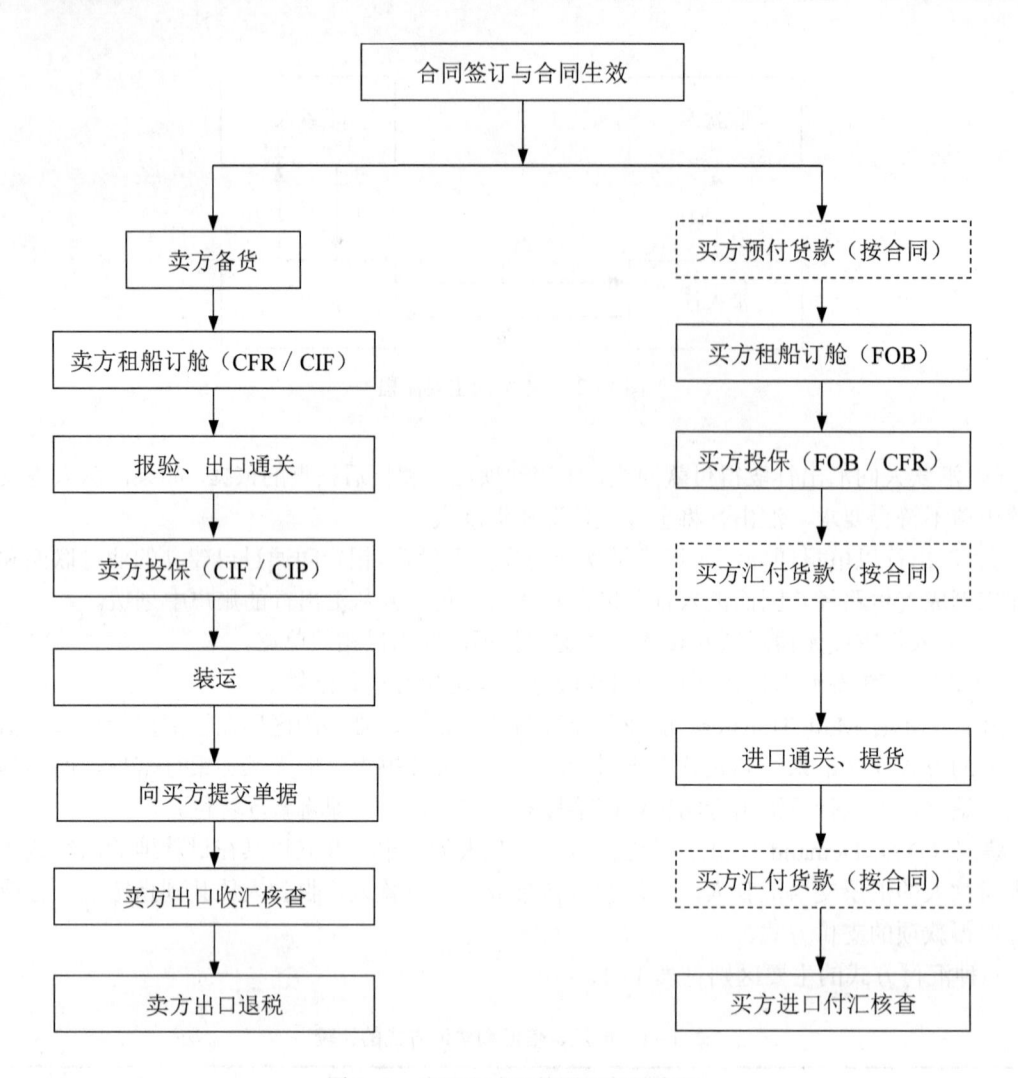

```
                    ┌─────────────────┐
                    │ 合同签订与合同生效 │
                    └─────────────────┘
                             │
              ┌──────────────┴──────────────┐
              ↓                              ↓
       ┌─────────────┐              ┌──────────────────┐
       │   卖方备货   │              │ 买方预付货款（按合同）│
       └─────────────┘              └──────────────────┘
              ↓                              ↓
    ┌──────────────────┐            ┌──────────────────┐
    │ 卖方租船订舱（CFR/CIF）│         │  买方租船订舱（FOB） │
    └──────────────────┘            └──────────────────┘
              ↓                              ↓
    ┌──────────────────┐            ┌──────────────────┐
    │   报验、出口通关   │            │ 买方投保（FOB/CFR） │
    └──────────────────┘            └──────────────────┘
              ↓                              ↓
    ┌──────────────────┐            ┌──────────────────┐
    │ 卖方投保（CIF/CIP）│            │ 买方汇付货款（按合同）│
    └──────────────────┘            └──────────────────┘
              ↓                              ↓
    ┌──────────────────┐            ┌──────────────────┐
    │       装运        │            │   进口通关、提货   │
    └──────────────────┘            └──────────────────┘
              ↓                              ↓
    ┌──────────────────┐            ┌──────────────────┐
    │  向买方提交单据    │            │ 买方汇付货款（按合同）│
    └──────────────────┘            └──────────────────┘
              ↓                              ↓
    ┌──────────────────┐            ┌──────────────────┐
    │  卖方出口收汇核查  │            │   买方进口付汇核查 │
    └──────────────────┘            └──────────────────┘
              ↓
    ┌──────────────────┐
    │   卖方出口退税     │
    └──────────────────┘
```

图1-3　电汇方式下的国际贸易流程

（1）合同签订与合同生效。

（2）卖方按合同要求的时间备货，包括订购，安排生产加工，检验品种、规格、品质、数量、包装等。

（3）如果双方约定买方应向卖方电汇一定金额或比例的预付款时，买方应认真、及时履行。否则会影响卖方是否按时备货和交货，同时还有可能被追究违约责任。

（4）按照合同成交所采用的贸易术语不同，买/卖方依此办理租船订舱手续，并承担相关费用。在 FOB、FCA、FAS 术语下，买方负责联系运输工具与舱位，CIF、CFR、CIP、CPT 及 D 组术语下，由卖方办理。

（5）办理货物的海关出口手续，安排商检，取得通关文件。只有在 EXW 工厂交货条件下，规定由买方办理，其他术语下，均由卖方负责。

（6）货物出运后，卖方向买方发出装船通知，将装运细节，如合同号、商品品名、规格、品质、数量、包装、价值、离岸时间、运输工具及航次、预计到达时间等，通知买方，以便买方安排接货和相关事宜。

（7）办理运输保险。根据合同约定的贸易术语条件办理，FOB、FCA、FAS、CFR、CPT 等术语下卖方无义务办理，除非合同中另有约定，买方应自行投保；CIF、CIP 下，卖方有责任按照合同规定的金额、险种向保险公司投保。

（8）买方在货物到达时向进口国海关办理通关手续（DDP 术语下由卖方办理），取得物权凭证和其他关于货物的有效单据，用以在目的港/地提货。往往卖方在签约时要求，买方须电汇一定比例（或全部）货款，作为卖方向买方交付单据（即交付货物）的条件。所以，此时，买方根据合同向卖方电汇款项。

（9）有时合同规定货物的余款在买方收到货物后的一定时间支付，这也是卖方为了促成交易、允许买方在收货验货后付清余款的一种做法。

（10）当买方和卖方分别完成了收货付款和发货收汇的工作后，还需按国家的贸易、外汇管理规定办理贸易核查手续。出口商凭银行的收/结汇凭证和出口通关的海关报关单进行核查，核查后按政策办理出口退税。进口商凭进口到货的海关报关单和付款凭证办理核查。

电汇是主动将款项由付款人（买方）通过银行支付给收款人（卖方）的支付方式，虽然当买方不予履行时卖方可以依照合同规定要求买方履行并请求损害赔偿，但在实际操作中难度和风险都较大。这是一种完全凭付款人商业信誉的支付方式，卖方在合同谈判时应慎重考虑。

二、托收条件下的国际贸易流程

托收（Collection）是指出口商把汇票交给出口地银行，委托其通过进口商所在的分行或代理行向进口商收取货款的支付方式。

托收的四个主要当事人为：

（1）委托人（Principal），即债权人，通常为出口商。
（2）托收行（Remitting Bank），即接受债权人委托代为收款的银行，通常为出口地银行。
（3）付款人（Payer），即债务人，也是汇票上的受票人，通常为进口商。
（4）代收行（Collecting Bank），即受托收行委托，代为向付款人收款的银行。

托收方式有两种分类方法。根据出口人开具的汇票是否附带运输单证，分为跟单托收和光票托收。光票托收时，出口人仅凭汇票收款，无须随附货运单据。光票托收在国际结算中使用得较少，一般仅限于少量合同余款、费用、佣金等的收取。

托收中最常用的是跟单托收，按照交单条件的不同分为付款交单和承兑交单，其中付款交单包括即期付款交单和远期付款交单两种情况，见图 1-4。

```
托收 ─┬─ 付款交单 D/P ─┬─ 即期付款交单 D/P at sight
      │                └─ 远期付款交单 D/P at ... days after sight
      └─ 承兑交单 D/A
```

图 1-4　托收的种类

（1）付款交单（D/P, Documents against Payment）。买卖双方在合同中约定以付款交单的托收方式收取和支付货款。货物出运后，卖方将汇票连同全套货运单据交给托收行托收，代收行接到托收行转来的托收单据后，向进口人（买方）提示付款，当进口人付清托收项下的款项后，才能得到货运单据，用以报关提货。

当进口人见到银行提示付款的汇票和装运单据时，即履行支付并换得全套单据，叫作即期付款交单（D/P at sight, Documents against Payment at sight）。如果进口人依据合同约定，见到银行提示付款的汇票和货运单据时并不立即支付货款，而是先对汇票予以承兑（Acceptance），待汇票到期后再进行付款赎单，这种方式叫作远期付款交单（D/P at ... days after sight）。在实际操作中，有时当货物已经抵达进口国目的港（地），而汇票仍未到期时，进口人为了及时取得单据提货，以抓住市场机会，会以信托凭证（T/R, Trust Receipt）向代收行借取单据，待汇票到期日再付款。信托收据是进口买方向代收行提供的书面担保性文件，用于付款前向其借取货运单据，在文件中表示愿意以代收行委托人的身份办理进口通关、提货、仓储、保险和处理，但承认货物归代收行所有，并将出售货物的款项在规定日交付代收行。如果代收行自行决定凭信托收据将单据借给进口人，则代收行向出口收款人负全部责任；反之，如果上述行动是在取得出口人主动授权下做出的，则责任和风险完全归于出口收款人，这种情况称为"付款交单凭信托收据借单（D/P·T.R）"。

（2）承兑交单（D/A, Documents against Acceptance）是指出口人的交单以进口人的汇票承兑为条件，当代收行向进口人提示汇票时，进口人只要在汇票上加以承兑，保证在汇票到期后付款，即可从代收行取得货运单据，进行提货。实际上，这是一种允许买方先于付款前提货的做法，只是要求买方取得单据前对汇票进行承兑。这种做法对出口商风险很大，因为托收仍然是一种商业信用，银行只是代为办理手续，并不对某一方的不履约行为负责，特别是如果进口人在到期时拒绝付款，出口人则面临很大的收款或追回货物的困难。一般地，出口商拒绝使用这种支付方式。

托收业务的基本程序如图 1–5 所示。

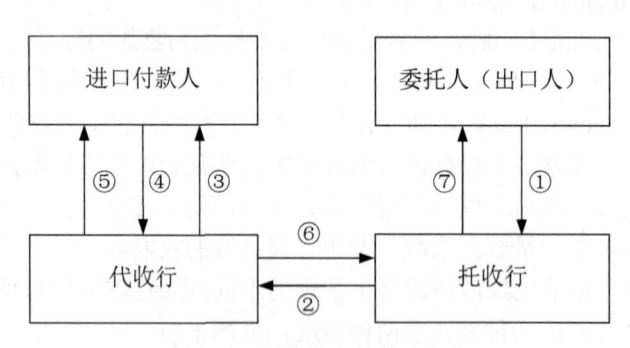

图 1–5　托收业务的基本程序

图 1–5 中，各步程序说明如下：

① 出口人按照合同约定完成货物装运后，填写委托申请书，开立即期或远期汇票，连同货运单据交给托收行，委托其代收货款。

② 托收行根据出口委托人的托收申请，制作托收委托书，连同汇票和货运单据转交进口地代收行委托代收货款。

③ 代收行依照托收行指示向付款人（进口买方）提示汇票和货运单据。

④ 根据双方约定的托收方式不同，买方应立即付款赎单（在即期付款交单下），或先承兑汇票，待汇票到期日再付款赎单（远期付款交单），或承兑汇票后获得货运单据，待汇票到期日履行付款（承兑交单）。

⑤ 代收行分别在付款交单或承兑交单下将货运单据交进口买方。

⑥ 货款收妥，代收行通知托收行并办理转账。

⑦ 托收行向出口人支付款项。

托收方式的主要特点为：

（1）托收方式对进口人较为有利，与信用证方式相比，银行手续简便，费用低，且无须缴纳开证保证金，不占压买方资金。而且在远期付款交单下还有可能通过交付信托收据预借货运单据，在承兑交单时更可先取得单据提货，后付款，获得很大的资金融通。

（2）托收对出口人风险较大，因为托收建立于商业信用的基础上，出口人凭进口人的信用发货，然后再进行托收，这样做面临着进口人倒闭、拒付或因各种借口要求出口人降价等风险。出口人只有在为提高出口竞争力、促成交易时，才愿意考虑这种支付方式。

（3）托收属于商业信用，而不是银行信用，银行只在受出口人委托下代收货款，而无检查卖方单据和保证付款的责任；如果进口人拒绝付款，银行无代管和处理货物的义务，除非另有约定。

（4）出口人在使用托收方式时，应事先做好对买方及其银行的资信调查，并严格按照规定缮制单据，同时，可考虑投保出口信用险。

国际商会为了统一和协调对各国进出口商在使用托收时对各方权利、责任和义务的解释，避免差异和纠纷，促进贸易的发展，于 1958 年草拟了《商业单据托收统一规则（Uniform Rules for Collection of Commercial Paper, ICC No. 192 Publication）》，并分别在 1967 年、1978 年和 1995 年进行了修订，目前使用的版本为国际商会第 522 号出版物《托收统一规则》，自 1996 年起实施。它的主要内容简单介绍如下：

（1）委托人应受国外法律和惯例规定的义务和责任所约束，并对银行承担该项义务和对责任负赔偿责任。

（2）银行除了要检查所收到的单证是否与委托书所列一致外，对单证并无审核的责任。但银行必须按照委托书的指示行事。如无法照办，应立即通知委托方。

（3）未经银行事先同意，货物不能直接发给银行或以银行为收货人，银行无义务提取货物，仍由发货人承担货物的风险和责任。

（4）远期付款交单下的委托书，必须指明单证凭承兑还是凭付款交付进口人。

（5）如果汇票遭进口人拒付，代收行须及时通知托收行，托收行应在合理时间内做出进一步处理单证的指示。如代收行发出拒付通知书后，60 天内未接到指示，可将单证退回托收行。

（6）除非委托书中明确规定托收费用不能放弃外，代收行可根据情况不再收取这项费用，而由委托人负担，代收行可在收妥款项中扣除。

托收条件下的国际贸易流程如图 1-6 所示。

三、信用证条件下的国际贸易流程

不论是汇付还是托收方式，都只提供商业信用，买卖双方必有一方要先付款或先交货，首先，这不是一种绝对公平合理的解决方法，其次，在贸易谈判中，买卖双方也会为此争论不休，不利于贸易的进展。为了找到一种公正合理、对买卖双方互相挟制的做法，需要引入第三方的信用作为保障。信用证在此环境下产生。

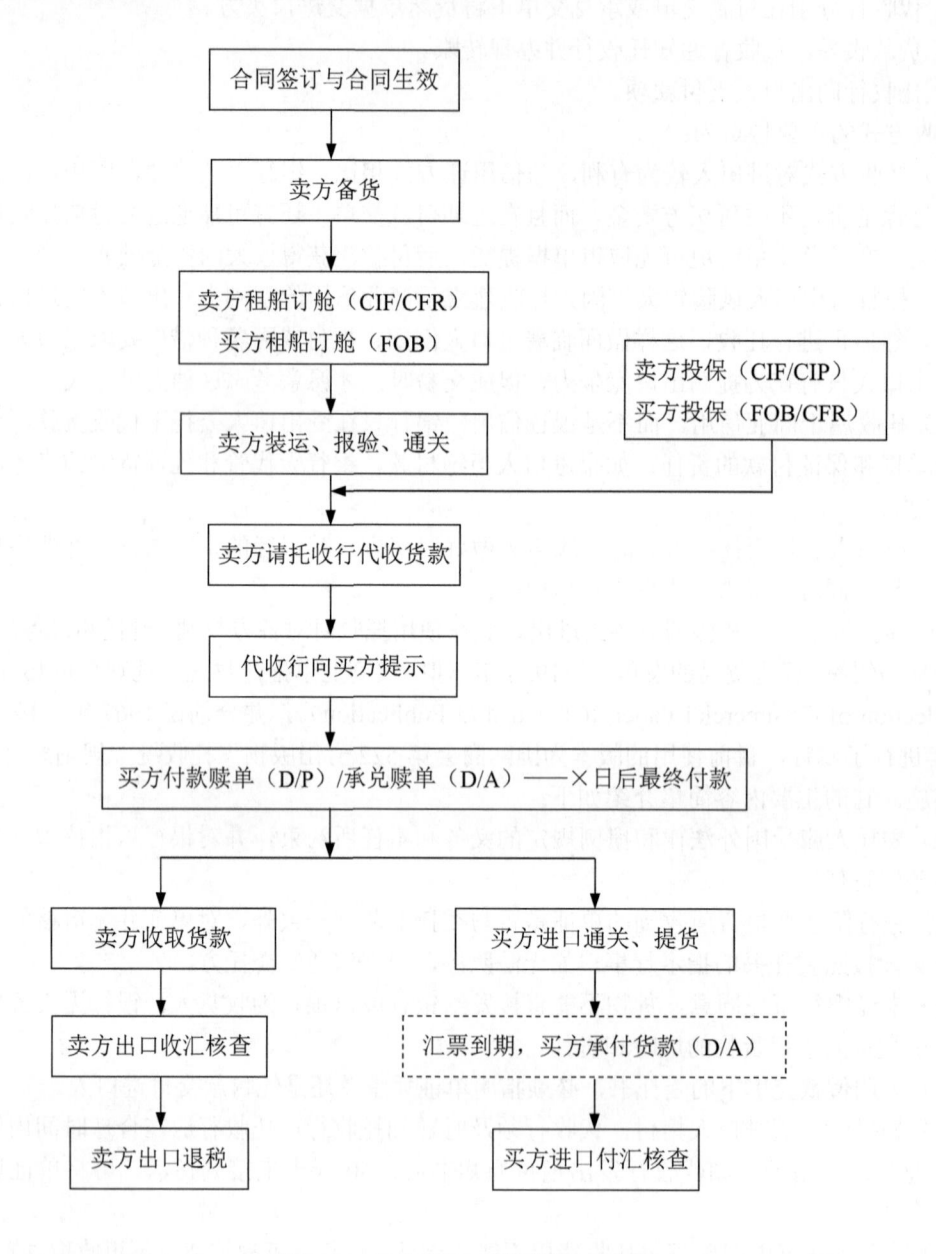

```
┌─────────────────────┐
│   合同签订与合同生效    │
└──────────┬──────────┘
           │
┌──────────┴──────────┐
│       卖方备货        │
└──────────┬──────────┘
           │
┌──────────┴──────────┐
│ 卖方租船订舱（CIF/CFR）│
│ 买方租船订舱（FOB）    │
└──────────┬──────────┘          ┌─────────────────────┐
           │                     │ 卖方投保（CIF/CIP）   │
           │◄────────────────────│ 买方投保（FOB/CFR）   │
┌──────────┴──────────┐          └─────────────────────┘
│   卖方装运、报验、通关  │
└──────────┬──────────┘
           │
┌──────────┴──────────┐
│  卖方请托收行代收货款   │
└──────────┬──────────┘
           │
┌──────────┴──────────┐
│    代收行向买方提示    │
└──────────┬──────────┘
           │
┌──────────┴──────────────────────────┐
│买方付款赎单（D/P）/承兑赎单（D/A）——×日后最终付款│
└──┬──────────────────────────────┬──┘
   │                              │
┌──┴────────┐              ┌──────┴────────┐
│ 卖方收取货款 │              │ 买方进口通关、提货 │
└──┬────────┘              └──────┬────────┘
   │                              │
┌──┴────────┐              ┌──────┴──────────────┐
│卖方出口收汇核查│              │汇票到期，买方承付货款（D/A）│
└──┬────────┘              └──────┬──────────────┘
   │                              │
┌──┴────────┐              ┌──────┴────────┐
│ 卖方出口退税 │              │ 买方进口付汇核查 │
└───────────┘              └───────────────┘
```

图 1-6　托收条件下的国际贸易流程

从银行进行国际结算业务的角度讲，简而言之，信用证（L/C，Letter of Credit）是一种由银行按照客户要求和指示所开立的有条件的书面付款承诺。它主要用于国际贸易货款的结算，从这一角度讲，信用证指的是开证银行根据开证申请人（一般为买方）的指示和要求开立的，以卖方（或其指定人）为受益人，保证在卖方（或其指定人）履行信用证规定的各项条件、交付规定的单据时向受益人支付一定金额的书面承诺。按照《跟单信用证统一惯例——2007年修订本（国际商会第 600 号出版物）》（简称 UCP600）的定义，信用证是指"一项不可撤销的安排，无论其名称或描述如何，该项安排构成开证行对相符交单予以交付的确定承诺"。

1. 信用证的主要当事人

信用证的主要业务当事人包括开证申请人、开证行、通知行、受益人、议付银行和付款银行等。UCP600 在惯例中也明确了对各个当事人的定义。

（1）开证申请人（Applicant），也称申请人，指要求开立信用证的一方，即向银行申请开立信用证的当事人，一般为进口商。

（2）开证行（Issuing / Opening Bank），指应申请人要求或者代表自己开出信用证的银行。开证行接受开证申请人的开证申请，向指定受益人开立信用证，承担保证付款的责任和负责取得信用证下的全套合格单证，一般是进口地银行。

（3）通知行（Advising / Notifying Bank），指应开证行的要求通知信用证的银行。通知行接受开证行的委托，将信用证通知并转交受益人（卖方或其他指定人）的银行，一般是出口地银行，往往是开证行的代理行（Correspondent Bank）。通知行只证明信用证的真实性，不承担其他义务。

（4）受益人（Beneficiary），指接受信用证并享受其利益的一方，即信用证上所指定的有权使用该证的当事人。信用证的受益人可以是合同的卖方，也可以是卖方的指定人（实际供货人）。例如，当卖方为实际供货人的销售代理时，他可以直接与买方签订合同，要求信用证以他自身为受益人，并与实际供货人单独结算。有时为了操作方便，卖方直接与买方签约，但在合同中约定信用证的受益人为指定的实际供货人，并由实际供货人交单议付，卖方与实际供货人另行结算（依双方单独签订的代理协议），见图 1-7。

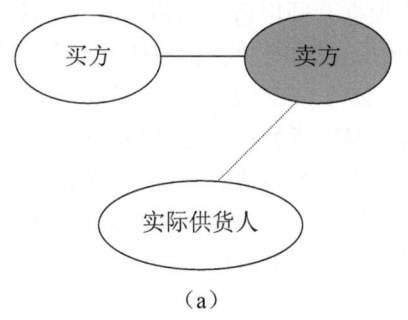

图 1-7　信用证的受益人
(a) 卖方为受益人时：
买卖双方签订合同；
支付条款中订立卖方为信用证受益人；
卖方负责交单和议付；
卖方与实际供货人另行结算

(b) 实际供货人为受益人时：
买卖双方签订合同；
支付条款中订立卖方的实际供货人为信用证受益人；
实际供货人为信用证的使用人，进行交单和议付；
卖方与实际供货人另行结算

（5）议付银行（Negotiating Bank），指愿意买入受益人交来跟单汇票的银行。按照 UCP600 中的定义，议付（Negotiation）是指指定银行在相符交单下，在其应获偿付的银行工作日当天或之前向受益人预付或者同意预付款项，从而购买汇票（其付款人为指定银行以外的其他银行）及/或单据的行为。信用证中如果指定议付行，则该证只能通过此银行议付；如信用证无特别要求，受益人可以任选议付银行，多数为受益人所在地银行。

（6）付款银行（Paying/Drawee Bank），指信用证上指定付款的银行，通常情况下为开证行自身，也可以是开证行指定的其他银行，称为代付行。付款行一经付款，就丧失了对受款人的追索权。在多数情况下，付款行就是开证行。

在 UCP600 的规则中，无论信用证采用何种兑用（Be Available）方式，它都需要通过指定银行来完成，指定银行是指信用证可在其内兑用的银行，如信用证可在任一银行兑用，则任何银行均为指定银行。

2. 信用证的主要种类

根据信用证的兑用方式、保兑与否、付款时间等，可将信用证进行不同的分类。以下介绍几种常见的信用证。

（1）以信用证兑用方式划分。

信用证必须规定其是以承付（包括即期付款、延期付款和承兑）还是议付的方式兑用。UCP600 中对承付（Honor）的规定是指，如果信用证为即期付款信用证，则即期付款。如果信用证为延期付款信用证，则承诺延期付款并在承诺到期日付款。如果信用证为承兑信用证，则承兑受益人开出的汇票并在汇票到期日付款。

① 付款信用证（Payment Credit）。包括即期付款信用证和延期付款信用证。即期付款信用证（Sight Payment Credit）是指信用证指定某银行收到规定单据时即向受益人付款的信用证。即期付款信用证中不必标明"付款信用证"的字样，只需要包含即期付款的意思，如："一经向我行提示以下单据即予付款。"即期付款信用证的特点是：开证行可以自行付款，也可以指定付款行即期付款，但是开证行承担付款责任。延期付款信用证（Deferred Payment Credit）是指信用证中规定，开证行在货物装船或收单后的一定期限内付款。

② 承兑信用证（Acceptance Credit）。它是进口商根据合同申请开立的、出口商接受远期支付条件、指定某一银行予以承兑的信用证。信用证中一般含有"我行保证凡符合信用证条款的汇票被提示时及时承兑，并于到期日及时付款"的文句。在受益人按信用证要求交单后，所提交的汇票被付款行承兑，受益人可以通过下列方式取得货款：一是等银行承兑汇票到期后收回资金；二是议付行受理单据后，扣除利息，受益人取得净值；三是在付款行承兑汇票以后，在贴现市场办理贴现，获得资金周转。在承兑信用证下，开证行的资信更为重要，因为受益人交单后，凭以最终收款的就是银行承兑汇票，而代表物权的货运单证已交出。如果开证行到期不履行义务，则出口人有货款两空的风险。

③ 议付信用证（Negotiation Credit）。议付信用证指开证行允许受益人向某一银行（指定银行或任何银行）交单议付的信用证。如议付行在议付后不能正常得到开证行的偿付，有权向受益人追索。议付信用证分公开议付和限制议付两种。公开议付信用证（Open Negotiation Credit）指开证行并不限制议付银行，任何银行均可按信用证条款办理议付手续的信用证。相反，限制议付信用证（Restricted Negotiation Credit）中开证行明确标明议付仅为某指定银行有权办理。开证行对信用证进行限制议付的原因在于它选择有往来协议的银行或愿意选择熟悉或信誉有保障的银行，有时也是应开证申请人的要求，为了保证操作安全。

（2）以信用证的性质和开证行所负的责任为标准划分。

① 不可撤销信用证（Irrevocable L/C）。指信用证一经开出，在有效期内，未经受益人及

有关当事人的同意，不得修改和撤销。只要受益人的交单符合信用证规定，开证行必须履行付款义务。开证行或指定银行的责任是第一性的，受到信用证规定的约束。目前使用的信用证都是不可撤销的。

② 在UCP600颁布之前，还有一类信用证是可撤销信用证（Revocable L/C），即开证行不必征得受益人或有关当事人同意有权随时修改或撤销的信用证。《跟单信用证统一惯例——1993年修订本（国际商会第500号出版物）》（简称UCP500）曾规定，这种可撤销信用证中应注明"可撤销（Revocable）"的字样，否则应视为不可撤销的。但是由于这种性质的信用证具有较大的随意性，影响信用证下义务的履行和收益的保障，因而在实际中几乎不被使用，目前已被淘汰，UCP600中明确规定，信用证必须是不可撤销的。

（3）以信用证是否加以保兑划分。

① 保兑信用证（Confirmed Credit）。指由开证行所开出的信用证，该证由另一银行（保兑行）保证对符合信用证条款规定的单据履行付款义务。保兑行一般可以是通知行，或出口地的其他银行，也可以是第三国银行。保兑行在信用证上加注："我行在此信用证加具保兑。"保兑信用证所承担的付款责任相当于其本身为开证行。保兑的不可撤销信用证，意味着不仅开证行不可撤销付款保证，还有保兑行的保兑承诺，在国际贸易中对出口方的利益较为有保障。受益人在交付单据要求付款时，应首先向信用证规定的付款人提示，只有其拒绝履行时，才能要求保兑行保兑，但前提是受益人的交单合乎信用证的规定。信用证一般在下列情况下加以保兑：一是受益人担心开证行的资信情况；二是受益人担心开证行所在国家的外汇政策会影响安全收汇；三是开证人要求另一家银行为信用证保兑，以便被出口方（受益人）接受。

② 不保兑信用证（Unconfirmed Credit）。开证行开出的信用证没有经另一家银行保兑时，叫作不保兑信用证。一般在信用证上注明："本银行仅为以上所指明银行开立的信用证做出通知，通知行不承担任何约束或责任，付款责任仍属开证行承担。"

（4）根据信用证的付款时间不同划分。

① 即期信用证（Sight Credit）。指开证行或付款行收到符合信用证条款的跟单汇票或装运单据后，立即履行付款义务的信用证。即期信用证最大的优点在于受益人提交符合信用证条件的单据后，可立即获得支付，有利于安全收汇和资金周转。在即期信用证中常带有"电汇索偿条款（T/T Reimbursement Clause）"，指的是开证行允许议付行以电报或电传通知开证行或其指定的付款行，说明受益人提交单据与信用证相符，此时，开证行或其指定付款行应立即以电汇形式转账付款。这样做最大的好处在于加速受益人的收汇，这一过程一般需要2～3天。

② 远期信用证（Usance Credit）。指开证行或付款行收到信用证的单据时，不必立即付款，而是在规定期限内履行付款义务的信用证。远期信用证向进口商提供了资金融通的好处，便于资金周转；对于出口商来讲，通过推迟收款日期为买方提供便利，可以增加出口竞争力，赢得客户，而且收汇安全也有银行信用来保证。但是，在业务中，买卖双方仍然存在一定程度诸如收款、汇率变动的风险。

③ 假远期信用证（Usance Credit Payable at Sight）。信用证规定受益人开立远期汇票，由付款行负责贴现，并规定一切利息和费用由开证人承担，受益人可以即期取得全部货款，而开证申请人在远期汇票到期日履行付款。假远期信用证与远期信用证的区别见表1-2。

表1-2　假远期信用证与远期信用证的区别

项目	贸易合同的支付条件	贴现利息	收汇时间	提供融资便利
假远期信用证	即期付款	开证申请人承担	交单即期	银行-受益人
远期信用证	远期付款	受益人承担	交单后远期	付款行-开证申请人

（5）根据受益人对信用证的权利可否转让划分。

① 可转让信用证（Transferable Credit）。指可在受益人（第一受益人）的要求下，开证行授权可使用信用证的银行（通知行），将信用证的全部或部分转让给一个或多个第三人（第二受益人）的信用证。可转让信用证中要注明"可转让"（Transferable），且只能转让一次。

② 不可转让信用证。指受益人不能将信用证的权利转让给他人的信用证。凡信用证中未注明"可转让"，即是不可转让信用证。

（6）循环信用证（Revolving Credit）。指信用证被全部或部分使用后，其金额恢复到原金额，可再次使用，直至达到规定的次数或规定的总金额。它通常在分批均匀交货的情况下使用。

循环信用证按时间和按金额循环分为以下几种：

① 自动式循环。信用证每次用完即受益人按要求交单议付后，不需等待开证行的通知，即可自动恢复到原金额。

② 非自动循环，也叫通知循环。指信用证每用完一次后，必须等待开证行通知到达，信用证才能恢复到原金额使用。

③ 半自动循环，也叫定期循环。即信用证每用完一次，须经过一定时间方可恢复原金额再度使用。

④ 积累循环。指上期剩余金额可转入下期使用。

⑤ 非积累循环。即当期未使用完的金额不得转入下期使用，而作为过期或放弃处理。

（7）对开信用证（Reciprocal Credit）。指两张信用证申请人互以对方为受益人而开立的信用证。两张信用证的金额相等或大体相等，可同时互开，也可先后开立。对开信用证主要用于易货贸易、来料加工和补偿贸易业务，目的在于达到平衡贸易。信用证上一般有"This is a reciprocal Credit against Credit No.＿＿ favoring ＿＿＿ covering ＿＿＿＿＿＿."的文句。

一般来说，对开信用证的生效有两种方式：一是进出口两个信用证同时生效；二是两个信用证分别生效，即其中一个先生效，但在先生效的信用证议付条款中会要求该证受益人开立第二个信用证的保函，以保证后者的顺利开出。

（8）对背信用证（Back-to-back Credit）。又称转开信用证，指受益人要求原证的通知行或其他银行以原证为基础，另开一张内容相似的新信用证。对背信用证的开证行只能根据不可撤销信用证来开立。对背信用证的开立通常是中间商转售他人货物，或作为中间商的出口方不愿供货商了解国外买主时，或两国不能直接办理进出口贸易时，通过第三者以此种办法来沟通贸易。在对背信用证的使用中，原信用证的金额（单价）应高于对背信用证的金额（单价），对背信用证的装运期应早于原信用证的规定，见图1-8。

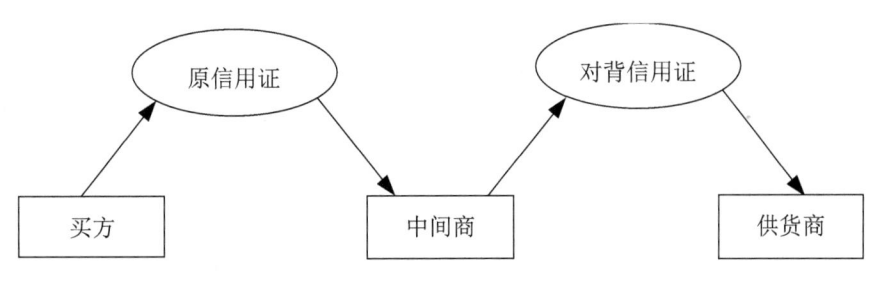

图 1-8　对背信用证

（9）预支信用证（Anticipatory Credit）。指开证行授权代付行（通知行）在受益人交单前，向受益人预付信用证金额的全部或部分，由开证行保证偿还并负担利息。这与远期信用证正好相反。预支信用证凭出口人的光票付款，也有的要求受益人附一份负责补交信用证规定单据的说明书，声明一旦出口人不交单（货）或交单不合乎信用证要求时，银行不承担任何责任，而全部归开证申请人承担。在部分预支信用证中，当受益人交付货运单据后，付款行扣除预支货款的利息，并将余款付给受益人，见图 1-9。

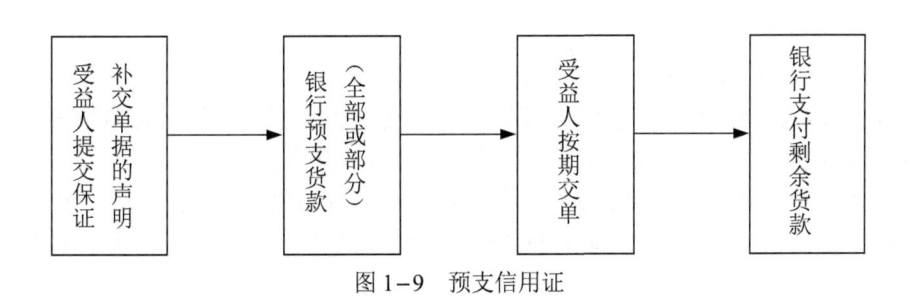

图 1-9　预支信用证

（10）备用信用证（Standby Credit），也叫商业票据信用证或担保信用证。它是指开证行根据开证申请人的请求对受益人开立的、承诺在一定条件下（开证申请人违约时）承担某项义务的凭证，即开证行保证在开证申请人未能履行其义务时，受益人只须凭备用信用证的规定提交开证人违约证明，即可取得开证行的偿付。但当开证申请人依合同履行义务时，则无须在备用信用证下支付。备用信用证为受益人提供了保证开证申请人违约时获得偿付的银行信用，见图 1-10。

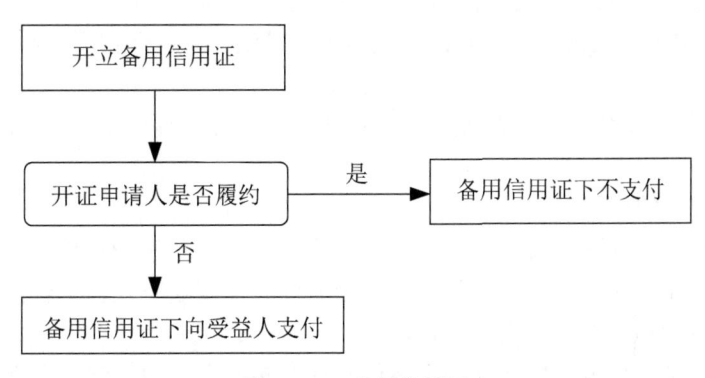

图 1-10　备用信用证

3. 信用证业务流程及特点

信用证业务流程如图 1-11 所示。

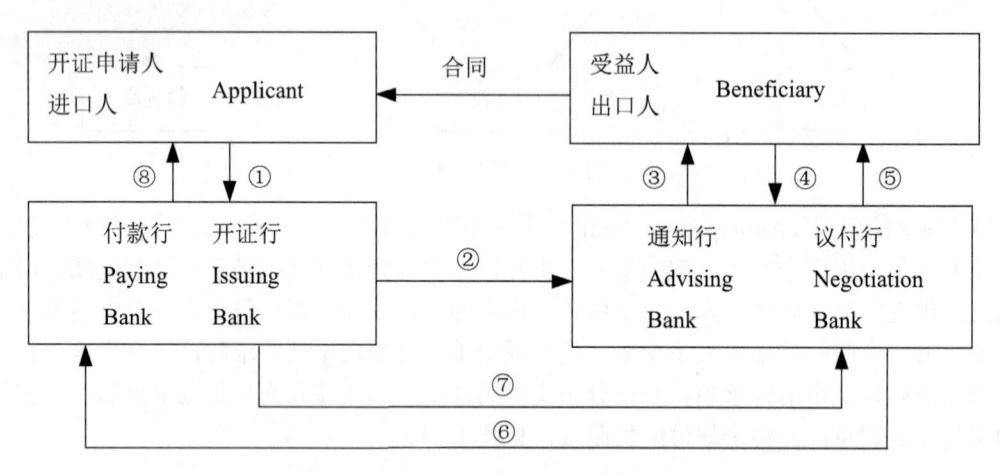

```
开证申请人                        合同          受益人
进口人   Applicant    ◄─────────   出口人   Beneficiary
             │  ▲                          │   ▲   ▲
             ①  ⑧                          ③   ④   ⑤
             ▼  │                          ▼   │   │
   付款行      开证行              通知行      议付行
   Paying    Issuing    ──②──►   Advising   Negotiation
   Bank      Bank                 Bank       Bank
        ▲        │                    ▲         │
        │        └────────⑦───────────┘         │
        └─────────────────⑥───────────────────── 
```

图 1-11 信用证业务流程

图 1-11 中各项说明如下：

① 开证申请人按照合同规定向开证银行提交开证申请，包括填写开证申请书、银行要求的合同文件（如合同、进口登记或审批证明等），并缴纳开证保证金。因为在信用证方式下，银行承担付款责任，开证保证金是银行为了保证单据符合信用证要求的时候，开证申请人支付款项。银行在受理开证申请的同时，负责核查拟进口的货物已获得必需的进口许可，否则，银行不予受理。

② 开证行根据开证申请书的内容和要求开立信用证，并将正本交通知行，一般为出口人所在地银行。买卖双方可以在合同中明确指定通知行，也可以不特别要求。开证后，信用证副本即交开证申请人。

③ 通知行审核信用证的真实性后，通知并将信用证交受益人，收取通知费。

④ 受益人审核信用证无误后，安排备货和装运，并按信用证要求将全套有效单据在有效期内交指定银行议付（如无特别指定，则可任意议付）。

⑤ 议付行或付款行审核单据无误、完全符合信用证要求后，垫付货款给受益人；如发现单据存在不符点或交单时间、方式等不合信用证要求时，可以拒收单据。

⑥ 全套议付单据由议付行转给开证行或其指定付款行，进行款项索偿。

⑦ 开证行审核单据无误后，向议付行偿付款项。

⑧ 开证行通知开证申请人付款或承兑赎单（按信用证的具体要求），开证申请人付款并取得单据。

信用证支付方式的特点：

根据国际商会《跟单信用证统一惯例》，首先，信用证是一种银行信用，是开证行承诺在受益人做出与信用证要求相符的行动，如在规定时间、以规定方式提交合格的单据时向受益人付款（付款、议付或承兑）的书面保证。

其次，信用证是一种自足性文件，虽然信用证在买卖合同的基础上开立，但是信用证一经开立，即为一项独立于合同之外的法律文书，不受合同的影响。即当信用证的内容与合同冲突时，银行在操作时只以信用证为准。即使信用证中提及该合同，银行也与该合同无关且不受其约束。

最后，信用证是一种单证业务，只操作单据，而不处理实际货物，信用证下的交货也叫"象征性交货"。卖方只要按照信用证规定的方式、时间交付了符合信用证要求的代表物权的有关单证，即为交货。只要受益人提交的单证真实且表面上符合信用证要求，开证行就承担收取单据和付款责任。所以，在此情形下，开证申请人必须支付货款，不得拒付（开证行收取了申请人的开证保证金，以防申请人到时拒绝赎单），即使货物可能存在质量缺陷，或实物与单证不符，在这种情况下，买方仍须付款赎单，并向有关当事方进行索赔。UCP600规定，在信用证业务中，"银行处理的是单据，而不是单据可能涉及的货物、服务或履约行为"。只要受益人或其指定人提交的单据表面上符合信用证规定，开证行就应承担付款或承兑并支付的责任。

4. 信用证支付条件下的国际贸易流程

（1）买卖双方签订国际贸易合同，并约定以信用证方式结算货款。

（2）买方（开证申请人）按合同约定的时间开立信用证。卖方（受益人）在此期间可以催促买方按时开证，收到信用证后认真审核各条款的内容和要求，如发现有任何与合同不符或其他不妥之处，应要求买方或与买方磋商通过开证行做出信用证修改通知书，直至信用证（包括所有改证）被完全接受。

（3）催证、审证和改证后，卖方正式备货，包括订购、安排生产加工，检验品种、规格、品质、数量、包装等。实际上，在签约时，卖方即应对备货、装运、投保、制单结汇等环节有较为稳妥的安排。但是，为了防止买方签约后违约，如不开证或不及时开证所带来的损失，卖方在收到买方无误的信用证后才正式备货。

（4）按照合同成交所采用的贸易术语不同，买/卖方依此办理租船订舱手续，并承担相关费用。在FOB、FCA、FAS术语下，买方负责联系运输工具与舱位，CIF、CFR、CIP、CPT及D组术语下，由卖方办理。

（5）办理货物的海关出口手续，安排商检，取得通关文件。只有在EXW工厂交货条件下，规定由买方办理，其他术语下，均由卖方负责。

（6）货物出运后，卖方向买方发出装船通知，将装运的细节，如合同号、商品品名、规格、品质、数量、包装、价值、离岸时间、运输工具及航次、预计到达时间等，通知买方，以便买方安排接货和相关事宜。

（7）货物出运后及时办理运输保险。根据合同约定的贸易术语条件办理：FOB、FCA、FAS、CFR、CPT等术语下卖方无义务办理，除非合同中另有约定，买方应自行投保；CIF、CIP术语下，卖方有责任按照合同规定的金额、险种向保险公司投保。

（8）卖方按信用证要求制作和准备信用证议付单据，按信用证要求交单，并取得货款。收取货款的时间和比例依信用证种类不同而不同。例如在即期信用证下，卖方直接取得货款；远期信用证下，卖方先取得银行承兑汇票，到期后才取得全部货款。

（9）买方按照开证行提示收取单据和支付货款，如果卖方提交的单据有不符之处，买方有权拒收单据和拒绝付款。但是，只要单据合格，即使货物本身有瑕疵或质量、数量问题，买方仍须付款赎单，然后再向有关当事人索赔，因为信用证是单证买卖。

（10）按合同约定，由合同责任方在货物到达时向进口国海关办理通关手续（DDP 术语下由卖方办理），取得物权凭证和其他关于货物的有效单据，用以在目的港/地提货。

（11）当买方和卖方分别完成了收货付款和发货收汇的工作后，还需按国家的贸易、外汇管理规定办理贸易核查手续。出口商凭银行的收/结汇凭证和出口通关的海关报关单进行核查，核查后按政策办理出口退税。进口商凭进口到货的海关报关单和付款凭证办理核查。

图 1-12 为信用证付款条件下的国际贸易流程。

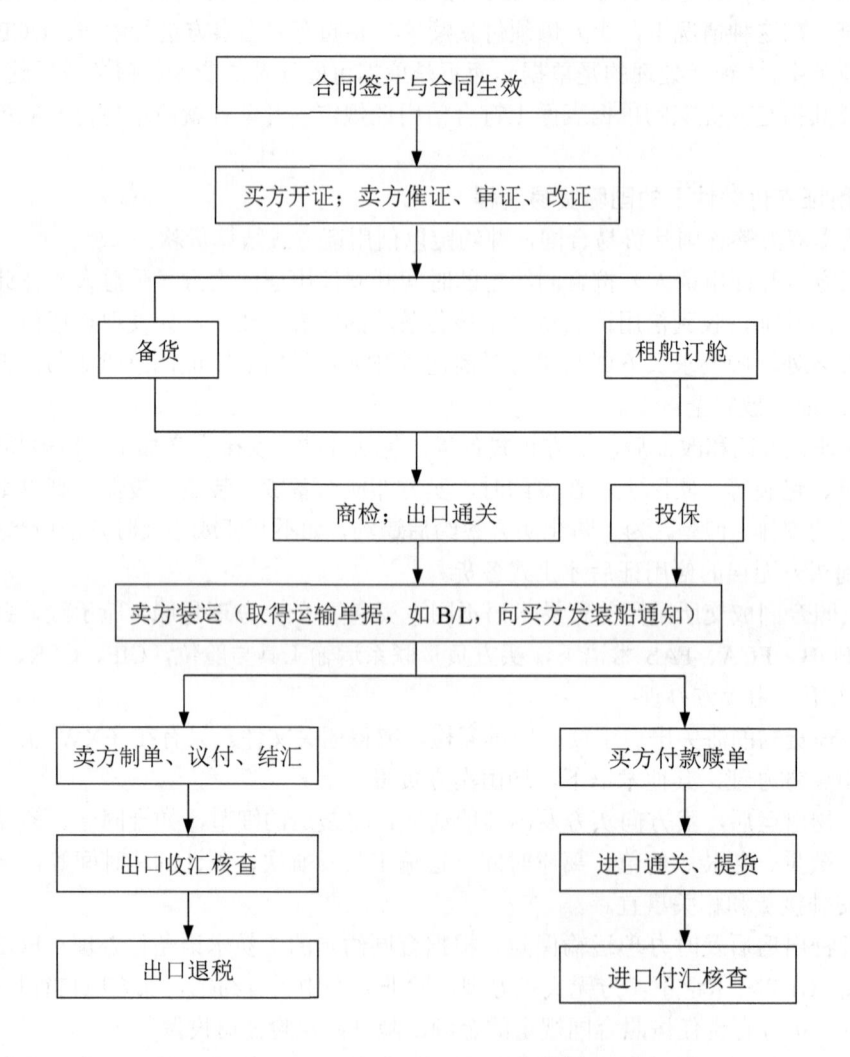

```
          合同签订与合同生效
                  ↓
     买方开证；卖方催证、审证、改证
            ↓            ↓
          备货         租船订舱
                  ↓
        商检；出口通关      投保
                  ↓
  卖方装运（取得运输单据，如 B/L，向买方发装船通知）
            ↓            ↓
    卖方制单、议付、结汇   买方付款赎单
            ↓            ↓
       出口收汇核查     进口通关、提货
            ↓            ↓
         出口退税       进口付汇核查
```

图 1-12　信用证付款条件下的国际贸易流程
CIF、CFR 条件下，卖方租船订舱；FOB 条件下，买方租船订舱；
CIF 条件下，卖方办理投保；CFR、FOB 条件下，买方办理投保

第四节　UCP600 与信用证业务国际惯例的发展

一、国际商会的《跟单信用证统一惯例》

自 1930 年国际商会（International Chamber of Commerce，简称 ICC）颁布《跟单信用证统一规则（UCP）》至今已有 70 余年的历史了，UCP 作为一项业务惯例，对国际贸易与全球商务的发展起到了重要的推动作用，它也是跟单信用证发展的必然产物。当两个国家的进出口商进行贸易时，在信用证结算方式下，需要对众多细节条款进行确定和描述，特别是当信用证中没有明确说明时，当事人和银行不知如何操作和进行判断，容易产生分歧和争议，因此就产生了制定统一惯例的必要性，国际商会对跟单信用证业务制定了统一的释义和规则，以统一和约束各方的行为。

在跟单信用证业务中，UCP 主要明确了跟单信用证的概念，规定和明确了各个当事方的责任和义务，制定了审单标准，对于较有争议的问题进行了澄清，方便了信用证方式下的国际结算，促进了国际贸易的发展，此外，还成为众多国家在法律上裁决跟单信用证案件的依据。

随着国际贸易的发展，针对 UCP 实施中出现的新问题、新趋势，国际商会不断对 UCP 进行修订，如表 1–3 所示。

表 1–3　国际商会对跟单信用证统一惯例的历次修订

修订年份/年	出版物序号	惯例简称
1933	国际商会第 82 号出版物	UCP82
1952	国际商会第 151 号出版物	UCP151
1962	国际商会第 222 号出版物	UCP222
1973	国际商会第 290 号出版物	UCP290
1983	国际商会第 400 号出版物	UCP400
1993	国际商会第 500 号出版物	UCP500
2006	国际商会第 600 号出版物	UCP600

当前的最新版本《跟单信用证统一惯例（2007 年修订本）》（国际商会第 600 号出版物，简称 UCP600）是 2006 年 10 月 25 日在巴黎召开的国际商会银行委员会会议上经各国代表表决一致通过的，UCP600 共 39 条，于 2007 年 7 月 1 日起实施。

二、UCP600 的主要内容及变化

UCP600 共 39 条，分为 7 部分内容。

（1）第 1～6 条，"总则、定义和解释"，对信用证业务中的主要概念、术语进行了界定，明确了信用证的含义与适用范围。

（2）第 7～13 条，包括"开证行责任""保兑行责任""信用证及其修改的通知""修改"

"电讯传输的和预先通知的信用证和修改""指定"以及"银行之间的偿付安排",明确了信用证的开立、修改、当事人关系及其责任。

(3)第14~16条,包括"单据审核标准""相符交单""不符单据、放弃及通知",对信用证的交单、审单标准进行了明确规定,在不符单据的处理中较UCP500有较大变化。

(4)第17~28条,对各类单据的具体内容进行了规定,包括"正本单据及副本""商业发票""涵盖至少两种不同运输方式的运输单据""提单""不可转让的海运单""租船合同提单""空运单据""公路、铁路或内陆水运单据""快递收据、邮政收据或投邮证明"" '货装舱面' '托运人装载和计数' '内容据托运人报称'及运费之外的费用""清洁运输单据"以及"保险单据及保险范围"。

(5)第29~37条,包括"截止日或最迟交单日的顺延信用证金额""数量与单价的伸缩度""部分支款或部分发运""分期支款或分期发运""交单时间""关于单据有效性的免责""关于信息传递和翻译的免责""不可抗力"以及"关于被指示方行为的免责",为惯例的杂项规定部分,涉及一些具体问题的确定和免责。

(6)第38条,关于"可转让信用证"的规定。

(7)第39条,关于"款项让渡"的规定。

UCP600较UCP500主要有以下方面的变化,这些变化是国际商会根据UCP500实践中产生的问题和应对国际贸易、国际结算和信息技术快速发展而做出的,主要特点为更加方便和合理,将有助于信用证业务的健康发展。

第一,UCP600由UCP500的49条缩减为39条,在结构上更为清晰明确。在各个条款的顺序编排上,UCP600参照了国际商会《关于审核跟单信用证项下单据的国际标准银行实务》(ISBP, International Standard Banking Practice for the Examination of Documents under Documentary Credits)的格式。

第二,UCP600首次在惯例中对各术语和各方当事人进行了明确定义。特别是"议付"一词的重新定义更加具体明确。

第三,UCP600明确规定银行操作单据的时限,"按指定行事的指定银行、保兑行(如有的话)及开证行各有从交单次日起至多五个银行工作日用以确定交单是否相符。这一期限不因在交单日当天或之后信用证截止日或最迟交单日届至而受到影响。"而UCP500中的"合理时间"缺乏操作性。

第四,在单据审核上的规定更为合理、宽松。比如,运输单据可以由任何人出具;放宽受益人和申请人地址的要求;除商业发票外的货物描述不再要求与信用证严格一致,只要不与之矛盾;商业发票可以超额开具,只是超额部分不支付;等等。

第五,对信用证修改的通知中,UCP600更加合理地规定"信用证修改中关于'除非受益人在某一时间内拒绝修改,否则修改生效'的规定应被不予理会"。

第六,对单据拒付后的处理。UCP500下是两种方式,UCP600增加到四种,顺应了业务实践的发展,减少了不符点争议的产生。

第七,UCP600对于转运的要求更为宽松,"即使运输单据可以表明货物将要或可能被转运,只要全程运输由同一运输单据涵盖。""即使信用证禁止转运,注明将要或者可能发生转运的运输单据仍可接受。"

第八,UCP600在可转让信用证中的规定保护无过错的第二受益人。如果第一受益人提交的发票导致了第二受益人提示的单据中本不存在的不符点,而其未能在收到第一次要求时予以修正,则转让银行有权将其从第二受益人处收到的单据向开证行提示,并不再对第一受益人负责。

本书后面的章节中将结合具体内容和案例,针对UCP600的内容和变化进行分析和阐述。

此外,由于信用证单证操作涉及国际贸易和结算领域,因此随着UCP的变化,还产生了许多配套规则的变化,主要包括以下三个方面:

第一,跟单信用证电子交单统一惯例的变化,即eUCP(Uniform Customs and Practice for Documentary Credits for Electronic Presentation)。由于eUCP的使用有限,根据国际商会的建议,升级后的eUCP1.1版作为UCP600的补充,叫作"ICC跟单信用证统一惯例(2007年修订版)及关于电子交单的附则(版本1.1)"。eUCP1.1版是专门针对UCP600而做的升级版本,在未来发展中可根据需要修订,也可早于UCP600而单独进行修改。在电子交单或电子、纸质单据混合提交时,需要同时使用eUCP和UCP的规则。

第二,国际标准银行实务ISBP为了配合UCP600的生效和实施,也进行了修订(国际商会第681号出版物),新版ISBP共199条,于2007年7月1日实施。目前最新版本为2013年的ISBP745。

第三,环球银行财务电讯协会SWIFT(Society for Worldwide Interbank Financial Telecommunication)电文格式也为配合UCP600进行了升级。SWIFT是为国际结算提供电讯服务的组织,其格式修改与UCP的修订同步,并得到了UCP修改小组的具体指导,其修改原则是"最小的影响,最少的费用"。

复习思考题

1. 简述国际贸易流程的基本环节,并说明各个环节对进出口商的重要意义。
2. 试对比T/T,D/P和L/C条件下国际贸易流程的异同。
3. 从贸易流程来看,国家是如何控制进出口贸易的?
4. 信用证业务的特点是什么?当前跟单信用证统一惯例的变化对国际贸易发展有何影响?

第一章讲义

第二章

国际贸易中的单证

第一节 单证的作用与流程

一、单证的作用

我们不应孤立地看待国际贸易业务中形形色色的单证,更不能把单证同国际贸易流程割裂开来。对处于接触国际贸易单证最初阶段的人来说,他们往往感到贸易单证种类繁多、手续烦琐、作用迥异,又缺乏一个统一的、能够完全包括的、提纲式的介绍。有时,我们需要这种单证,有时我们需要另一种单证;有时,某类单证由出口商签发,有时又由其他机构出具。即使对于一笔简单的国际贸易合同,也需要处理诸如进出口许可、货物、货运、进出口报关、支付与结汇、核销与退税等环节的单证。

国际贸易单证是为配合和支持每一步国际贸易流程而需要出具或取得的书面文件(包括电子单证),这种书面文件,依名目、内容、用途、出具单位、出具条件等有所不同,但国际贸易合同履行的每一步骤,都落实在某一种或几种单证的操作上,如图2-1所示。

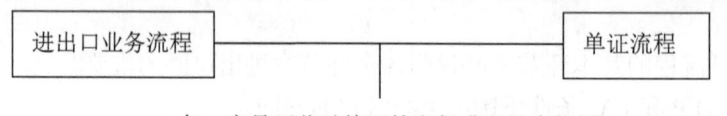

```
进出口业务流程 ──────── 单证流程
```

每一交易环节以单证的取得或出具为依据

进出口业务	单证
贸易磋商,达成一致	签订进出口合同
办理进出口许可申请	填制申请表格,提供申请文件,取得进出口许可证明
装运	取得提单或其他运输单据
支付(T/T)	电汇申请单,银行受理后的回单
投保	填写投保申请书、支付保费,取得保险单据
报关	填写报关单,提交报关文件,缴付税费,海关验讫在报关单上签注"放行"
贸易核查	进口付汇/出口收汇记录,海关进出口货物报关单
……	……

图2-1 进出口业务流程与单证流程

二、单证的基本流程

依据国际贸易的实际操作步骤,即国际贸易流程,来介绍每一步骤所涉及的单证,我们仍以第一章中的国际贸易基本流程为基础，介绍国际贸易单证的流程。

1. 电汇条件下的国际贸易与单证流程

（1）合同签订与合同生效。买卖双方签订进出口合同，并在必要时办理进出口许可证明。例如，进出口国家对某类产品进行进出口管制，所以，进出口商必须按照规定申请并办理所需的进出口许可证明（有时为进出口登记证明），这是交易得以合法进行的前提。

（2）买方按照合同约定（预）付货款，可以在签约后、装运前或装运后以及买卖双方约定的时间预付。卖方出具商业发票；买方在银行开立账户，并委托银行向卖方指定银行的账户电汇货款，提交电汇申请单并随附所需的其他文件（如进口许可证明或登记证明等），支付银行电汇费用；银行付款后将回单转交买方。在国际贸易的实际操作中，往往买方在收到银行回单时立即以传真或其他电子方式转发给卖方（收款人），以便尽快核实电汇信息，保障贸易进度。

（3）卖方备货。其实，卖方在与买方签约前就已经对交货的标的、时间和方式有了计划，只是在正式签约前没有付诸实质性安排。所以，签约后，卖方会在适当的、必要的时候（根据合同和货源情况）正式安排订购或生产。如果需要订购，卖方会与另外的供货商签订购销合同（订购单）；如果在本企业安排生产，则下达投产单。

（4）租船订舱。按照买卖双方在合同中所约定的价格术语的不同，分别由买方或卖方办理租船订舱事宜。这需要联系货运公司，填写订舱单或与船运公司签订租船协议并支付费用。

（5）报验、出口通关。对于法定检验的商品或买方要求在出口地商检的商品，应在出口前报验，取得出口商检证。通关时，提交出口货物报关单及随附文件（包括所需的出口许可或登记证明、商业发票、装箱单、合同等）。海关查验放行时，在出口报关单上签注"放行"，退返"退税联"给申报人。

（6）装运。发货人取得装运单据，包括海运提单、空运单、陆运单据或联运单据等，依运输方式的不同而不同。装运后，卖方应向买方发出装船通知。

（7）投保。合同中规定的投保人按照合同要求向保险公司填写投保申请单，支付保费，并取得保险单（凭证）。

（8）卖方向买方提交货运单据。卖方按照合同向买方提交提单、发票、装箱单、品质与数量声明等，主要是供买方提货、进口通关和质量保证使用。

（9）进口通关、提货。向海关提交进口货物报关单及随附单据，包括进口许可或登记证明、合同、发票、装箱单等。海关查验并收取税费后，在进口货物报关单上签注"放行"，并返交申报人。买方持提货单据（如提单）从运输代理人处提取货物。

（10）卖方出口收汇核查与出口退税。卖方完成交货义务并完全收回货款时，外汇管理部门会对相关的出口货物报关单、结汇水单及其他所需文件进行出口收汇核查。核查后，卖方在规定时间内凭购货时的增值税发票、出口货物缴款书（缴税证明）及其他所需文件在税务管理部门办理出口退税。

（11）买方进口付汇核查。买方在支付货款时接受银行的进口付汇核查，需要向银行提供进口货物报关单（货到付款时），或在事后规定期限内提交进口货物报关单，完成核查手续。

图2-2为T/T条件下的国际贸易与单证流程。

```
┌─────────────────────────┐
│ 合同签订与合同生效 │ 进出口合同；进出口许可证明
└─────────────────────────┘
```

卖方备货
订货单；投产单

买方预付货款（按合同）
T/T 申请及回单

卖方租船订舱（CFR / CIF）
订舱单；租船协议

买方租船订舱（FOB）
订舱单；租船协议

报验、出口通关
商检证明；出口货物报关单及随附文件

买方投保（FOB / CFR）
投保申请；保险单

卖方投保（CIF / CIP）
投保申请；保险单

买方汇付货款（按合同）
T/T 申请及回单

装运
取得 B/L；发送装船通知

向买方提交单据
发票；B/L；装箱单等

进口通关、提货
进口报关单及随附文件；提单

卖方出口收汇核查
结汇水单；出口货物报关单

买方汇付货款（按合同）
T/T 申请及回单

卖方出口退税
购货发票；缴税证明；退税证明

买方进口付汇核查
进口货物报关单

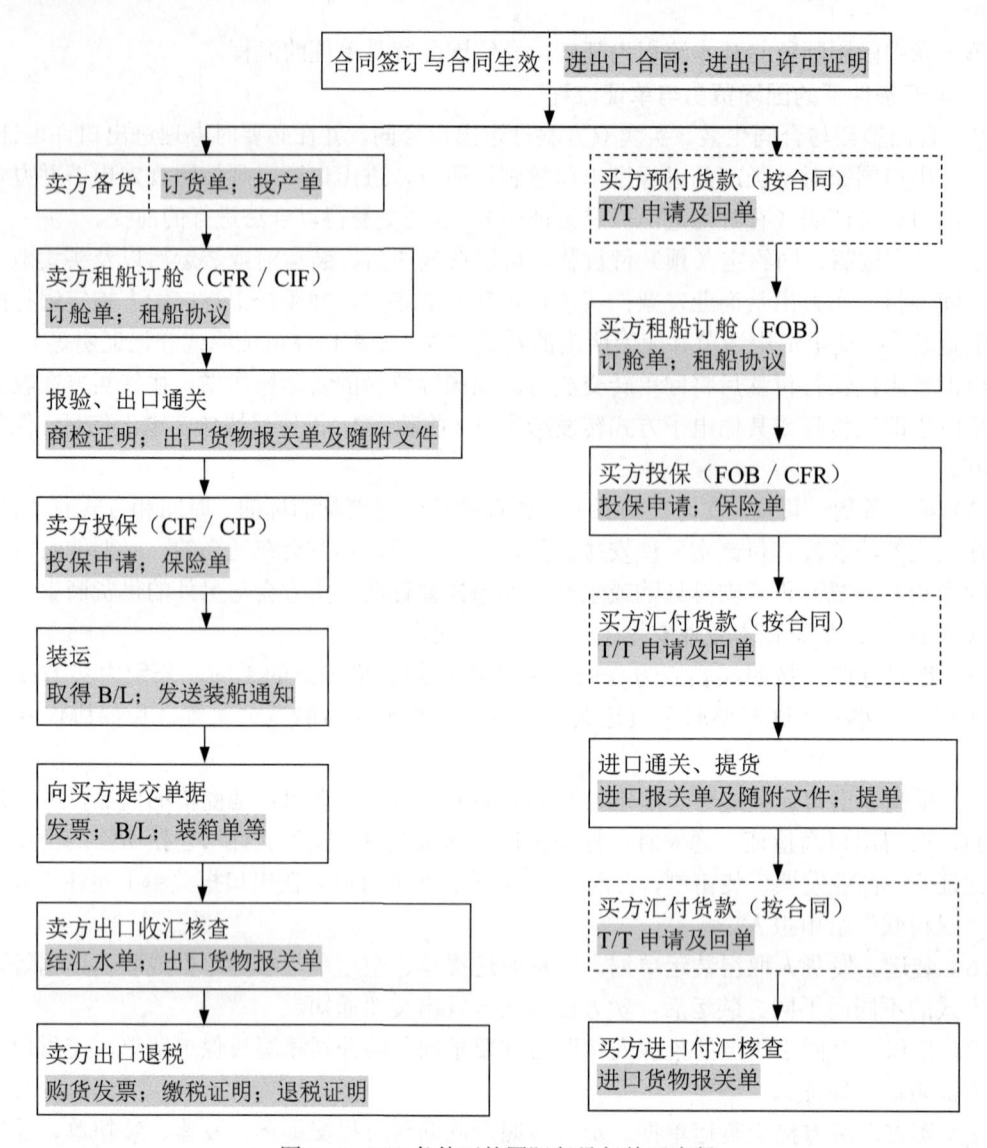

图2-2　T/T 条件下的国际贸易与单证流程

2. 托收条件下的国际贸易与单证流程

诸如合同签订与生效、备货、租船订舱、装运、投保、进出口通关、进出口核销、出口退税等基本环节，不同支付方式下的单证流程类似，我们只列出名称，具体内容同"T/T 条件下的国际贸易与单证流程"中所述。

（1）合同签订与合同生效。

（2）卖方备货。

（3）租船订舱。

（4）装运、报验、出口通关。

（5）投保。

（6）卖方请托收行代收货款。卖方向托收行提交托收申请，一般随附货运单据。

（7）代收行收到托收行转来的托收申请和货运单据后，向买方发出提示通知。
（8）买方在适当时间付款或承兑汇票，取得货运单据，并在汇票到期日付款。
（9）卖方收取货款，通过银行划账。
（10）进口通关、提货。
（11）卖方出口收汇核查与出口退税。
（12）买方进口付汇核查。

图2-3为托收条件下的国际贸易与单证流程。

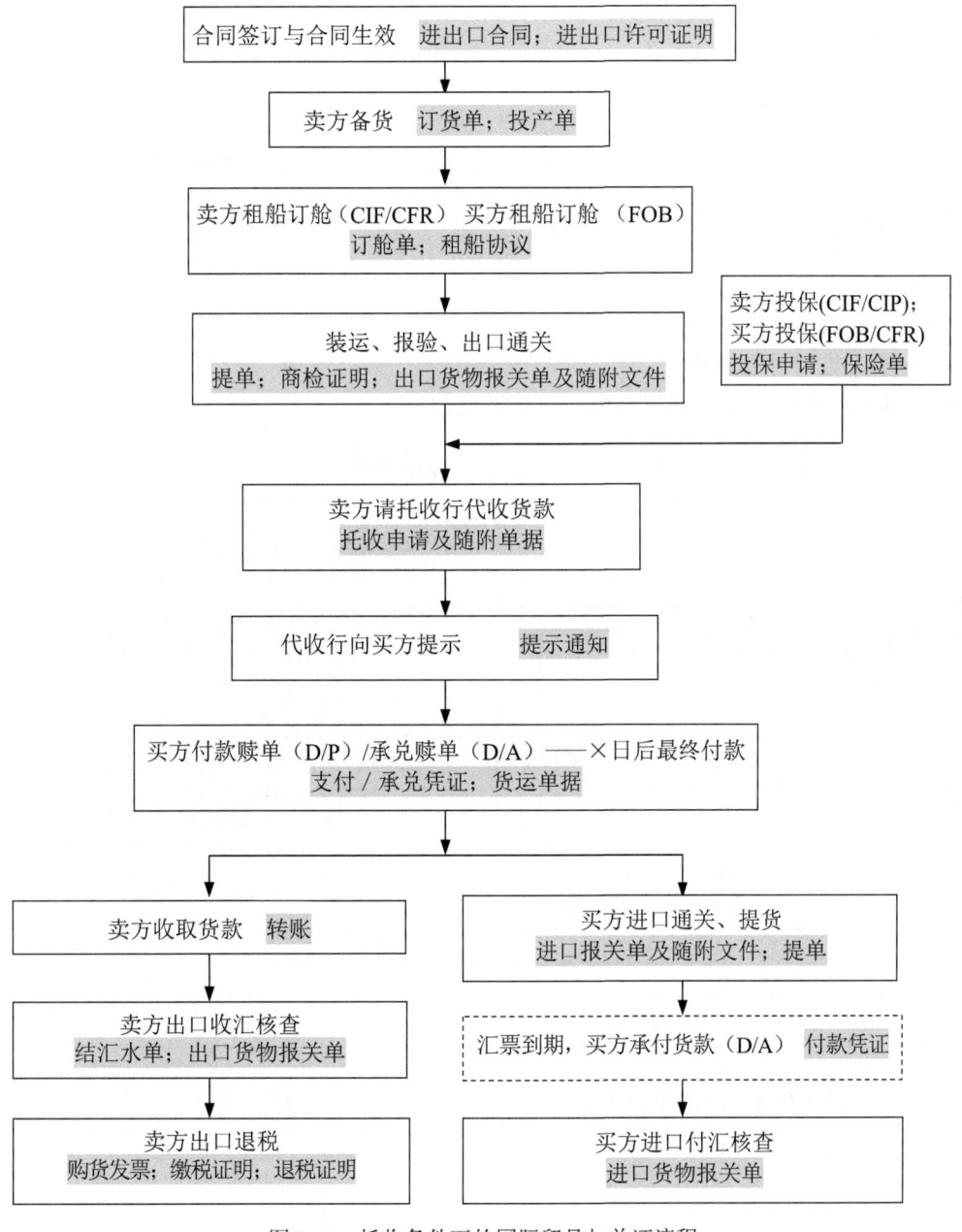

```
合同签订与合同生效    进出口合同；进出口许可证明
            ↓
         卖方备货    订货单；投产单
            ↓
卖方租船订舱（CIF/CFR） 买方租船订舱（FOB）
         订舱单；租船协议
            ↓
      装运、报验、出口通关           卖方投保(CIF/CIP)；
   提单；商检证明；出口货物报关单及随附文件  买方投保(FOB/CFR)
            ↓←──────────────  投保申请；保险单
    卖方请托收行代收货款
      托收申请及随附单据
            ↓
      代收行向买方提示    提示通知
            ↓
买方付款赎单（D/P）/承兑赎单（D/A）——×日后最终付款
         支付/承兑凭证；货运单据
         ↓                    ↓
   卖方收取货款  转账     买方进口通关、提货
                         进口报关单及随附文件；提单
         ↓                    ↓
  卖方出口收汇核查      汇票到期，买方承付货款（D/A） 付款凭证
  结汇水单；出口货物报关单
         ↓                    ↓
     卖方出口退税           买方进口付汇核查
  购货发票；缴税证明；退税证明    进口货物报关单
```

图2-3 托收条件下的国际贸易与单证流程

3. 信用证条件下的国际贸易与单证流程

（1）合同签订与合同生效。

（2）买方开立信用证；卖方催证、审证、改证。买方向银行递交 L/C 开证申请单，随附合同及进口许可或登记证明；开证行开立 L/C 后，通过通知行转交受益人；受益人如发现需要修改信用证，需联系开证申请人就需要修改的部分向开证行提交 L/C 修改申请书，开证行出具 L/C 修改通知书，由通知行转交受益人。

（3）卖方备货。

（4）租船订舱。

（5）商检；出口通关。

（6）卖方装运。

（7）投保。

（8）卖方根据信用证要求制作结汇单据，并按照信用证要求在议付行办理议付手续，收汇后银行出具结汇水单作为卖方收款的证明。

（9）买方付款赎单，支付货款，取得全套议付单据。

（10）进口通关、提货。

（11）出口收汇核查与出口退税。

（12）买方进口付汇核查。

图 2-4 为信用证条件下的国际贸易与单证流程。

```
合同签订与合同生效   进出口合同；进出口许可证明
         │
买方开证；卖方催证、审证、改证   L/C 通知书；L/C；L/C 修改通知书
         │
    ┌────┴────┐
  备货 订货单；投产单      租船订舱 订舱单；租船协议
    └────┬────┘
         │
  商检；出口通关   商检证明；出口货物报关单及随附文件
         │
              投保 投保申请；保险单
         │
  卖方装运（取得运输单据，如 B/L，向买方发装船通知）
         │
    ┌────┴────┐
卖方制单、议付、结汇 议付单据；结汇水单   买方付款赎单 支付凭证；议付单据
         │                      │
出口收汇核查 结汇水单；报关单   进口通关、提货 报关单；提单
         │                      │
出口退税 购货发票；缴税证明；退税证明   进口付汇核查 报关单
```

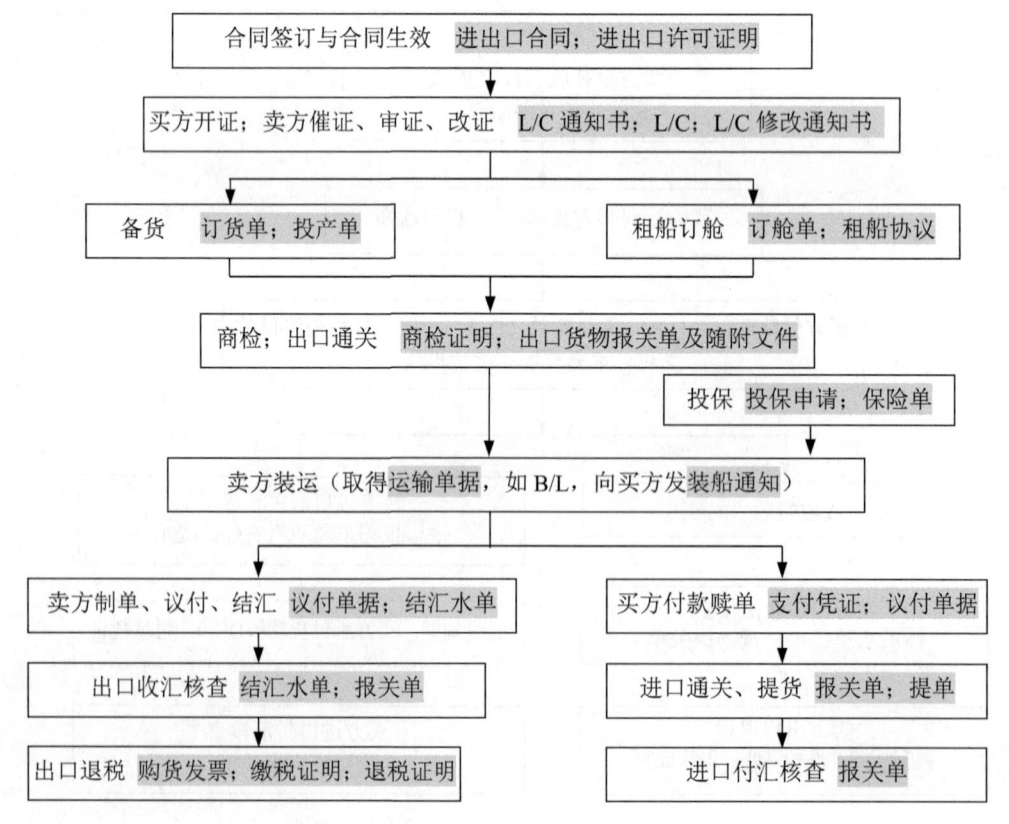

图 2-4　信用证条件下的国际贸易与单证流程

形形色色的国际贸易单证名目各异，种类繁多，有国家对外贸易管理部门出具的审批证明，有企业自行出具的各种产品声明，还有银行、商检、海关、储运等部门出具的各种单证。从用途上，有买卖合同、发运与提货的凭证——提单、国际结算的信用证及其单据，等等。我们按照单证产生与流动的基础，将国际贸易单证主要分为以下几类：

- 合同、协议和备忘录；
- 结汇单证（支付单证）；
- 报关单证；
- 外贸部门管理单证；
- 其他。

我们从第二节开始逐类介绍这些单证。

第二节　单证的种类（1）——合同、协议和备忘录

我们在第一节中认识了国际贸易流程中的各种单证，虽然它们的外观、内容和作用迥异，但是都包含了几个基本要素，我们应该从以下几方面来了解和掌握不同的贸易单证：

（1）名称。

（2）签发人。即使名称相同的单证，因由不同机构签发，其效力和用途也是不同的。

（3）标识编号。主要指单据编号（日期），还包含其项下所指的货运标识，如装箱单上一般呈现本票货物的发票号和日期；商业发票上会显示合同号或/和信用证号。

（4）内容。说明需要明确、证明或声明的项目。

（5）作用和效力。有时可以直接从单据本身读出，有时需要根据法规或管理判断。例如FORM A 的用途是发展中国家出口到发达国家工业制成品享受的普惠制优惠进口税率所必须出具的原产地证明。

（6）单据取得的条件。即如何申请得到该项单据。它涉及单据的签发人和签发人所要求的条件。例如在出口人申请商检部门或出入境检验检疫局出具 FORM A 时，需要填写 FORM A 原产地证申请表格，并随附其他单据供商检部门或出入境检验检疫局查对，此外，出口人还需支付一定费用。

（7）份数（联数）。许多单证有多种用途，或多次使用，所以会有两个或两个以上的联数。不同的联是在不同场合提交给不同部门时使用的，但内容是一致的。例如，进口许可证同时有三份，一份为进口人留存，第二份为进口报关时使用，呈示海关以证明合法进口，另一份在进口支付时提交银行。

国际货物买卖合同是买卖双方之间就进出口交易达成的正式书面协议。虽然按照国际商法，买卖双方在交易磋商后，当一方的发盘或还盘被对方有效接受后，协议即算达成，二者就建立了合同关系。但是，一般情况下，买卖双方仍需就口头或书面达成的一致签订正式的国际货物买卖合同，旨在对双方的权利、义务和合同的标的、风险和费用划分等细节做出明确规定，以便顺利履行合同。

一、合同

1. 合同（Contract）的基本形式

《联合国国际货物销售合同公约》对国际货物买卖合同的形式原则上不加以限制，即可以采用口头或书面方式，但是允许缔约国对此提出声明予以保留。《中华人民共和国合同法》规定，进出口当事人订立合同有书面形式、口头形式和其他形式。书面形式是指合同书、信件和数据电文（包括电报、电传、传真、电子数据交换和电子邮件）等可以有形地表现所载内容的形式。

2. 合同的种类

常见的国际货物买卖合同有两种：

（1）销售合同（Sales Contract）。其内容比较全面、完整。合同中主要包括品名、规格、数量、包装、价格、运输、交货期、付款方式、商品检验、争议的解决以及不可抗力等条件，对于买卖双方的权利和义务有全面、明确的规定，因而在大宗商品和成交额较大的贸易中得到普遍应用。

（2）销售确认书（Sales Confirmation）。属于简式合同的一种，主要包括品名、规格、数量、价格、包装、装运、保险和付款方式等条件。虽然它所包括的条款较为简单，但与进口或出口合同具有同等的法律效力，适用于金额不大、批数较多的土特产和轻工产品，以及已订有代理、包销等长期协议的交易。由于销售确认书的内容较销售合同简单，并且在单笔交易中，为了避免合同过于简略而产生不必要的纠纷，我们建议买卖双方签订合同时，尽量采用销售合同的形式，仅在上述的特定条件下，为了简化重复性的交货条款，再采用销售确认书，但在每次交货前签订销售确认书前也应有一份较为全面和详细的合同。

3. 合同的内容

书面合同的内容一般由下列三部分组成：

（1）约首。是指合同的序言部分，包括合同的名称、订约双方当事人的名称和地址以及双方订立合同的意愿和执行合同的保证。序言对双方均具约束力。

（2）本文。这是合同的主体部分，具体列明各项交易的条件或条款，如品名、品质规格、数量、单价、包装、交货时间与地点、运输与保险条件、支付方式以及检验、索赔、不可抗力和仲裁条款等，明确了双方当事人的权利和义务。

（3）约尾。一般列明合同的份数、使用的文字及其效力、订约的时间和地点及生效的时间（有时订约时间和地点也列在约首）。合同的订约地点往往要涉及合同准据法的问题，因此交易中双方往往都力争将签约地点设定在本国。

4. 签订合同时的注意事项

首先，合同的标的、内容与形式要符合法律要求。按照标的的特性，可以查到相应的产品 HS 编码，从而在海关管理文件中找到产品的进出口要求。

其次，双方当事人应有签约资格。

再次，合同条款应订立得明确、全面，避免含混不清的措辞和容易引起争议的条件。

最后，应当注意合同的生效时间、生效条件和签约地点。

合同示例：

SHENFAN Machinery Equipment IMP &EXP COMPANY
SALES CONTRACT

Contract NO. 17002E   **Date:** Jan.23,2017   **Signed at:** Shenzhen, China

THE SELLERS: <u>SHENFAN Machinery Equipment IMP &EXP COMPANY</u>, No.5 ME street, Shenzhen, 510000, China   Tel/Fax: 0755-77777777

THE BUYERS: <u>John Williams Trading Company</u>, No. 75 Coastal Road, New York, NY10000, USA Tel/Fax: +1-221-4881300

The undersigned Sellers and Buyers have confirmed this contract in accordance with the terms and conditions stipulated below:

1. Description of Goods, Quantity, Unit Price and Amount:

No.	Descriptions	Unit	Quantity	Unit Price	Amount
1.	Drilling Machine A12 (specifications as per the Appendix)	set	30	USD1,000.00	USD30,000.00
					Total: USD30,000.00 **FOB Guangzhou, China**
Total Value (in words): SAY US DOLLAR THIRTY THOUSAND ONLY. *The price terms are based on INCOTERMS 2010						

2. Manufacturer and Country of Origin: XINYA Machine Tool Works, China
3. Packing: in strong wooden case(s) and be good for long-distance ocean transportation
4. Insurance: to be covered by the Buyer
5. Date of Shipment: within 45 days after the issuing date of L/C
6. Port of Shipment: Guangzhou, China   **Port of Destination:** New York, USA
7. Partial shipment: not allowed   **Transhipment:** not allowed
8. Payment: by irrevocable sight L/C issued before March 1, 2017 in favor of the Seller and payable against the presentation of the documents in Clause 9
9. Documents:
- Full set clean on board <u>Bill of Lading</u> made out to order and blank endorsed;
- <u>Commercial Invoice</u> in 3 originals and 2 copies;
- <u>Packing List</u> in 3 originals and 2 copies;
- <u>Certificate of Quality & Quantity</u> in 3 originals and 2 copies;
- <u>Beneficiary's certified copy of fax</u> dispatched to the Buyer with 48 hours after shipment advising name of vessel, date, quantity, weight and value of shipment.
- <u>Beneficiary's certificate</u> certifying that one set of copy of the above documents has been sent to the Buyer by express mail within 15 days after the date of shipment.

10. Shipping Advice:

The Seller shall, within 48 HOURS after shipment, advise the Buyer by fax of the Contract number, Invoice number, B/L number, description of goods, quantity, invoiced value, gross weight, name of vessel and the date of shipment.

11. Inspection and Claims:

Except those claims for which the insurance company or the owners of the vessel are liable, should the quality of specification or quantity be found not in conformity with the stipulations of the contract, the Buyer may lodge claim against the Seller supported by survey report issued by an inspection institute agreed upon by both parties. Claim for quality discrepancy should be lodged by the Buyer within 30 days after the arrival of the goods at the port of destination, while for quantity/weight discrepancy claim should be lodged by the Buyer within 15 days after the arrival of the goods at the port of destination. If the Seller fails to respond within 30 days after receipt of the aforesaid claim, the claim shall be reckoned as having been accepted by the Seller.

12. Force Majeure:

The Seller shall lose no time to advise the Buyer of delay in shipment or non-delivery of the goods due to Force Majeure during the process of manufacturing or in the course of loading and express to the Buyer within 14 days with a certificate of the incident issued by local government authorities. In such case, the Seller is still liable to take all possible measures to expedite the shipment. Should the incident last over 10 weeks, the Buyer shall have the right to treat the contract as null and void.

13. Arbitration:

All disputes in connection with this Contract of the execution thereof shall be settled through friendly negotiation. Should no settlement be reached, the case may then be submitted for arbitration to China International Economic and Trade Arbitration Commission and be subject to the rules and procedures of the said Arbitration Commission. The Arbitration shall take place in Beijing, the People's Republic of China. The arbitration result of the Commission shall be final and binding upon both Parties. Neither Party shall seek recourse to a court or other authorities to appeal for revision of the arbitration. The arbitration fee and attorneys' charges shall be borne by the losing Party.

This Contract shall be made in original and duplicate, one for each Party, and shall be binding on both Parties under the terms and conditions stipulated herein upon being signed in the presence for witnesses.

Representative of the Sellers
Authorized signature
WANG LI

王 力

Representative of Buyers
Authorized signature
M. LEE

Lee

从示例中可以看出，销售合同通常包括下列条款：

（1）合同性质：销售合同（Sales Contract）或销售确认书（Sales Confirmation）。在买卖双方基本达成协议的时候，就会由一方准备起草合同文本。各个公司一般都有自己的范本，可以是印制好的，也可以是储存在计算机里的电子文本。

（2）合同编号（Contract No.）、签约日期和地点（Date & Place）。合同编号是合同管理和交易往来的重要标志。签约时间涉及合同生效的时间和依此确定其他程序的时间（如"合同签订后 7 日内支付预付款"）。签约地点涉及争议解决的适用法律问题，特别是合同条款中无特别说明时，因此非常重要。

（3）买卖双方名址（The Buyer & The Seller）。

（4）双方表示共同订立合同的意愿。

（5）品名、品质、规格、数量、单价和合同金额（Description of Goods, Quantity, Unit Price and Amount）。当产品的规格较为复杂时，可以将此项要求体现在合同附件（有时也叫"技术附件"，Appendix, Annex or Technical Attachment）中。注意标注所采用的价格术语（如"INCOTERMS 2010"）。合同金额应用大写来表示（Say US Dollar ... Only）。合同金额是支付货款的依据。

（6）制造商与原产国（Manufacturer and Country of Origin）。制造商可以是除卖方外的供货人，原产国不仅涉及买方对产品产地的关注，还影响进口手续的办理，例如，当进口国对原产某国的某类产品的进口提出管制或需要提供某些证明。

（7）包装（Packing）。应详细规定包装种类、物料及责任。如无特别指明，包装费用应包含在合同价款中。

（8）保险条款（Insurance）。此条款中依照合同的价格术语、国际惯例和买卖双方的约定规定投保的责任方、保险金额、险种和赔付方法。

（9）装运期（Date of Shipment）。

（10）起运港与目的港（Port of Shipment & Port of Destination）。

（11）是否允许分批装运和转运（Partial Shipment & Transhipment, allowed or not）。

（12）支付条件（Terms of Payment）。

（13）单据（Documents）。指的是合同项下卖方应向买方提供的单据。在 L/C 方式下，它指议付单据。

（14）装船通知（Shipping Advice）。卖方在装运后的指定时间内应将装运细节通知收货人（买方）。

（15）检验与索赔（Inspection & Claims）。包括检验的机构、内容、方式和效力；索赔提出的期限和条件（对随附证明的要求），以及卖方应采取的态度和承担的责任。

（16）不可抗力（Force Majeure）。按照国际惯例，因不可抗力事故，卖方无法正常交货时，可以延期交货或解除交货义务，但需在规定时间内出具指定机构的证明。

（17）仲裁或其他解决争议的方法（Arbitration or Disputes）。争议的解决可以通过友好协商、仲裁或提交法院三种方式进行，如果双方签订了仲裁条款，则仲裁结果是终局的，排除任何法律诉讼的做法。仲裁条款中应说明仲裁的机构、地点和效力。

（18）对合同生效的说明（The Effectiveness of the Contract）。如双方签字或一方取得进出口许可时，视具体情况而定。

（19）买卖双方代表签字（盖章）(Signature)。首先，买卖双方应是具备签订国际贸易合同的法人；其次，签约人应具备授权的签约能力。这样，所签订的合同才是有效的。

（20）合同附件（Appendix, Annex）。合同附件内容广泛，一般是对合同标的的详细说明，包括分项价格和技术要求。合同主页通常是综合的商务条款，涉及技术部分的复杂说明一般另列为合同附件。它是合同不可分割的部分，具备同样的法律效力。

二、协议

协议（Agreement）与合同都是意思表示一致所达成的结果，只是在用途方面有细微差别。合同一般指双方买卖交易的权、责、利划分，协议更多地指双方同意按照所达成的约定、方式来进行合作。协议广泛用于诸如代理、包销、进出口业务中。国际贸易中，我们在进行代理时需要在与国内客户签订"委托进/出口协议"后，对外签订"国际货物买卖合同"。在执行合同的过程中，往往在遇到需要解决的问题时，双方或与相应的当事方就某一细节签订协议。例如：关于佣金支付的协议、关于卖方质量赔偿的协议、关于合同某条款的补充规定，等等。当事人在签订协议时，应明确协议的效力以及同基础合同的法律关系。比如，一般的补充协议均会措辞："本协议自签字盖章日正式生效，本协议规定与原合同（No. ...）相抵触的，以本协议规定为准，其他事项，仍按原合同执行。"

AGREEMENT

Date: Jan. 24, 2017　　Place: Shenzhen, China

Party A: SHENFAN Machinery Equipment IMP &EXP COMPANY

Party B: John Williams Trading Company

Under the Sales Contract No. 17002E dated Jan.23, 2017, Party A agrees to pay by T/T a 5/five-percent commission, i.e. USD1,500.00 (say US Dollar one thousand five hundred only), on the total contract value within 15(fifteen) days after the negotiation under the relevant L/C to Party B.

Party A _____　　Party B _____

三、备忘录

无论是合同、协议还是备忘录(MEMO, Memorandum)，都是当事人意思一致的表示，法律效力是同等重要的，只是使用的场合、特征不同。国际贸易中，备忘录与协议类似，有时也可以通用，是在合同执行的过程中，就某个问题或合同中的某一条款所做出的修改或补充说明，或是对某一个环节履约程度的认可声明。例如，双方就修改合同交货期所做的修改合同备忘录，或是按照合同验收设备后的一个质量声明备忘录。

> **MEMORANDUM**
>
> Date: Feb. 24, 2017   Place: Shenzhen, China
> Party A: SHENFAN Machinery Equipment IMP &EXP COMPANY
> Party B: John Williams Trading Company
>
> Under the Sales Contract No. 17002E dated Jan.23, 2017, as Party B is unable to effect L/C issuance before March 1, 2017, considering the long-term business relationship between the both parties, Party A agrees to postpone the L/C issuance to March 15, 2017. Other terms and conditions are still as per the Sales Contract No. 17002E.
>
> Party A_____   Party B_____

第三节　单证的种类（2）——支付单证

多数国际货物买卖涉及货款的收入和支付（除少数交易，如对等贸易，买方的支付并不全部以货币形式完成），并且一般涉及银行的国际结算业务，这类单证可以归为结汇单证。我们按照基本支付方式，将常用的结汇单证分为三类。

一、T/T 条件下的支付单证

在银行受理 T/T 业务时，要求电汇申请人出示并提交的单证有：
- 海外电汇申请单；
- 购汇申请书；
- 进口许可或登记证明（必要时）；
- 合同、商业发票等交易凭证；
- 其他所需的单证（例如按照我国外贸管理规定，在进口到货履行支付时，仍需提交进口货物报关单）。

1. 海外电汇申请单

它是由从事国际电汇业务的银行制作，要求由电汇申请人填制的包含收、付款人名址、开户行、账号等信息的银行单证，见表 2-1。

2. 购汇申请书

它是我国实行结汇制（与售汇制）下，进口人（或电汇申请人）在委托银行办理电汇业务时，向银行填写的购汇申请表。银行同时按照国家外贸、外汇管理的有关规定，审核进口人（或电汇申请人）的购汇支付申请。进口人（或电汇申请人）在提交购汇申请书时，还应该附上所需的进口许可或登记证明、合同、商业发票及其他所需的有关单证。关于这类单证，我们在后面进行详细介绍，见表 2-2。

表 2−1 海外电汇申请单式样

致：中国银行总行营业部 To: BANK OF CHINA, HEAD OFFICE, BANKING DEPT., BEIJING, P.R.CHINA	海 外 电 汇 申 请 书 **APPLICATION FOR TELEGRAPHIC TRANSFERS (OVERSEAS)** 请 用 英 文 打 字 机 填 制 PLEASE FILL IN BLOCK LETTERS	日 期 Date_____
请按照贵行背页所列条款代办下列汇款： Please effect the following remittance, subject to the conditions overleaf:			

本行编号 Our Ref. No.	T/T	收电行 Receiver	
起息日 Value Date	如无特别要求，本栏由银行填写 Bank fill in this blank if not specified	汇款币别及金额 Currency &Amount	
汇款人 By order of			
收款银行之代理行名称及地址 Correspondent of Beneficiary's Bank Name &Address	名称 Name		
	地址 Address		
	收款人开户行在其代理行账号 Bene Banker's a/c No. /		
收款人开户银行名称及地址 Beneficiary's Bank Name &Address	名称 Name		
	地址 Address		
	收款人账号 Beneficiary's a/c No. /		
收款人名称及地址 Beneficiary's Name &Address	名称 Name		
	地址 Address		
汇款附言 Details of Payments	只限 140 个字位 Not exceeding 140 characters		国外费用 All bank's charges outside China if any are to be borne by 收款人 Beneficiary 汇款人 Remitter
银行专用栏 For Bank Use Only	申请人签章 Applicant's Signature		审核部签章 Approved by Official Authorities
牌价 Rate	申请人姓名 Name of Applicant 电话 Phone No.		核准人签字 Authorized Person 日期 Date
等值人民币 Yuan Equivalent			
手续费 Commission			
邮电费 Charges			
合计 Total			
支付费用方式 现金 by Cash In Payment of the 支票 by Check Remittance 外汇户 from Account			
核印 Sig. Ver.	经办 Maker		复核 Checker

表 2-2　购汇申请书式样

交通银行
客户申请购汇工作单

银行编号：

致：　交通银行北京分行　　　　　　　　　　　　　　　年　　月　　日

用汇单位				联系电话	
汇购人民币资金从　　银行　分、支行的人民币账号：				支用	所购外汇入账户
用汇币别、金额	大写			小写	
外币用途		支付外汇方式	T/T　L/C　D/P　D/A		其他
该进口商品：1. 属于进口配额管理商品，商品名称（中文）--------- 数量------------溢短装--------% 　　　　　　2. 属于特定产品，　　　商品名称（中文）--------- 数量------------溢短装--------% 　　　　　　3. 属于机电产品，　　　商品名称（中文）--------- 数量------------溢短装--------% 　　　　　　4. 属于其他商品，　　　商品名称（中文）--------- 数量------------溢短装--------%					
请注明所附有效证件名称、编号					
进口批文：		信用证申请书：		运费收据：
合同/协议：		报关单/仓单：		佣金协议：
发票：		关税证明：		结汇水单：
提单：		代理协议：		进口来单通知：
汇款申请书：		保费收据：		受汇通知单：
备注：					
用汇单位保证外汇额度和现汇业已用完。　　用汇单位保证以上情况及所附凭证正确无误。 用汇单位保证所附有效单据、合同、许可证的正本及其他有关正本批件，银行批准购汇后，只负责保管十五天。					
制单：　　　　　　　　　　　　复核：　　　　　　　　　　　　用汇单位盖章					
以下由银行外汇业务综合管理处填写：					
初审意见： 签章	科长意见： 签章		经理意见： 签章		总经理意见： 签章
以下由办理售汇业务柜台填写，请于次日将第4联返回外汇业务综合管理处					
折合美元		售汇汇率		售汇日期	
经办：　　　　　　　　　　　　复核：					

二、托收条件下的支付单证

通常托收条件下涉及的支付单证包括两项：一是托收委托书及汇票式样（表2-3）；另一项则是在跟单托收下收款人按照托收委托书中的要求制作的单据。跟单托收的程序与单证内容和信用证方式极为相似，从表面看，其过程似乎是相同的，但是二者最本质的区别在于托收项下使用的是商业信用，银行仅负责传递单据和收取费用，并不对单据负责，也不直接承担付款责任；相反，在 L/C 下，银行为第一付款责任，其中使用的是银行信誉，因而对当事人更有保障。

表2-3 托收委托书及汇票式样

```
USD _____                        _____ 20____
            _____ Of this FIRST OF EXCHANGE (Second unpaid)
Pay to the Order of
                                                   United States Dollars
for Value received and charge the same to account of
To  _____
                                                   _____
No. _____                          Authorized Signature
```

                                                                    Date
Gentleman,   ☐ for collection
We enclose Draft No. _____ and documents listed below ☐ for
                                            ☐ for payment/negotiation under L/C

BILLS OF LADING	B/L COPY	COMM INV	INS CIF	CIF ORIG	CONS INV	PKING LIST	WGT CIF	OTHER DOCUMENTS

Please handle in accordance with instructions marked "X"

☐ Deliver all documents in one mailing   IN CASE OF NEED, refer to
☐ Deliver documents in two mailings
☐ Deliver documents against payment/sight draft or   Name _____
   acceptance/time draft
☐ all charges for Account of Drawee   Address _____
☐ Protest for nonpayment /for non-acceptance
☐ Present on arrival of goods
☐ Advise non-payment/non-acceptance
☐ Advise payment acceptance

OTHER INSTRUCTIONS

Please refer all questions concerning this collection to
☐ shipper
☐ freight forwarder
   _____
                                                   Authorized Signature

三、信用证条件下的支付单证

信用证（通常为跟单信用证）下所涉及的支付单证主要包括：
- 信用证开证申请书；
- 信用证通知书；
- 信用证；
- 信用证修改通知书；
- 信用证议付单据 1——汇票；
- 信用证议付单据 2——提单或其他运输单据；
- 信用证议付单据 3——商业发票；
- 信用证议付单据 4——装箱单/重量单；
- 信用证议付单据 5——保险单；
- 信用证议付单据 6——关于货物的质量/数量声明；
- 信用证议付单据 7——商检证明；
- 信用证议付单据 8——原产地证明；
- 信用证议付单据 9——受益人发出装运通知的声明；
- 信用证议付单据 10——受益人按规定寄送全套单证副本的声明；
- 其他。

1. 信用证开证申请书

买卖双方建立合同关系后，买方将按照合同中关于支付条件的约定向银行申请开立信用证，此时，买方需要填制银行制作的开证申请书。信用证开证申请书的填写内容应遵循对外贸易管理机构及银行的要求、在业务操作上的合理性和可行性要求以及合同的要求。开证申请书中将包括信用证开立的全部细节和内容、买方基于合同签订时达成的支付条件和其他有关货物的信息，向银行申请开立信用证。所以，合同在订立时就应该尽可能地考虑信用证开立的具体事项，虽然信用证是独立于合同之外的法律文书，但是它基于合同条款而产生。合同签订得详细、全面，可以避免日后发生信用证修改要求，见表 2-4。

信用证开证申请书包括以下主要内容：

（1）信用证当事人名址。

① 开证申请人（Applicant）。

② 受益人（Beneficiary）。

③ 通知行（Advising Bank）。

④ 议付行（Negotiation Bank）。

（2）信用证的基本说明。

① 种类。UCP600 下均为不可撤销的跟单信用证（Irrevocable Documentary Credit）。

② 性质。信用证是否可转让（Transferable or Not），是否限制议付（Negotiation Restricted to...），等等。

③ 预计开证日期（Expected Issuing Date）、信用证有效期及到期地点（Date and Place of Expiry）。信用证必须规定一个交单的截止日（Expiry Date），规定的承付或议付的截止日将被视为交单的截止日。交单地点指可在其处兑用信用证的银行所在地，如果信用证可在任一银行兑用，则交单地点可以为任一银行所在地。除了规定的交单地点外，开证行所在地也是交单地点。

表 2-4　信用证开证申请书式样

IRREVOCABLE DOCUMENTARY CREDIT APPLICATION

TO: BANK OF COMMUNICATIONS, BEIJING BRANCH

Applicant & Address	Contract No. :	Irrevocable Documentary Credit Expected Issuing Date:	(by Bank)L/C No. : Issuing date:
		Date and Place of Expiry:	
		Beneficiary & Address	
☐ Issued by express mail ☐ Issued by express mail with brief advice by teletransmission ☐ Issued by teletransmission (the operative instrument)		Amount in figures and words	
Advising Bank		Second Advising Bank	
☐Negotiation restricted to　☐Advising Bank　☐other bank ☐Transferable with　☐Advising Bank　☐other bank ☐Confirmation　☐not requested　☐requested 　　　　　☐authorised if requested by Benef.		Credit Available with ☐by payment　☐by negotiation　☐by acceptance ☐by deferred payment at ＿　against the documents detailed herein ☐and Benef.'s draft(s) for　% of the invoice value at drawn on	
Partial shipments　☐allowed　☐not allowed Transhipment　　☐allowed　☐not allowed			
Loading on board/dispatch/taking in charge at/from Not later than　　For transportation to:		Terms: ☐FAS ☐FOB ☐CFR ☐CIF ☐Other terms	

Documents required : (marked with X)
1.(   ) Signed Commercial Invoice in   originals and   copies indicating L/C No. and Contract No. (photo copy and carbon copy not acceptable as original)
2.(   ) Full set (including   originals and   non-negotiable copies) of Clean On Board Ocean Bills of Lading made out to order and blank endorsed, marked "Freight　(   ) To Collect / (   ) Prepaid"　(   ) showing freight amount and notifying
3.(   ) Air Waybills showing "Freight (   ) To Collect / (   ) Prepaid" (   ) indicating freight amount and consigned to
4.(   ) Rail Waybills showing "Freight (   ) To Collect / (   ) Prepaid" (   ) indicating freight amount and consigned to
5.(   ) Memorandum issued by
6.(   ) Full set (including   originals and   copies) of Insurance Policy / Certificate for   % of the invoice value showing claims payable in China in currency of the draft, blank endorsed, covering [(   ) Ocean Marine Transportation / (   ) Air Transportation / (   ) Over Land Transportation] All Risks and War Risks.
7.(   ) Packing List / Weight Memo in   originals and   copies issued by   indicating quantity / gross and net weight of each package and packing conditions as called for by the L/C.
8.(   ) Certificate of Quantity / Weight in   originals and   copies issued by   indicating the actual surveyed quantity/weight of shipped goods as well as the packing conditions.
9.(   ) Certificate of Quality in   originals and   copies issued by   indicating the actual tested results of full specifications of goods shipped as called for by the L/C.
10.(   ) Certificate of Origin in   originals and   copies issued by
11.(   ) Beneficiary's certified copy of cable/telex/fax dispatched to Applicant within   hours after shipment advising (   ) name of vessel / (   ) flight No. / (   ) wagon No., date, quantity, weight and value of shipment.
12.(   ) Beneficiary's Certificate certifying that extra copies of the documents have been dispatched according to the contract terms.
13.(   ) Beneficiary's Certificate certifying that 1/3 set of original B/L and each copy of shipping documents listed above have been dispatched to Applicant by courier service within   days after shipment, the relevant post receipt required for negotiation.
14.(   ) Other documents, if any:

Description of goods and / or services
Packing:

Additional Instructions: (marked with X)
1.(   ) All banking charges outside the issuing bank are for the Beneficiary's account.
2.(   ) Documents must be presented within   days after the date of shipment but within the validity of this credit.
3.(   ) Third party as shipper is not acceptable.
4.(   ) Short Form/Blank Back B/L is not acceptable.
5.(   ) Both quantity and amount   % more and less are allowed.
6.(   ) Prepaid freight drawn in excess of L/C amount is acceptable against presentation of original charges voucher issued by shipping Co. Air line/ or its agent.
7.(   ) All documents to be forwarded in one cover.
8.(   ) Other terms, if any:

We request you to issue on our behalf and for our account your Irrevocable credit in accordance with the above instructions [marked (X) where appropriate]. This Credit will be subject to the Uniform Customs and Practice for Documentary Credits (2007 Revision No.600 of the International Chamber of Commerce, Paris, France), insofar as they are applicable.

Account No.:　　　　　　　　　　　　　　　　　　　with ＿＿＿＿＿＿＿＿ (name of bank)
Transacted by:　　　　　　　　　　　　　　　　　(Applicant's name, signature of authorized person)
Tel. No.:　　　　　　　　　　　　　　　　　　　　　　　　　　　　　　　(with seal)

④ 信用证金额（Amount in Figures and Words）。

（3）对货物的要求。根据合同约定描述货物及包装状态。

① 描述货物（Description of Goods and / or Services），包括数量、品名、规格或型号（简略）、价格与金额，且通常按此顺序进行描述。注意，信用证中对货物的描述，特别是规格，并不十分详细，一般以简练但明确的语句带过，仅做总数量、总金额等的交代。但是，为了保证内容全面，开证时可以用"形式发票 No. 中的货物"或"合同 No. 中的货物"加以指定，也可以在必要时另附加页在信用证中。

② 包装（Packing）。这里指运输外包装。

（4）对运输的要求。按照合同中的装运条款填写。

① 是否允许分批装运和转运（Partial shipment and /or Transhipment : allowed or not）。分批装运是指合同标的不在一次装运中全部发运，而是在两次或更多批次内发运完毕；转运是指合同标的在从起运港（地）到目的港（地）的过程中需要更换运输工具。在其他条件相同的情况下，转运的运费较直达航程的低，但手续复杂，运输时间长，且在转运过程中易出现货损、货差甚至丢失的风险，由于存在着至少两个不同的承运人，责任的追究也存在更多困难。所以，买方如有直航的选择，一般都会要求在合同中订立"不得转运"。

② 最后装运日期/装运港/目的港（Loading on board/dispatch /taking in charge at.../ from... not later than... for shipment to...）。最后装运日期根据合同中的条款而定，如果订立合同时写的是"卖方在买方开立信用证后 45 天内装运"，则买方在申请开立信用证时，按照当时的时间和银行所需的处理时间（一般不超过三天）计算出相应的最后装运日期。

（5）对单据的要求。我们一般讨论的都是跟单信用证，开证申请人（买方）都要求信用证的支付以受益人（卖方）提交一定的单据为条件。这些单据依合同、交易的不同而各不相同，但是通常包含下列几种：

① 汇票（Draft）。

② 提单（Bill of Lading）、空运单（Airway Bill）、铁路运单（Railway Bill）、联运单等各种运输凭证，除空运单外，均是物权凭证，但它们都是卖方按照合同发货的书面凭证。

③ 商业发票（Commercial Invoice）。

④ 装箱单/重量单（Packing List/ Weight Memo）。

⑤ 保险单（Insurance Policy/Certificate）。

⑥ 关于货物的质量/数量声明（Certificate of Quality/Quantity）。

⑦ 商检证明（The Inspection Certificate）。

⑧ 原产地证明（Certificate of Origin）。

⑨ 受益人发出装运通知的声明。（Beneficiary's certified copy of cable/telex/fax dispatched to Applicant within... hours after shipment advising the shipment details.）

⑩ 受益人按规定寄送全套单证副本的声明。（Beneficiary's Certificate certifying that extra copies of the documents have been dispatched according to the contract terms.）

⑪ 其他。除上述常见的议付单证外，每个合同都有可能因自身交易的个性化要求而出现其他单证，比如买方签字的验收协议、包装物料证明等。银行本身对于单证无过多的干预，只要买卖双方当事人有约定，买方按此开证，卖方无异议（不要求修改信用证）即可。

以上仅仅是对于议付单据基本种类的介绍，实际应用中，对某一单据的界定要包括单据种类、性质、正/副本及份数、出具机构、认证机构、单据内容等，我们将在下面详细介绍信用证议付单据。

（6）对受益人获得偿付的说明。

① 获得偿付的方式有付款（by payment）方式、议付（by negotiation）方式、承兑（by acceptance）方式和延期付款（by deferred payment）方式。

② 是否需要提交单据（against the documents detailed herein）。

③ 对汇票的要求（...and Beneficiary's draft for...% of the invoice value at... drawn on...）。但 UCP600 规定，"信用证不得开成凭以申请人为付款人的汇票兑用"。

（7）信用证的特殊要求（Special Clauses）。对于随不同交易而差异较大的典型性条件，银行把它们列为特殊条款供开证申请人使用。

常见的特殊要求有：

① 对银行费用的说明。一般都规定："开证行之外的一切银行费用由受益人承担。（All banking charges outside the issuing bank are for the Beneficiary's account.）"

② 提交议付单据的时间要求，"单据必须在装运后×天内，且为信用证有效期内提交。（Documents must be presented within × days after the date of shipment but within the validity of this credit.）"

③ 对提单的特殊要求。如："第三方为托运人的提单是不被接受的。（Third party as shipper is not acceptable.）"

④ 对提单的特殊要求。如："简式提单是不被接受的。（Short Form/Blank Back B/L is not acceptable.）"

⑤ 溢短装条款。如："允许　%的数量或金额溢短装。（Both quantity and amount　% more and less are allowed.）"

⑥ 对超出信用证金额的预付运费的说明。如："超过信用证金额的预付运费可接受，凭提交船运公司、航空公司或其代理人出具的正本收费单据收取。（Prepaid freight drawn in excess of L/C amount is acceptable against presentation of original charges voucher issued by shipping Co. Air line/ or its agent.）"

⑦ 对单据递交方式的说明。如："全部单据装入一只信封中交递。（All documents to be forwarded in one cover.）"

⑧ 其他特殊要求。

（8）援引的惯例版本。一般会说明："本证根据国际商会《跟单信用证统一惯例（2007年修订本）》即国际商会 600 号出版物（UCP600）办理。（This Credit will be subject to *The Uniform Customs and Practice for Documentary Credits*，2007 Revision No.600 of the International Chamber of Commerce, Paris, France, insofar as they are applicable.）"

（9）开证申请人的签章（Applicant's Name, Signature of Authorized Person）。

2. 信用证通知书

信用证通知书（表 2-5）是通知行接到开证行转来的信用证，经过审核、核实开证行的身份、信用证的真实性后，将信用证转交受益人时所附加的一份面函。它的内容主要包括：

表 2-5 信用证通知书式样

中国银行

BANK OF CHINA
ADDRESS:
CABLE:
TELEX:
SWIFT:
FAX:

信 用 证 通 知 书
Notification of Documentary Credit

DATE:

To: 致:	WHEN CORRESPONDING PLEASE QUOTE OUR REF NO.	REF No.
Issuing Bank 开证行	Transmitted to us through 转递行	
L/C No. 信用证号 Dated 开证日期	Amount 金额	

Dear sirs, 敬启者: **SUBJECT TO UCP600**
We have pleasure in advising you that we have received from the above bank a(n)
(　) telex issuing   电传开立   (　) ineffective   未生效
(　) pre-advising of   预先通知   (　) mail confirmation of 证实书（函）
(　) original   正本   (　) duplicate   副本
letter of credit, contents of which are as per-attached sheet(s).
This advice and the attached sheet(s) must accompany the relative documents when presented for negotiation.
信用证一份，现随附通知。贵公司交单时，请将通知书及信用证一并提示。
(　) Please note that this advice does not constitute our confirmation at the above L/C nor does it convey any engagement or obligation on our part.
     本通知书不构成我行对此信用证之保兑及其他任何责任。
(　) Please note that we have added our confirmation to above L/C, negotiation is restricted to ourselves only.
     上述信用证已由我行加以保兑，并限向我行交单。
Remarks: 备注:

This L/C consists of   sheet (s), including the covering letter and attachment(s).
本信用证连同面函及附件共   页。
If you find any terms and conditions in the L/C which you are unable to comply with and or any error(s), it is suggested that you contact applicant directly for necessary amendment(s) so as to avoid those problems that might happen in your presentation of documents.
如本信用证中有无法办到的条款或错误，请与开证申请人联系进行必要的修改，以排除交单时可能发生的问题。

Yours faithfully,
For BANK OF CHINA

(通知行盖章)

（1）对来证的简要说明。包括开证行名称、转递行名称、信用证号码、开立日期、金额、开证方式等信用证的关键内容。

（2）对受益人交单的指示。一般要求"交单时，请将本通知书及信用证一并提示""限向我行交单议付"，等等。

（3）对本行责任的明示。如"本通知书不构成我行对此信用证之保兑及其他任何责任""上述信用证已由我行加具保兑"，等等。

3. 信用证

信用证实际上是开证银行按照开证申请人的要求并结合自身的业务规范所开立的，信用证被认为是一个个具有个性化的支付条件，虽然它存在基本内容的通用框架，但是每个信用证都与其他不同，比如，对装运期和议付期的规定、对提单标注运费已付或未付的要求，等等。正式的、银行最终开立的信用证是开证行致通知行的一封信，此中说明了对于交单和议付的种种规定，内容基本等同于信用证开证申请书中的内容，只是在此基础上加入了开证行对通知行有关业务操作的说明。

（1）信用证的格式。

我们在此主要介绍跟单信用证的常见格式。

① 国际商会的标准格式。根据国际商会《开立跟单信用证标准格式》，开立不可撤销跟单信用证有两种基本格式：

- 致受益人的不可撤销跟单信用证的标准格式（表 2-6）。（The Standard Form for the Issuing of Documentary Letter of Credit — to the Beneficiary.）
- 致通知行的不可撤销跟单信用证的标准格式。（The Standard Form for the Issuing of Documentary Letter of Credit — to the Advising Bank.）

② SWIFT 信用证格式。SWIFT 是环球银行财务电讯协会(Society for Worldwide Interbank Financial Telecommunication)的缩写，简称"环银电协"，1973 年 5 月在比利时首都布鲁塞尔成立，是一种银行间的合作性协会。SWIFT 信用证的特点是电文标准化，对于信用证内每一项条款的名称都以固定、统一的代号确定下来，银行在开立信用证时，在每项代号后加入确定的内容，即形成信用证内容。为配合 UCP600 的生效和应用，SWIFT 作为为国际结算提供电讯服务的重要机构，也致力于同步跟进，修改和升级了其跟单信用证格式（MT700），并得到了 UCP 修改小组的具体指导。表 2-7 中列出了环银电协 2007 年发布的适用于 UCP600 的 SWIFT 跟单信用证 MT700 标准格式。

（2）信用证的主要内容。

按照国际商会 600 号出版物的规定，跟单信用证的基本内容包括：

① 开证行名址。
② 开证地点和开证日期。
③ 信用证的编号、种类和性质。
④ 信用证有关当事人名址（开证申请人、受益人及其他银行）。
⑤ 信用证金额。
⑥ 信用证有效期及到期地点。
⑦ 开证原因，一般为受开证申请人委托开立此信用证。

表 2-6 致受益人的不可撤销跟单信用证标准格式
The Standard Form for the Issuing of Documentary Letter of Credit — to the Beneficiary

Issuing Bank	Irrevocable Documentary Credit No. Place & Date of Expiry
Applicant	Beneficiary
Advising Bank　　　　　Ref. No.	Amount
Partial Shipment　☐ Allowed　☐ Not allowed Transhipment　　☐ Allowed　☐ Not allowed	Credit Available with ☐by payment　☐by negotiation　☐by acceptance ☐by deferred payment at ＿　against the documents detailed herein
Loading on board / dispatch / taking in charge at / from Not later than　　　　For transportation to:	☐and Benef.'s draft(s) for　% of the invoice value at drawn on

List of Documents to be presented:

Covering Shipment of:

Special Instruction(s):

We hereby issue this Documentary Credit in your favor. It is subject to the Uniform Customs and Practice for Documentary Credits (2007 Revision, International Chamber of Commerce Paris, France Publication No. 600) and engages us in accordance with the terms thereof. The number and the date of the credit and the name of our bank must be quoted on all drafts required. If the credit is available by negotiation, each presentation must be noted on the back of this credit by the bank where the credit is available.

Yours faithfully,
For　　　　(name of the issuing bank)

Authorized Signature

表 2-7 SWIFT 跟单信用证 MT700 标准格式（适用于 UCP600）

SWIFT LETTER OF CREDIT	编号	Reference	
	作者	Author:	
	标题	Title:	
	发往	Send to:	
	报文类型	Message Type:	
	优先级	Priority:	
	传送监控	Delivery Monitoring:	

27	报文页次	sequence of total	M
40A	跟单信用证类型	form of documentary credit	M
20	跟单信用证号码	documentary credit	M
23	预先通知号码	reference to pre-advice	O
31C	开证日期	date of issue	O
40E	适用规则	applicable rules	M
31D	到期日及地点	date and place of expiry	M
51A	开证申请人的银行	applicant bank	O
50	开证申请人	applicant	M
59	受益人	beneficiary	M
32B	货币与金额	currency code, amount	M
39A	信用证金额加减百分率	percentage credit amount tolerance	O
39B	最高信用证金额	maximum credit amount	O
39C	可附加金额	additional amounts covered	O
41A	指定银行与兑用方式	available with … by …	M
42C	汇票期限	drafts at…	O
42A	付款人	drawee	O
42M	混合付款指示	mixed payment details	O
42P	延期付款指示	deferred payment details	O
43P	分批装运	partial shipments	O
43T	转运	transhipment	O
44A	接收监管地、发运地、收货地点	place of taking in charge/dispatch from.../place of receipt	O
44E	装运港/始发航空港	port of loading/airport of departure	O
44F	卸货港/航空港目的地	port of discharge/airport of destination	O
44B	最终目的地/运往……/交货地点	place of final destination/ for transportation to.../ place of delivery	O
44C	最迟装运期	latest date of shipment	O
44D	装运期	shipment period	O
45A	货物或服务名称	description of goods and/or services	O
46A	单据要求	documents required	O
47A	附加条件	additional conditions	O
71B	费用	charges	O
48	交单期限	period for presentation	O
49	保兑指示	confirmation instructions	M
53A	偿付行	reimbursing bank	O
78	给付款行/承兑行/议付行的指示	instructions to paying/accepting/negotiating bank	O
57A	通知行	"advise through" bank	O
72	附言	sender to receiver information	O

注："M"表示必选项；"O"表示可选项。

参考资料：Documentary Credits and Guarantees for SWIFT Standards MT October 2007

⑧ 对单据的要求，包括汇票和议付单据，不仅说明单据的种类、份数、正/副本，还说明出具机构和具体显示内容方面的要求。

⑨ 对货物和包装的描述。

⑩ 对装运的要求，包括时间、起运地（港）、目的地（港）、可否分批装运和转运。

⑪ 特殊条款。

⑫ 对交单不符点的说明。

⑬ 开证行保证付款的文句。

⑭ 遵循国际商会 600 号出版物的声明。

⑮ 对通知行、议付行或付款行的指示及其他说明。

（3）信用证示例，见表 2-8、表 2-9。

表 2-8 信用证示例（一）

```
FROM: ABC BANK, GERMANY
TO: BANK OF CHINA, BEIJING, CHINA
FOR USD80,000.- CFR HAMBURG PORT, GERMANY
AT THE REQUEST OF HAMME COMPANY, P.O.BOX 31, HAMBURG, GERMANY
PLS ADVISE BENEFICIARIES BEIJING INTERNATIONAL TRADE CORP, NO.7 BAISHIQIAO ROAD,
BEIJING 100081, CHINA, TEL: 8610684166
OF OUR OPENING WITH YOU OUR IRREVOCABLE CREDIT NO.001 IN THEIR FAVOUR FOR
AMOUNT NOT EXCEEDING USD80,000.-(USD EIGHTY THOUSAND ONLY) VALID IN CHINA UNTIL
15/09/2016 AVAILABLE AGAINST PRESENTATION OF
1. BENEFICIARIES SIGNED COMMERCIAL INVOICE IN 3 ORIGINALS
2. FULL SET OF CLEAN ON BOARD MARINE BILLS OF LADING MADE OUT TO ORDER AND
   BLANK ENDORSED, SHOWING FREIGHT PREPAID AND NOTIFY APPLICANT
3. PACKING LIST IN 3 ORIGINALS ISSUED BY MANUFACTURER
4. CERTIFICATE OF QUANTITY IN 3 ORIGINALS ISSUED BY MANUFACTURER
5. CERTIFICATE OF QUALITY IN 3 ORIGINALS ISSUED BY MANUFACTURER
6. BENEFICIARY'S CERTIFIED COPY OF FAX SENT TO APPLICANT WITHIN 48HRS AFTER
   SHIPMENT ADVISING CONTRACT NO., LC NO., COMMODITY, VALUE, DATE OF SHIPMENT AND
   NAME OF VESSEL.
COVERING THE FOLLOWING GOODS: ONE SET OF MILLING MACHINE MODEL112
PACKED IN WOODEN CASE(S)
SHIPMENT FROM SHANGHAI, CHINA TO HAMBURG PORT, GERMANY NOT LATER THAN 31/08/16
PARTIAL SHIPMT NOT PERMITTED, TRANSHIPMENT NOT PERMITTED
ADDITIONAL SPECIAL CONDITIONS:
1. ALL DOCUMENTS MUST INDICATE LC NO.
2. B/L MUST INDICATE THE BENEF. AS SHIPPER.
3. ALL DOC MUST BE IN ENGLISH.
4. PRESENTATION OF DOC FOR NEGOTIATION BE WITHIN 15 DAYS AFTER SHIPMENT.
5. NEGOTIATION OF DOCUMENTS IS RESTRICTED TO YOU.
WE WOULD REIMBURSE YOU FOR THE VALUE IF DOCUMENTS ACCEPTED.
THIS CREDIT IS SUBJECT TO UNIFORM CUSTOMS AND PRACTICE FOR DOCUMENTARY
CREDITS(2007 REVISION) INTL CHAMBER OF COMMERCE PUBLICATION NO.600.
```

表 2-9 信用证示例（二）

```
****** MESSAGE HARDCOPY ******              JAN-30-2017 16:21   page no.:3055
Status   : DISPOSED TO THE TBVQ
Station  : 4                       BEGINNING OF MESSAGE
----------------------------------------------------------------------------
HCPY *   FIN/Session/ ISN              : F01    .SS.          .SEQ.
HCPY *   Own Address                   : COMMCNSHABJG   BANK OF COMMUNICATIONS
HCPY *                                                              BEIJING
HCPY *                                                    (BEIJING BRANCH)
HCPY *   Input Message Type            : 700   ISSUE OF A DOCUMENTARY CREDIT
HCPY *   Sent to                       : ABNNNNNNNNN      ABN BANK
HCPY *                                                         NEW YORK
HCPY *                                                    (NEW YORK BRANCH)
HCPY *   Input Time                    :
HCPY *   MIR                           : COMMCNSHABJG.SS.. SEQ..
HCPY *   Priority                      : Normal
HCPY *   ----------------------------------------------------------------------
HCPY *   27  / SEQUENCE OF TOTAL
HCPY *          1/1
HCPY *   40A/FORM OF DOCUMENTARY CREDIT
HCPY *          IRREVOCABLE
HCPY *   20  /DOCUMENTARY CREDIT NUMBER
HCPY *          LCC0201702526
HCPY *   31C/DATE OF ISSUE
HCPY *          170130
HCPY *                                                          JAN-30-2017
HCPY *   40E/APPLICABLE RULES
HCPY *          UCP LATEST VERSION
HCPY *   31D/DATE AND PLACE OF EXPIRY
HCPY *          170515   IN USA
HCPY *                                                          MAY-15-2017
HCPY *   50  /APPLICANT
HCPY *          CHINA ABC TRADE CORPORATION, NO.10 FUCHENGMEN AVE. BEIJING,
HCPY *          100037, CHINA TEL: 86 10 686832, FAX: 86 10 686833
HCPY *   59  /BENEFICIARY
HCPY *          JOHN WILLIAMS AGRICULTURAL MACHINERY CO., LTD NO.75 COASTAL ROAD,
HCPY *          FOREST DISTRICT, NEW YORK,  NY10000, USA TEL/FAX:1-221-4881300
HCPY *   32B/CURRENCY CODE AMOUNT
HCPY *          USD100500.
HCPY *                                                          US Dollar
HCPY *   41D/AVAILABLE WITH... BY... NAME/ADDR
HCPY *          ADVISING BANK
HCPY *          BY NEGOTIATION
HCPY *   42C/DRAFTS AT...
HCPY *          SIGHT FOR 100PCT OF INVOICE VALUE
HCPY *   42A/DRAWEE -
HCPY *          COMMCNSHBJG
HCPY *                                                   BANK OF COMMUNICATIONS
```

***** MESSAGE HARDCOPY *****　　　　JAN-30-2017 16:21　page no. :3056
Status　: DISPOSED TO THE TBVQ
Station : 4　　　　　　　　BEGINNING OF MESSAGE

HCPY *　　　　　　　　　　　　　　　　　　　　　　　BEIJING
HCPY *　　　　　　　　　　　　　　　　　　　　　　　(BEIJING BRANCH)
HCPY * 43P/PARTIAL SHIPMENTS
HCPY *　　　　NOT ALLOWED
HCPY * 43T/TRANSHIPMENT
HCPY *　　　　NOT ALLOWED
HCPY * 44E/PORT OF LOADING
HCPY *　　　　NEW YORK SEAPORT
HCPY * 44F/PORT OF DISCHARGE
HCPY *　　　　XINGANG, CHINA
HCPY * 44C/LATEST DATE OF SHIPMENT
HCPY *　　　　170430
HCPY *　　　　　　　　　　　　　　　　　　　　　　　APR-30-2017
HCPY * 45A/DESCP OF GOODS AND/OR SERVICES
HCPY *　　　　30 SETS OF JOHN WILLIAMS MODEL-390 MOWER
HCPY *　　　　TOTAL VALUE: USD100,500.-
HCPY *　　　　PRICE TERM: CIF XINGANG, CHINA
HCPY *　　　　PACKING: IN CONTAINER(S)
HCPY * 46A/DOCUMENTS REQUIRED
HCPY *　　　+1.SIGNED COMMERCIAL INVOICE IN 3 ORIGINALS AND 3 COPIES
HCPY *　　　　INDICATING L/C NO. AND CONTRACT NO. CN1704.
HCPY *　　　　(PHOTO COPY AND CARBON COPY NOT ACCEPTABLE AS ORIGINAL)
HCPY *　　　+2.FULL SET (INCLUDING 3 ORIGINALS AND 3 NON-NEGOTIABLE COPIES)
HCPY *　　　　OF CLEAN ON BOARD OCEAN BILLS OF LADING MADE OUT TO ORDER AND
HCPY *　　　　BLANK ENDORSED, MARKED "FREIGHT PREPAID" AND NOTIFYING
HCPY *　　　　APPLICANT.
HCPY *　　　+3.FULL SET (INCLUDING 1 ORIGINALS AND 2 COPIES) OF INSURANCE
HCPY *　　　　POLICY/CERTIFICATE FOR 110% OF THE INVOICE VALUE SHOWING
HCPY *　　　　CLAIMS PAYABLE IN CHINA IN CURRENCY OF THE DRAFT, BLANK ENDORSED
HCPY *　　　　COVERING ALL RISKS AND WAR RISKS.
HCPY *　　　+4.PACKING LIST/WEIGHT MEMO IN 3 ORIGINALS AND 3 COPIES ISSUED BY
HCPY *　　　　MANUFACTURER INDICATING WEIGHT, INVOICE NO. AND DATE
HCPY *　　　+5.CERTIFICATE OF QUANTITY IN 3 ORIGINALS AND 3 COPIES ISSUED BY
HCPY *　　　　MANUFACTURER.
HCPY *　　　+6.CERTIFICATE OF QUALITY IN 3 ORIGINALS AND 3 COPIES ISSUED BY
HCPY *　　　　MANUFACTURER.
HCPY *　　　+7.CERTIFICATE OF ORIGIN IN 1 ORIGINAL AND 2 COPIES ISSUED BY INTL
HCPY *　　　　CHAMBER OF COMMERCE IN USA.
HCPY *　　　+8.BENEFICIARY'S CERTIFIED COPY OF FAX DISPATCHED TO APPLICANT
HCPY *　　　　WITHIN 48 HOURS AFTER SHIPMENT ADVISING NAME OF VESSEL, DATE,
HCPY *　　　　QUANTITY, WEIGHT AND VALUE OF SHIPMENT.
HCPY *　　　+9.BENEFICIARY'S CERTIFICATE CERTIFYING THAT ONE SET OF COPY OF DOCUMENTS
HCPY *　　　　HAS BEEN SENT TO APPLICANT BY EXPRESS MAIL WITHIN 15 DAYS AFTER SHIPMENT.

```
****** MESSAGE HARDCOPY ******        JAN-30-2017 16:21   page no. :3057
Status   : DISPOSED TO THE TBVQ
Station : 4                    BEGINNING OF MESSAGE
```

续表

HCPY *	47A/ADDITIONAL CONDITIONS	
HCPY *	+1.THE CREDIT IS SUBJECT TO UCP600.	
HCPY *	+2.ALL DOCUMENTS TO BE FORWARDED IN ONE COVER.	
HCPY *	(ADDRESS: NO.33, JINRONG STREET, XICHENG DISTRICT,	
HCPY *	BEIJING 100032, CHINA)	
HCPY *	+3.A USD50.00(OR EQUIVALENT) FEE SHOULD BE DEDUCTED FROM THE	
HCPY *	REIMBURSEMENT CLAIM FOR EACH PRESENTATION OF DISCREPANT	
HCPY *	DOCUMENTS UNDER THIS DOCUMENTARY CREDIT. NOTWITHSTANDING ANY	
HCPY *	INSTRUCTION TO THE CONTRARY, THIS CHARGE SHALL BE FOR THE	
HCPY *	ACCOUNT OF BENEFICIARY.	
HCPY *	+4.A COPY OF COMMERCIAL INVOICE AND B/L SHOULD BE PRESENTED	
HCPY *	FOR ISSUING BANK'S FILE.	
HCPY *	71B/CHARGES	
HCPY *	ALL BANKING CHARGES OUTSIDE	
HCPY *	THE ISSUING BANK ARE FOR THE BENEFICIARY'S ACCOUNT.	
HCPY *	48 /PERIOD FOR PRESENTATION	
HCPY *	DOCUMENTS MUST BE PRESENTED WITHIN	
HCPY *	15 DAYS AFTER THE DATE OF SHIPMENT	
HCPY *	BUT WITHIN THE VALIDITY OF THIS CREDIT.	
HCPY *	49 /CONFIRMATION INSTRUCTIONS	
HCPY *	WITHOUT	
HCPY *	78 /INSTRUC TO PAY/ACCPT/NEGO BNK	
HCPY *	UPON RECEIPT OF THE DOCUMENTS AND DRAFT(S) IN STRICT	
HCPY *	COMPLIANCE WITH THE TERMS AND CONDITIONS OF THIS CREDIT,	
HCPY *	WE SHALL REIMBURSE THE NEGOTIATING BANK AS INSTRUCTED.	
HCPY *	72 /SENDER TO RECEIVER INFORMATION	
HCPY *	+1.PLS DELIVER THE ORIGINAL CREDIT ONLY UPON RECEIPT BY YOU	
HCPY *	OF YOUR ADVISING CHARGES AND COMMISSIONS FROM BENEFICIARY.	
HCPY *	+2.PLS ADVISE BENEFICIARY OF THIS CREDIT ASAP.	

4. 信用证修改通知书

信用证修改的单证流程如图 2-5 所示。

① 审核申请人（买方）通过开证行开立、通知行转交的信用证后，卖方在必要时将修改信用证的请求传达买方（一般为商业信函形式）。

② 买方同意后（或经过磋商与卖方达成一致修改意见后），向原开证行发出修改指示（一般为书面形式，并有与申请开立信用证时相同的签章要求）。

③ 开证行出具修改通知书致通知行。

④ 通知行将修改通知书交受益人（卖方）。

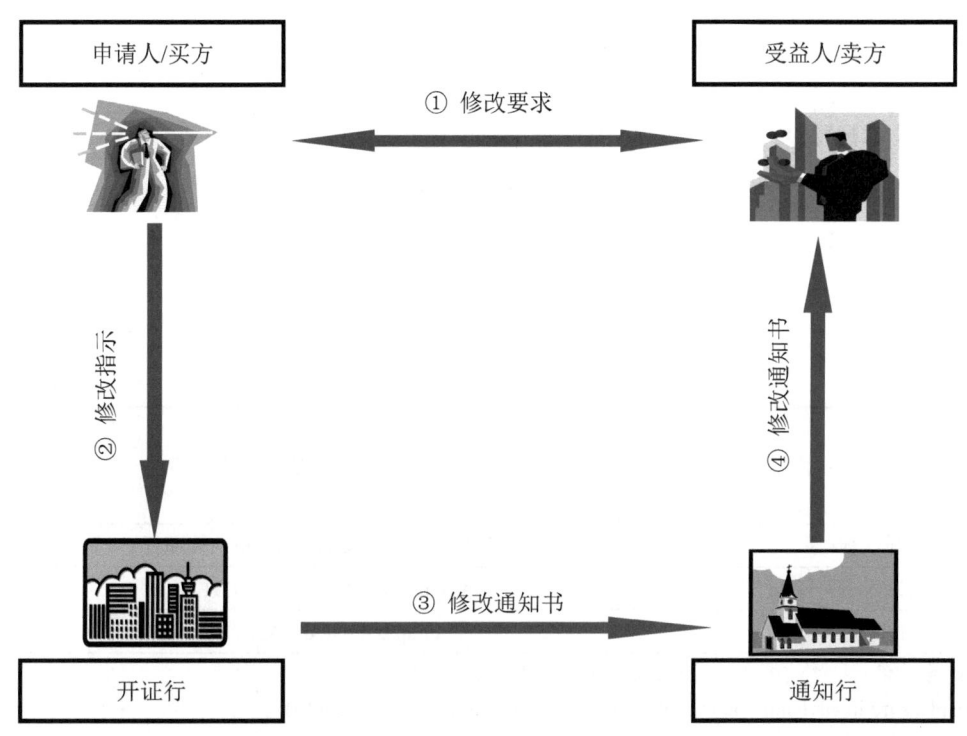

图 2-5　信用证修改的单证流程

表 2-10 为信用证修改通知书式样。

按照 UCP600 规定，除该惯例"第 38 条另有规定者外，未经开证行、保兑行及受益人同意，信用证既不得修改，也不得撤销"。因此，在受益人接受修改之前，原信用证仍然有效。而开证行自发出修改之时起，即不可撤销地受其约束。对于受益人来讲，对信用证修改的内容不允许部分接受，部分接受被视为拒绝信用证修改。但是，信用证修改中关于"除非受益人在某一时间内拒绝修改，否则修改生效"的规定应不予理会。

5. 信用证议付单据 1——汇票

汇票（Draft）是一个人向另一人签发的、要求对方立即或在未来某个可以确定的时间、向某人或指定人支付一定金额款项的无条件的书面支付命令。在信用证业务中，我们通常使用的是商业汇票，由受益人（卖方）签发。

汇票的格式与内容见表 2-11。

（1）汇票编号（No.）。通常受益人在编制汇票号码时，以商业发票号作为汇票编号，因为商业发票是体现该笔交易支付金额的核心单据。

（2）汇票签发日期和地点（Date & Place）。多以信用证的议付时间作为汇票的出票日期。通常，商业汇票的出票日期应在装运日期之后、信用证的有效议付期之内。出票地点是发生纠纷时确定援引法律的重要依据，所以应当谨慎填写，一般为议付地点。

（3）汇票金额（Amount）。汇票金额指商业发票中要求的受票人应向出票人支付的金额，要求同时填写大、小写金额。汇票金额的币种和数额要符合信用证的要求，与发票一致。

（4）付款期限（Tenor）。按照信用证中的规定填写。主要期限种类有即期支付（at sight）和远期支付（at × days after sight）。

表 2-10　信用证修改通知书式样

中国银行
BANK OF CHINA

信 用 证 修 改 通 知 书
Notification of Amendment to Documentary Credit

ADDRESS:
CABLE:
TELEX:
SWIFT:
FAX:　　　　　　　　　　　　　　　　　　　　　　　　　　　　　YEAR-MONTH-DAY

To: 致	WHEN CORRESPONDING PLEASE QUOTE OUR REF. NO.	Ref. No.
Issuing Bank 开证行	Transmitted to us through 转递行	
L/C No. 信用证号	Amendment No.　修改次数	
L/C dated 开证日期	Amendment dated 修改日期	
Dear sirs, 敬启者：　　　　*　*SUBJECT TO UCP600 *　* WE have pleasure in advising you that we have received from the a/m bank a (n) 兹 通 知 贵 公 司，我 行 自 上 述 银 行 收 到 一 份 (　) telex of　电传修改　　(　) ineffective　未生效的修改 (　) original　正本修改　　(　) duplicate　副本修改 amendment to the captioned L/C, contents of which are as per-attached sheet (s). 内 容 见 附 件 This amendment should be attached to the captioned L/C advised by us, otherwise, the beneficiary will be responsible for any consequences arising there from. 本修改须附于有关信用证，否则，贵公司须对因此而产生的后果承担责任。 (　) Please note that this advice does not constitute our confirmation at the above L/C nor does it convey any engagement or obligation on our part. 本通知书不构成我行对此信用证之保兑及其他任何责任。 Remarks: 备注			

This amendment consists of　　　sheet('s), including the covering letter and attachment(s)
本信用证连同面函及附件共　　　页。

Kindly take note that the partial acceptance of the amendment is not allowed, if you find it unacceptable, the amendment should be returned to us within 3 working days together with you duly signed statement.
本修改不能部分接受。如贵公司不接受本修改，请于三个工作日内书面通知我行并退回本通知书。

　　　　　　　　　　　　　　　　　　　　　　　　　　　　　Yours faithfully,
　　　　　　　　　　　　　　　　　　　　　　　　　　　　　For BANK OF CHINA

　　　　　　　　　　　　　　　　　　　　　　　　　　　　　　(通知行盖章)

表 2–11 汇票的格式与内容式样

Bill of Exchange for　　(amount)

No. ……………..………

Date & Place …………..

At ………………..………..……..sight of this FIRST Bill of Exchange (Second of the same tenor and date unpaid)

pay to the order of ………………..……..………………………………………………………………......

the sum of ……………………………………………………………………………. (amount in words)

Drawn under ………………………………………………………………………………………………....

L/C No. …………………….　　dated …………………

To ……

For and on behalf of

(Signature)

（5）受款人（Payee）。也称汇票抬头，主要有三类：

a. 指示性抬头（Demonstrative Order）。受款人为某人的指示人，通常在汇票上显示"pay to the order of..."。

b. 限制性抬头（Restrictive Order）。指定固定的受款人，汇票上标明"pay to... only"。

c. 持票人抬头（Payable to Bearer）。也叫来人抬头。持票人为受款人，汇票转让时无须背书，风险很大，在使用中较为少见。

信用证方式下，除非另有指定，一般受益人会采用指示性抬头，由议付行指定受款人。虽然受益人（出口商）是交易的最终收款人，但是在信用证的方式下，为了操作方便，在汇票上规定由议付行指定受款人，因为这样受益人在交单时，就无须在汇票上进行背书了。

（6）出票条款。即汇票出具的依据，如"此汇票根据×银行×日开立的编号××的不可撤销跟单信用证出具（Drawn under Irrevocable Documentary Credit No. ×× dated × issued by ×）"。

（7）付款人（Drawee）。也叫受票人。信用证下的付款人应为开证行。在汇票中"To..."处标明。

（8）出票人（Drawer）及签章。出票人是汇票的签发人，也就是信用证的受益人。有的出口商印制带有自身名址的空白汇票文本，待使用时将各项逐步填入即可。

（9）其他。虽然单证有其基本的通用格式，但是每一笔国际贸易都可看作一个个案，因此，在不同的信用证要求下，汇票往往包含其他任何所需的内容。比如，当信用证规定"所有单据上必须标注合同号码"时，汇票上也必须做相应的加注。

需要注意的是，在国际贸易结算中，汇票的出具通常为一式两联的形式，两联的唯一区别在于，第一联上标注"this FIRST of Exchange (Second of the same tenor and date unpaid)"，表示如收到第一联则第二联不支付；类似地，第二联上标注"this SECOND of Exchange (First of the same tenor and date unpaid)"。这样做的目的在于同时出具两联，分别邮寄，以保证收件安全；同时说明，即使两件均收到，也只有一次支付。示例见表 2–12。

UCP600中有关汇票的规定有两点：一是与议付行为有关，"议付是指购买汇票或单据的行为"，说明议付信用证必须出具汇票；二是"信用证不得开成凭以申请人为付款人的汇票兑用"，因为开证行是承担第一付款责任的当事人。

表 2-12 汇票式样

Bill of Exchange for   USD100,500.00

No. ……………JW1704…

Date & Place …New York, April 30, 2017

At ………×………………sight of this FIRST Bill of Exchange (Second of the same tenor and date unpaid) pay to the order of …ABN BANK, NEW YORK (NEW YORK BRANCH)……………..

the sum of   US DOLLAR ONE HUNDRED THOUSAND FIVE HUNDRED ONLY   (amount in words)

Drawn under ……BANK OF COMMUNICATIONS BEIJING (BEIJING BRANCH)…………………..

L/C No. …LCC0201702526.   dated …March 16, 2017……

To ……BANK OF COMMUNICATIONS BEIJING (BEIJING BRANCH)…………………………

For and on behalf of
John Williams Agricultural Machinery Co. Ltd

(Signature)

6. 信用证议付单据 2——提单或其他运输单据

（1）提单（B/L，Bill of Lading）。

提单是由承运人向托运人签发的，经由船长、代理人和船只所有人签字，用以证明承运人已收到货物并承诺将货物在指定目的港交给提单合法持有人的载明各项运输条件的书面文件。提单的作用在于：一方面是物权凭证；另一方面是运输契约；此外，它还表示卖方发运货物的细节。

当托运人将货物交给大副处置后，取得大副收据，凭以向船运公司换取正式提单，有时还需要提前缴清运费。提单的种类很多，各个船公司一般都有自己的固定范本，虽然在内容、顺序和布局上略有差异，但可以认为基本一致。按照提单格式可分为长式提单与简式提单。长式提单的正面主要填写关于托运的细节，如托运人、收货人、船名、航次、装船日期与货物情况，等等。背面通常是印制好的关于运输条件的固定内容（条款）。提单式样见表 2-13。

提单的缮制不仅关系到买方的收货，还关系到卖方的议付与收汇，因此，应当认真准确地填写，尤其是正面内容，除了无误、全面地反映托运货物的实际情况外，还必须与信用证的要求一致。例如，当信用证中特殊要求"所有单据均显示合同号"时，提单上就要专门加注一句。提单通常由船运公司出具，但是受益人（出口商）会将信用证副本同时交船运公司作为制单的重要依据。

表 2-13　提单式样

BILL OF LADING	
1) SHIPPER	10) B/L No. CARRIER: **COSCO** 中　国　远　洋　运　输 (集　团) 总　公　司 **CHINA OCEAN SHIPPING (GROUP) CO.** **ORIGINAL** **Combined Transport BILL OF LADING**
2) CONSIGNEE	^
3) NOTIFY PARTY	^

4) PLACE OF RECEIPT	5) OCEAN VESSEL
6) VOYAGE No.	7) PORT OF LOADING
8) PORT OF DISCHARGE	9) PLACE OF DELIVERY

11) MARKS 12) Nos. & KINDS OF PKGS. 13) DESCRIPTION OF GOODS 14) G. W. (kg) 15) MEAS (m³)

16)

17) TOTAL NUMBER OF CONTAINERS OR PACKAGES
　　(IN WORDS)

FREIGHT&CHARGES	REVENUE TONS	RATE	PER	PREPAID	COLLECT
PREPAID AT	PAYABLE AT	21) PLACE AND DATE OF ISSUE			
TOTAL PREPAID	18) NUMBER OF ORIGINAL B(s)/L	22)			
LOADING ON BOARD THE VESSEL 　19) DATE　　　　20) BY	^	^			

提单正面显示的主要内容如下：

① 提单号（B/L No.）。提单上必须注明承运人及其代理人所规定的提单编号，作为标识运输货物的依据，以便核查。无提单编号的提单是无效的。有时候，承运人及其代理人为了操作需要，还将订舱编号（Booking No.）填制在提单上。

② 托运人（Shipper）。托运人是委托运输、交运货物的当事方，一般为卖方，也可以是直接供货人，具体要求应参考信用证条款。有时候，信用证的特殊条款明示"不接受第三方为托运人的提单"，这样，托运人必须是受益人。有时候，信用证也规定"提单上的托运人为……"。无论如何，提单内容应遵从信用证的要求。注意，信用证中涉及对提单要求的条款并不仅限于在对议付单据的要求部分，它有可能出现在各个地方。

③ 收货人（Consignee）。收货人的填写必须完全依照信用证的规定，在议付单据的要求部分，信用证会明确要求收货人的写法，它涉及提单能否转让以及提单项下货权的所有权和处置权的归属问题。收货人可以有三种常用的写法：记名收货人抬头、空白抬头和记名指示抬头。

记名收货人抬头。收货人为某一确定的单位。如"收货人为 ABC 公司"。在信用证方式下，这种写法对托运人的保障甚小，因而极少使用。

凭指示抬头，也叫空白抬头。信用证中要求收货人"凭指示（to order）"，则收货人一栏填写"TO ORDER"。

记名指示抬头。信用证中规定"凭……的指示（to the order of...）"，则收货人填写"to the order of..."。

④ 通知人（Notify Party）。通知人是承运人或其代理人在货到目的港时发出提货通知的被通知人，可以是收货人、买方或其指定人，比如进口报关、提货的代理人。如果无特别要求，提单上的通知人会填写为信用证中的开证申请人。

⑤ 与转运有关的内容。如果无须转运，则以下两栏保持空白，不必填写。转运时：
"Pre-carriage by" 中填写第一程船的船名；
"Place of receipt" 中填写收到托运货物的港口名称或地点。

⑥ 船名与航次（Ocean Vessel; Voyage No.）。当货物需要转运时，填写第二程船的船名，但如信用证无此要求时，则不需填写第二程船的船名。

⑦ 装运港（Port of Lading）。当货物需要转运时，填写中转港口名称。

⑧ 卸货港（Port of Discharging）。

⑨ 目的地（Place of Delivery）。填写最终目的地。如果最终目的地就是卸货港，则此栏空白。

⑩ 集装箱号（Container No.）。若无，填写"N/M"。

⑪ 唛头（Seal No. Marks & Nos.）。若无，填写"N/M"。

⑫ 对货物与包装的描述（Description of Goods, No. of Containers or Packages, Gross Weight and Measurement）。包括货物名称、包装件数、毛重和尺码。按照信用证的要求填写。虽然此处分栏显示，但没必要把信用证中的描述拆分在各栏，应以信用证中的原话加以描述。例如"30 SETS OF JOHN WILLIAMS MODEL-390 MOWER"。

⑬ 运费条款。根据价格术语，信用证会显示此处应填写"运费预付（Freight Prepaid）"或"运费到付（Freight to Collect）"。无论是受益人审核信用证，还是开证申请人审核提单，

都要注意信用证的运费条款与合同中采用的价格术语一致，提单与信用证的要求一致。

⑭ 大写表示集装箱或其他形式最大外包装的件数（Total Number of Containers or Packages, In Words）。应与前面的填写一致。

⑮ 正本提单签发的份数（Number of Original B/L）。正本提单是提货凭证。为避免寄单途中的意外丢失，正本提单一般签发两份或两份以上，但是，凭任何一份正本提单提货后，其余各份均失效。所以，信用证中要求受益人提交"全套正本提单（Full Set of B/L）"，提单上也注明正本提单签发的份数。

⑯ 提单签发日期和地点（Date & Place of B/L）。指货物装运日期或处于船方控制之下的时间。

⑰ 有效签章（Signature）。提单必须有船方或其代理人签字方能生效。

⑱ "已装船（On Board）"字样。信用证通常要求"已装船提单"，将明确已装船的时间，作为交货日期。

⑲ 特殊条款（Special Conditions）。此外，信用证还往往有特殊的其他要求，比如加注内容或提单认证，视具体情况而不同。

（2）航空运单。

航空运单也叫空运单（Air Waybill），见表 2–14。它是航空公司对于空运货物的运输单据，既是对于托运人交货细节的描述，也是承运合同。航空运单的特殊性在于：它是不可转让的；收货人应明示于运单中（它好比我们生活中邮寄邮包的收货人）；航空运单不是物权凭证。航空运单下的货物直接发送给信用证中的收货人，所以除非货物的收货人显示为第三方（例如开证行），买方不论是否已向开证行或发货人（出口商）支付货款，都可以在目的地直接从承运人处提货。因此，将航空运单中的收货人直接写成买方是有一定风险的，除非买方预先已支付货款或买方的商业信用较好。

为了适应电子商务和电子单证的发展，目前航空行业已采纳了标准格式。航空运单的内容与海运提单类似。以下为航空运单的一些关键内容：

① 承运人或其代理人及有效签字（As Carrier / Agent）。

② 托运人（Consignor）。

③ 收货人（Consignee）。空运单应指定一个收货人，在信用证方式下，不应要求空运单的抬头为"凭指示"或进行"背书"，因为空运货物的所有人只能是指定的收货人，而且空运单不可背书转让，它不是物权凭证。

④ 标明已收到货物安排进行运输，以及运单的签发日期（装运日期）（Date）。

⑤ 起运机场和目的地机场。

⑥ 运输条款或契约。包括运价与运费。运费可以应付费方的要求而不显示于空运单上，而出现"按约定（As Arranged）"的字样，至少可以要求在交付收货人的正本联上不显示。

⑦ 其他需要说明的地方。比如，按照信用证的有关规定加注一些与货物有关的信息。

7. 信用证议付单据 3——商业发票

商业发票（Commercial Invoice, Invoice）是贸易结算的核心单据和重要会计凭证，是卖方全面描述装运货物的一种货款价目清单。一般来说，商业发票包含下列信息：

① 出票人名址。出票人名址打印或印刷在发票的正上方显著位置。具有一定规模的出口商往往印制好带有本公司名址的空白发票。

表 2-14 空运单式样

Shipper's Name and Address	Shipper's Account No.	Not negotiable **Air Waybill** Issued by Copies 1,2 and 3 of this Air Waybill are originals and have the same validity
Consignee's Name and Address	Consignee's Account No.	It is agreed that the goods described herein are accepted in apparent good order and condition (except as noted) for carriage SUBJECT TO THE CONDITIONS OF CONTRACT ON THE REVERSE HEREOF. ALL GOODS MAY BE CARRIED BY ANY OTHER MEANS INCLUDING ROAD OR ANY OTHER CARRIER UNLESS SPECIFIC CONTRARY INSTRUCTIONS ARE GIVEN HEREON BY THE SHIPPER, AND SHIPPER AGREES THAT THE SHIPMENT MAY BE CARRIED VIA INTERMEDIATE STOPPING PLACES WHICH THE CARRIER DEEMS APPROPRIATE. THE SHIPPER'S ATTENTION IS DRAWN TO THE NOTICE CONCERNING CARRIERS' LIMITATION OF LIABILITY. Shipper may increase such limitation of liability by declaring a higher value for carriage and paying a supplemental charge if required.
Issuing Carrier's Agent Name and City		Accounting Information
Agent's IATA Code	Account No.	
Airport of Departure (Addr. of First Carrier) and Requested Routing		

to	By first Carrier	Routing and Destination	to	by	to	by	Currency	CHGS Code	WT/VAL	Other	Declared Value for Carriage	Declared Value for Customs

Airport of Destination		Flight/Date	Amount of Insurance
Handling Information			

No. of Pieces RCP	Gross Weight	Rate Class	Chargeable Weight	Rate/Charge	Total	Nature and Quantity of Goods

Prepaid	Weight Charge	**Collect**	Other Charges
	0.00	0.00	
	Valuation Charge		
	0.00	0.00	
	Tax		
	0.00	0.00	
	Total Other Charges Due Agent		Shipper certifies that the particulars on the face hereof are correct and that insofar as any part of the consignment contains dangerous goods, such part is properly described by name and is in proper condition for carriage by air according to the applicable Dangerous Goods Regulations.
	0.00	0.00	
	Total Other Charges Due Carrier		
			Signature of Shipper or his Agent
Total Prepaid	Total Collect		
Currency Conversion Rate	CC Charges in Dest. Currency		Executed on (Date) at (Place) Signature of Issuing Carrier or its Agent
For Carriers Use only at Destination	Charges at Destination		Total Collect Charges

资料来源：http://www.shipsolutions.com/pdfs/form_templates/Air_Waybill.pdf

② 发票地址与日期（Date & Place）。出票地址一般为信用证受益人所在地点，即议付地。通常按惯例，发票的出票时间应在合同的签订日期、信用证开证日之后，但不晚于提单的签发日期。

③ 发票编号（No.）。由出票人自行编制。发票号码有时往往顺延地用于同笔业务的其他单证，以表示在一票货单项下。

④ 抬头（to..., Messrs）。抬头一般为买方（开证申请人）。信用证有特殊要求的依照信用证条款填写。例如信用证对发票的要求为："Invoice to be made out in the name of AA Co. Ltd, New York."则应照此填制。

⑤ 装运（Shipment）。此栏并非为发票中的必要要素，除非信用证有规定。但是，有些受益人在出具发票时愿意加入关于装运的细节，以更加全面地表述货物。例如，起运地与目的地、船名、航次、装船日、包装及外刷唛头，等等。

⑥ 品名、规格及货物描述（Description）。这一处应严格按照信用证填写。它包括品名、品质、规格、数量及包装状况等。而且信用证中以一段话来描述，此处也应原样照搬，要严格与信用证一致。不仅要注意单证一致，还要单单一致，即各单据之间相一致。

⑦ 价格（Price）。包括单价和总金额，必要时还需要分项价格。

⑧ 其他内容。发票上还应显示信用证所要求的其他信息，如合同号、信用证编号等。有时，是一句关于货物的声明。此外，在电汇支付条件下，出票人（卖方）有时还将电汇的收款人开户行、账号等详细信息打印在发票上。

⑨ 出票人签名（Signature）。

表 2-15 为商业发票示例。

国际商会在 UCP600 中对商业发票的一般要求包括：商业发票必须看似由受益人出具（第 38 条规定的情形除外）；必须以开证申请人为抬头（第 38 条 g 款规定的情形除外）；必须与信用证的货币相同，且无须签名；金额大于信用证金额的商业发票可以接受，但超过信用证允许金额的部分不作承付或议付；商业发票上的货物、服务或履约行为的描述应与信用证中的描述一致。

8. 信用证议付单据 4——装箱单（重量单）

装箱单（Packing List），见表 2-16，是托运人制作的、列明运输包装总件数以及每件包装内货物种类、数量、体积和重量的单证。重量单（Weight Memo）描述货物及包装的重量，提供单件重量和总重量、毛重和净重等方面的信息。有时，装箱单可以代替重量单，在表头上打印"装箱单/重量单"。

装箱单的作用在于：第一，它表明卖方交货的具体内容，包括品名、数量以及包装方式；第二，便于买方了解货物的情况（重量、尺码、数量等）、核查和做出接货安排；第三，装箱单也是买方重要的进口通关单证。

通常情况下，一份装箱单随货物发运，另一份需要交收货人。在信用证方式下，装箱单是重要议付单据之一。它和发票都是买方在进口通关时需要呈交海关的重要文件，用以表明到港货物的品名、规格、数量和金额。海关的开箱查验也是依照装箱单中的明细来核对实物的。

装箱单的基本内容包括：

① 编号（No.）。通常装箱单的编号与发票一致。

② 日期（Date）。

③ 箱号（Case No.）。有时，包装件数超过一件，则需要将包装箱编号并详细按照每箱内的货物编制装箱明细。

表 2-15 商业发票示例

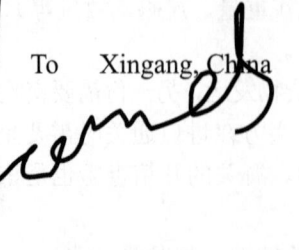

John Williams Agricultural Machinery Co., LTD

No.75 Coastal Road, Forest District, New York, NY10000, USA

Tel/Fax: +1-221-4881300

INVOICE

No. CN1704

Date: 30/04/17

Messrs:

China ABC Trade Corp.

No.10 Fuchengmen Ave., Beijing 100037, China

Tel: +86-10-686832

Fax: +86-10-686833

Contract No. : CN1704

L/C No.: LCC0201702526

Item No.	Commodity & Specifications	Unit	Qnty.	Unit Price	Amount
1.	30 sets of John Williams Model-390 Mower	set	30	USD3,350.-	USD100,500.- **CIF Xingang, China**

Total Value **USD100,500.-**

SAY US DOLLAR ONE HUNDRED THOUSAND FIVE HUNDRED ONLY.

Packing: In Container(s)

Shipment From New York Seaport   To   Xingang, China

表 2-16　装箱单式样

John Williams Agricultural Machinery Co., LTD

No.75 Coastal Road, Forest District, New York, NY10000, USA
Tel/Fax: +1-221-4881300

PACKING LIST

No.:
Date:

Messrs:

Contract No. :
L/C No.:
Invoice No./Date :

Description	Quantity	N.W.	G.W.	Measurement

Packing:
Shipment:

(signature)

④ 品名、规格与货物描述（Description）。装箱单的品名与规格和发票中的描述一致，在信用证下，在写法上也要完全与信用证一致。

⑤ 重量（Weight）。记录货物的毛重、净重，注意计量单位要写清楚。

⑥ 尺寸（Measurement）。记录货物的长、宽、高和总体积，注意计量单位要写清楚。

⑦ 包装（Packing）。填写外包装及总件数。例如："Packing: in two/2 20-foot containers."

⑧ 装运（Shipment）。对于装运的描述不是装箱单的必填项目，信用证有要求者除外。

⑨ 参考号。一般的装箱单上都会打印该票货物对应的发票号码和日期，作为参考号。有

时还把合同号和信用证号打印上去。

⑩ 其他。根据需要，装箱单上标注其他有关货物的信息。信用证业务下尤为重要。

⑪ 签名（Signature）。

9. 信用证议付单据5——保险单证

保险单证是保险公司（承保人）向投保人出具的，用以说明某批货物有效保险的险别和金额，并承诺对货物在运输途中发生属于保单承保范围内的损失按照约定条件进行赔付的单证。保险单证是保险公司向投保人出具的承保证明，在保单中详细规定了投保的险别、金额、赔付条件和比例，以及保费的支付，规定了双方的权利和义务关系。它是货物在运输途中出险后，被保险人凭以向保险公司提起索赔和承保人进行理赔的依据。在国际贸易中，根据双方采用的贸易术语的不同，投保分别由卖方或买方办理。当交易以 FOB、CFR 等条件计价时，买方自负保险责任，卖方无须办理，保险单证不在信用证的议付交单之列。但是，在 CIF、CIP 等术语下，卖方负责投保，买方需要卖方提交保险单证，作为卖方履行投保义务的证明和货物出险后凭以向保险公司索赔的依据。信用证中一般会依照合同的保险条款详细要求受益人提交的保险单证，包括保险单证的性质（是保险单还是保险凭证）、投保险别、投保金额、起止日期和地点、受益人、是否可在买方所在地赔付，等等。

保险单从格式上分为两种：

保险单（Insurance Policy），也称"大保单"，是正规的保险合同。正面记录此批保险的具体细节，包括被保险人名称、保险货物、数量、保险金额、运输工具名称/航次、投保险别、保费费率和起止日期、地点，等等；背面详细写明该保险公司的责任范围以及与投保人之间的权利、义务关系。表2-17为保险单式样。

保险凭证（Insurance Certificate）。简称"小保单"，它与保险单的唯一区别在于背面没有印制详细的保险责任条款，但从法律效力上讲，二者是一样的。但是，买方通常会要求卖方提供"保险单"，如果信用证要求"Insurance Policy"，则"Insurance Certificate"可能不会被接受。

一份保险单中应包括下列内容（下述内容中的大写英文是与保险单一致的）：

① 保险公司名称、承保人（Underwriter）。各个保险公司均印制有本公司名称、地址和徽标的空白保险单。

② 保险单名称、性质。明确本保单的名称，例如"MARINE CARGO INSURANCE POLICY（海洋货物运输保险单）"。

③ 保单号（Policy No.）。一般由保险公司按照出单顺序进行编号。

④ 被保险人名称、地址（The Insured）。一般地，如果按照贸易术语由买方投保（如 FOB、CFR），则被保险人为买方。在 CIF 或 CIP 下，且以信用证支付时，被保险人为受益人，而且保单可以背书转让。

⑤ 标记（MARKS & NOS）。填写本票货物相应的发票号码和唛头。也可只打印发票号码，如"AS PER INVOICE NO. ×××"。

⑥ 包装与数量（QUANTITY）。按照货物的包装情况填写包装单位与件数。

⑦ 保险货物项目（DESCRIPTION）。一般按投保单打制，与发票一致。如果货物种类较多，可以只打制大类名称。但是无论怎样，在信用证下，都要与信用证中的写法完全一致。

⑧ 保险金额（AMOUNT INSURED）。金额与信用证的要求一致，一般为110%的发票金额，大小写要一致，货币名称与信用证一致。

表 2-17 保险单式样

中 国 人 民 保 险 公 司
The People's Insurance Company of China

总公司设于北京　　　　　　　　1949 创立
Head Office: Beijing　　　　　　Established in 1949

保 险 单　　　　　　　保险单号次
INSURANCE　POLICY　　　　**POLICY NO.**

中　国　人　民　保　险　公　司　（　以　下　简　称　本　公　司　）
THIS POLICY OF INSURANCE WITNESSES THAT THE PEOPLE'S INSURANCE COMPANY OF CHINA (HEREINAFTER CALLED "THE COMPANY")
根　据
AT THE REQUEST OF_____
（以下简称被保险人）　　的　要　求，由　被　保　险　人　向　本　公　司　交　付　约　定
(HEREINAFTER　CALLED "THE INSURED") AND IN CONSIDERATION OF THE AGREED PREMIUM PAID TO THE COMPANY
的　保　险　费，按　照　本　保　险　单　承　保　险　别　和　背　面　所　载　条　款　与　下　列
BY THE INSURED, UNDERTAKES TO INSURE THE UNDER MENTIONED GOODS IN TRANSPORTATION SUBJECT TO THE
特　款　承　保　下　述　货　物　运　输　保　险，特　立　本　保　险　单　。
CONDITION OF THIS POLICY AS PER THE CLAUSES PRINTED OVERLEAF AND OTHER SPECIAL CLAUSES ATTACHED HEREOF.

标　记 MARKS & NOS	包装及数量 QUANTITY	保险货物项目 DESCRIPTION OF GOODS	保险金额 AMOUNT INSURED

总保险金额：
TOTAL AMOUNT INSURED：_____
保　　费　　　　　　　费率　　　　　　　　装载运输工具
PREMIUM _____　RATE _____　PER CONVEYANCE S.S _____
开航日期　　　　　　　自　　　　　　　　　至
SLG ON OR ABT _____　FROM _____　TO _____
承保险别：
CONDITIONS

所保货物，如遇出险，本公司凭本保险单及其他有关证件给付赔款。
CLAIMS IF ANY PAYABLE ON SURRENDER OF THIS POLICY TOGETHER WITH OTHER RELEVANT DOCUMENTS
所保货物，如发生本保险单项下负责赔偿的损失或事故，
IN THE EVENT OF ACCIDENT WHEREBY LOSS OR DAMAGE MAY RESULT IN A CLAIM UNDER THIS POLICY IMMEDIATE NOTICE
应立即通知本公司下述代理人查勘。
APPLYING FOR SURVEY MUST BE GIVEN TO THE COMPANY'S AGENT AS MENTIONED HEREUNDER

赔款偿付地点　　　　　　　　　　　　　　　　中国人民保险公司
CLAIM PAYABLE AT/IN-------------　　　　　　THE PEOPLE'S INSURANCE CO. OF
日期　　　　　　　　　上海　　　　　　　　　　　　　　CHINA
DATE--------------------- SHANGHAI
地址：中国上海中山东一路 23 号 TEL: 33221144
Telex：33128 PICCS CN　　　　　　　　　　-------------------------------------
Address: 23 Zhongshan Dong Yi Lu Shanghai, China. Cable：42001 Shanghai　　**General Manager**

⑨ 保费和费率（PREMIUM AND RATE）。一般情况下，如果卖方投保时，不愿透露保费的费率与金额，通常在此栏填写"AS ARRANGED（按约定）"。但如果信用证有相反规定者除外。

⑩ 装载运输工具（PER CONVEYANCE S.S）。填写船名和航次，但如果投保时，这些信息未知，则填写"TO BE DECLARED（待通知）"。

⑪ 开航日期（SLG ON OR ABT）。为了与提单一致，通常打"AS PER B/L（按提单）"。也可以打上具体日期，但一定要与提单一致。

⑫ 运输起讫地点（FROM... TO...）。

⑬ 承保险别（CONDITIONS）。具体列明承保险别以确认保险公司的保险责任，例如"ALL RISKS（一切险）"。

⑭ 保险公司在目的地的检验、理赔代理人名址。出险后，为了便于操作，由在目的地的代理人负责检验和理赔事宜。

⑮ 偿付地点和货币（CLAIM PAYABLE AT /IN）。偿付地点一般选择目的地，但不能选择国家。偿付所用货币为信用证规定的币种。

⑯ 保单日期（DATE）。保单签发日期不迟于提单日期，否则银行不予接受。因为晚于提单签发的保单在效力起讫时间上是受影响的。

⑰ 其他。同发票和装箱单一样，如果信用证规定了某些特殊要求，则制作保单时必须遵守。

10. 信用证议付单据6——关于货物的质量/数量声明

在贸易中，买方通常会要求卖方出具货物的质量和（或）数量声明，作为对按合同或信用证履行交货义务的表示。声明的内容根据合同的具体要求做出，所以每一份声明的内容都不相同，但是基本的格式和作用是相似的。

① 出具人名址。通常为出口人（受益人），信用证有明确要求的按信用证办理。例如，如果信用证要求"Certificate of quality issued by manufacturer"，则必须提交制造商签发的声明。

② 日期（Date）。出具日期一般原则上与发票相同。

③ 敬启者（Messrs）。一般是买方或开证申请人（进口人）。

④ 参考号。为了说明此声明是针对某笔交易做出的，需要明确指出相应的合同号、信用证号以及发票号码和日期。

⑤ 声明。声明的内容根据信用证的具体要求而不同。如果信用证中有对声明的具体要求，则要完全按照信用证中的写法填写；否则，可以按照"Description（货物说明）"中的说法措辞，总之，声明中的内容要符合信用证的要求，且不与之矛盾。

⑥ 签名。

表2-18、表2-19给出了两个数量说明的示例。

11. 信用证议付单据7——商检证明

商检证明（Certificate of Inspection）是商检机构根据申请人或合同、信用证的要求，在遵守国家法规和有关国际条约的约定下，对进出口商品实施检验后出具的有效证书。商检证明在下列情况下使用：

（1）出口方（受益人）作为申请人。按照进出口合同的约定，出口方发运前委托指定商检机构对产品进行检验，并出具商检证书交进口人。这种情况下，信用证中往往要求商检证明为议付所需的单据之一。此外，当出口产品属于所在国规定的法定检验范围内商品时，出

表 2-18　关于货物的数量声明示例

John Williams Agricultural Machinery Co., LTD

No.75 Coastal Road, Forest District, New York, NY10000, USA

Tel/Fax: +1-221-4881300

CERTIFICATE OF QUANTITY

Date: 30/04/17

Messrs:

China ABC Trade Corp.

No.10 Fuchengmen Ave., Beijing 100037, China

Tel: +86-10-686832

Fax: +86-10-686833

Contract No. : CN1704

L/C No.: LCC0201702526

Invoice No./Date : CN1704 on 30/04/17

We are now certifying that the quantity of our shipment is 30 SETS of John Williams Model-390 Mower, which conforms to the requirement of the above mentioned L/C and contract.

表 2-19　关于货物的质量声明示例

John Williams Agricultural Machinery Co., LTD

No.75 Coastal Road, Forest District, New York, NY10000, USA

Tel/Fax: +1-221-4881300

CERTIFICATE OF QUALITY

Date: 30/04/17

Messrs:

China ABC Trade Corp.

No.10 Fuchengmen Ave., Beijing 100037, China

Tel: +86-10-686832

Fax: +86-10-686833

Contract No. : CN1704

L/C No.: LCC0201702526

Invoice No./Date : CN1704 on 30/04/17

We are now certifying that the quality of our shipment of 30 SETS of John Williams Model-390 Mower, conforms to the quality requirement in the above contract. And our quality standard is in accordance with international standard ×××××.

James

口商必须在出口通关前报检，取得商检证明，作为通关文件之一，但不一定是信用证规定的议付单据。另外还有一种情况，装运前检验证书虽然不是我国海关要求的通关单据，但是目的港要求出具，作为目的港通关的重要文件，出口商也应及时了解有关目的港的政策法规，按照要求办理商检。例如，按照我国与埃塞俄比亚签署的《质检合作协议》，自 2007 年 3 月 1 日起，我国向该国出口价值超过 2 000 美元的贸易性商品时，出口商必须向中国检验检疫机构申请装运前检验。

（2）进口人作为申请人。多数情况是进口人所在国要求对该种进口产品进行强制性商检。

（3）买卖双方发生关于货物数量或质量的争议，双方均有可能请求商检机构进行检验。但是，为了有效提出或解决争议，合同订立时应明确指明争议发生时，以何检验机构出具的何类检验证书为依据。

按照所检内容，商检证明的主要种类见表2-20。

表 2-20　商检证明的主要种类

序号	证书	检验和证明内容
1	品质检验证书 Inspection Certificate of Quality	商品品质、规格和质量等级
2	数量证书或重量证书 Inspection Certificate of Quantity / Weight	商品数量或重量
3	兽医证书 Inspection Certificate of Veterinary	动物产品或食品的检疫
4	卫生证书或健康证书 Inspection Certificate of Sanitation / Health	可供人类食用的动物产品和食品的卫生检验或检疫
5	消毒证书 Inspection Certificate of Disinfection	动物产品或人发的消毒处理是否达到安全卫生要求
6	熏蒸证书 Inspection Certificate of Fumigation	特殊商品以及包装物料、植物性填充物已经过熏蒸及熏蒸条件（温度、时间）
7	价值证书 Certificate of Value	商品的真实价值
8	测温证书 Inspection Certificate of Temperature	冷冻商品的温度

表2-21为熏蒸证明式样，表2-22为质量检验证书式样。

此外，还有多种多样的商检证明，只要是合同和信用证中明确提出要求的，或是在履行合同和解决争议过程中所需要的，都可以向商检机构申请有关内容的检验，出具证书，有关当事方按约定支付费用。

我们以品质检验证书为例，介绍商检证明中的基本内容：

① 商检机构名址。如果信用证规定了对商检机构的要求，则商检应在这类符合要求的机构进行。

② 证书号码（No.）和签证日期（Date）。

③ 对送检商品的描述。用来识别送检商品，包括发货人（Consignor）、收货人（Consignee）、品名（Commodity）、标记和号码（Marks & No.）以及报验的数量和/或重量（Quantity/Weight Declared）。

④ 证明内容或检验结果（Results of Inspection）。

⑤ 签章。

⑥ 其他需要加注的内容。例如信用证中需要标明信用证号和合同号时，商检证书中应该显示。

表 2-21 熏蒸证明式样

Certificate of Fumigation

熏 蒸 证 明

The goods described below were treated in accordance with the fumigation requirements of the Chinese Quarantine and Inspection Service.

兹证明下列货物已按照中国检验检疫局的有关要求进行了熏蒸处理。

Details of Treatment 处理细则

Name of fumigant 熏剂..............................

Dosage 剂量.........................g/m^3

Duration 时间........................... hours

Minimum ambient temperature during fumigation 最低熏蒸温度.................

Description of cargo 货物描述..

Date 日期..

Treatment Provider Signature 熏蒸处理单位签章........................

表 2-22 质量检验证书式样

中国进出口商品检验辽宁公司
CHINA NATIONAL IMP & EXP COMMODITIES INSPECTION LIAONING BRANCH

检 验 证 书
INSPECTION CERTIFICATE
OF QUALITY

No. :

Date:

发货人：
Consignor _____

收货人：
Consignee _____

品名：   标记及号码：
Commodity _____   Mark&No. _____

报验数量/重量
Quantity/Weight
Declared _____

检验结果：
RESULTS OF INSPECTION:

主任检验员
Chief Inspector

12. 信用证议付单据 8——原产地证明

原产地证明（Certificate of Origin）（表 2–23）是声明货物产地的书面文件。使用原产地证明的目的有：由于进出口国别政策的不同需要证明产地；享受贸易优惠条件或在区域性贸易协定下交易时需要证明产地；买方要求产地证明。原产地证明的种类依出具机构和用途的不同而不同：

（1）厂商出具。这是最简便的一种产地证，由受益人或指定的厂商（制造商）出具，目的只是取得卖方对原产地的声明。

表 2–23　原产地证明式样

ORIGINAL

1. Exporter (full name and address)	Certificate No.
2. Consignee (full name, address, country)	**CERTIFICATE OF ORIGIN OF THE PEOPLE'S REPUBLIC OF CHINA**
3. Means of transport and route	5. For certifying authority use only
4. Destination port	

6. Marks and numbers of packages	7. Number and kind of packages; description of goods	8. H.S. Code	9. Gross weight or other quantity	10. Number and date of invoices

11. Certification It is hereby certified, on the basis of control carried out, that the declaration by the exporter is correct. -- Place and date, signature and stamp of certifying authority	12. Declaration by the exporter The undersigned hereby declares that the above details and statements are correct; that all the goods were produced in China and that they comply with the rules of Origin of the People's Republic of China. -- Place and date, signature of authorized signatory

*China Council for the Promotion of International Trade is China Chamber of International Commerce.

（2）由有公证资格或政府授权的机构出具的普通原产地证书。这种证书在效力上较为权威，申请人需要提交申请书，附商业发票、装箱单等单据，经机构审核后出具。我国出具普通原产地证书的机构为中国贸促会和商检局。

（3）普惠制原产地证书，也叫"FORM A"。它是由商检机构有偿签发的，按照联合国贸发会的规定，对于享受普惠制优惠政策的发展中国家的出口所必需的产地证书，进口国凭此向出口国厂商给予关税优惠。

（4）特殊产品原产地证书。对于纺织品和农产品及其他少数特殊产品，在有关的贸易协定下，会有一些对不同产地产品的特殊贸易政策，需要出具特殊产品的原产地证书。

下面我们以中国贸促会出具的普通原产地证为例说明产地证的基本内容：

① 产地证的名称与性质。不同产地证的名称是不同的，例如"FORM A"指普惠制原产地证，且原产国的名称也显示在产地证的表头里。

② 出口商（Exporter）。

③ 收货人（Consignee）。收货人是合同的买方或信用证中显示的提单通知人。

④ 运输方式与路线（Means of Transportation and Route）。填写装运港（地）、目的港（地）以及运输路线；转运时还要标明转运地点。

⑤ 目的地国家（地区）（Destination Port）。指货物的最终运抵港。

⑥ 运输标志（Marks）。按信用证要求填制，须与发票一致。

⑦ 商品品名、包装数量和种类（Number and Kind of Packages; Description of Goods）。

⑧ 商品编码（H.S. Code）。按照《商品分类和编码协调制度》填写。对于每一种商品，都可以在其中找到相应的编码作为标志，无论是海关申报、缴税，还是贸易管理，都以此作为重要依据。

⑨ 数量/重量（Gross Weight or Other Quantity）。

⑩ 发票号码和日期（Number and Date of Invoices）。

⑪ 出口商声明（Declaration by the Exporter），表示"货物的原产地为×国"，签字日期不得早于发票日期；签证机构加以认证（Certificate），表示出口商的声明属实，此日期不得早于发票日期和申请日期。

⑫ 签证机构专用栏（For Certifying Authority Use Only）。签证机构加注时使用。

⑬ 其他需要加注的内容。例如信用证号和合同号。

13. 信用证议付单据 9——受益人发出装运通知的证明

装运通知（Shipping Advice），见表 2-24，是发货人（通常是卖方）在货物装船（或其他运输工具）后的给定时间内，将装运的细节，包括货物的品名、规格、数量、金额、合同号或信用证号、装运港（地）、装运日期、运输工具名称、航次、预计到达日期、包装、重量等，告知买方的书面文件。其作用是一方面表示卖方完成装运，另一方面是通知买方做好其他准备工作，例如，在 FOB 条件下的投保。所以，在合同中一般会规定装运通知的条款，在信用证中，受益人表示已按要求发出装运通知的声明（Certified Copy of Fax）也是常见的议付单据之一。

受益人通常以商务函电的形式发送书面的装运通知。发送声明的内容包括：

① 受益人名址。

② 发件人和收件人。

③ 日期。日期在提单日后的规定期限内。
④ 装运细节。
⑤ 其他需要说明的内容。例如，包括信用证所要求的"所有单据显示信用证号"。

表 2-24　装运通知式样

John Williams Agricultural Machinery Co., LTD
No.75 Coastal Road, Forest District, New York, NY10000, USA
Tel/Fax: +1-221-4881300

Fax : +86-10-686833	From : ×××
To: China ABC Trade Corp.	Dept: Sales Dept.
Attn.: Mr. ×××	Date: 02/05/17

CERTIFIED COPY OF FAX

Dear Sirs,

We are pleased to inform you the details of our shipment as follows:

Contract No. : CN1704
L/C No.: LCC0201702526
Invoice No./Date : CN1704 on 30/04/17
Shipment date: 30/04/17
Vessel name: SONG HE
Goods: 30 sets of John Williams Model-390 Mower
Quantity: 30 sets
Gross Weight: 6,000 kg
Value of shipment: USD100,500.-
B/L No.: CSU5849
Packing: in 1×20ft container.

Thanks and best regards,

Yours faithfully,

×××

14. 受益人议付单据 10——受益人按规定寄送全套单证副本的声明

买方为了及时了解装运和货物的情况，以及尽早拿到副本单据便于提前进行审单，通常要求卖方在规定时间内将一套副本的议付单据寄交买方（一般要求特快专递形式），并做出声明已照办。甚至要求卖方附上邮寄收据。受益人出具的声明内容十分简单，只需描述照办，见表 2-25。

表 2-25　寄送全套单证副本的声明式样

John Williams Agricultural Machinery Co., LTD

No.75 Coastal Road, Forest District, New York, NY10000, USA

Tel/Fax: +1-221-4881300

CERTIFICATE

Date: 08/05/17

The Buyer: China ABC Trade Corp.
No.10 Fuchengmen Ave., Beijing 100037, China
Tel: +86-10-686832
Fax: +86-10-686833

Contract No. : CN1704
LC No.: LCC0201702526
Invoice No./Date : CN1704 on 30/04/17

We are now certifying that ONE SET OF COPY OF DOCUMENTS HAS BEEN SENT TO APPLICANT BY EXPRESS MAIL WITHIN 15 DAYS AFTER SHIPMENT.

15. 其他

尽管信用证所需要的单据在多数情况下是常规的，但是，没有两个信用证是完全一样的。有些时候会出现有特殊要求的议付单据，例如：设备的验收备忘录、银行出具的质量保函等。

第四节　单证的种类（3）——通关单证

一、进出口通关程序

通关是指进出境的运输工具的负责人、货物的收发货人及其代理人、物品的所有人向海关申请办理进出口货物的进出口手续，通过申报进出口货物并呈交相关单证，经海关审核、查验后，按规定缴纳税费或予以税费减免，取得进出口货物放行批准的全过程。进出口货物的通关，一般包括四个基本环节：货物申报、海关查验、缴纳税费和海关放行，见图2-6。

1. 货物申报

申报指出口货物的发货人、进口货物的收货人或他们的代理人在进出口货物时，在海关规定的期限内，以书面或者电子数据交换方式（EDI）向海关报告其进出口货物的情况，并随附有关货运和商业单据，申请海关审查放行，并对报告内容的真实准确性承担法律责任的行为。

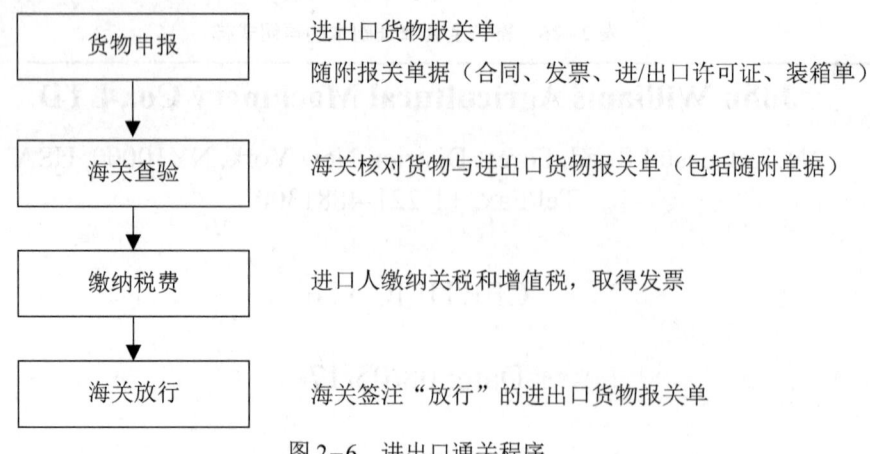

```
货物申报   进出口货物报关单
          随附报关单据（合同、发票、进/出口许可证、装箱单）
   ↓
海关查验   海关核对货物与进出口货物报关单（包括随附单据）
   ↓
缴纳税费   进口人缴纳关税和增值税，取得发票
   ↓
海关放行   海关签注"放行"的进出口货物报关单
```

图 2-6 进出口通关程序

2. 海关查验

海关在接受申报后，依法为确定进出境货物的性质、原产地、货物状况、数量和价值是否与申报内容相符，而对货物进行实际检查的行政执法行为。

3. 缴纳税费

申报货物及随附单证通过查验后，海关依法对进出口货物征收关税及其他有关税费。通常对出口是不征收税费的。进口人缴纳关税和增值税，取得发票。

4. 海关放行

海关批准放行是指海关在接受进出口货物的申报后，经过审核报关单据、查验货物、依法征收税费，对进出口货物做出结束海关现场监管决定的工作程序。

出口货物装船出运前必须向海关申报，即出口报关，由出口发货人或其代理人填写出口货物报关单，连同合同副本、发票、装箱单、重量单，必要时出口许可证、商品检验证书等单据，向海关申报出口，并将货物提运至码头交海关查验，海关对货物和有关单证查验无误、依法征缴税费后，在报关单上签章放行。经海关签章的出口货物报关单、出口退税专用报关单是出口单位办理出口收汇核查和出口退税的重要依据。

二、通关单证

1. 进出口货物报关单

按照各国海关法的规定，凡是进出关境的货物，必须经由设有海关的港口、车站、空港、展会进出，要求由货物所有人向海关提起通关申请，经海关查验放行，并照章缴纳税费后，货物方可通过关境。当然，签有自由贸易安排和协定的成员国间的部分货物进出口是自由贸易，但是必须表明货物的原产地为协定下的成员国。

进出口货物报关单是企业需要对外发运（出口时）或在进口货物到达进口国口岸时向当地海关申报进出货物和进出口人细节情况所填写的由海关制作的固定格式的表格。进出口报关单上显示的放行日期被认为是货物的实际进口或出口日期。

（1）出口货物报关单。

出口货物报关单（表 2-26）是出口单位在装运前向海关申报出口货物和出口人的单据，由出口单位填写，海关审核、查验货物无误并签注"放行"后生效，其作用是：

表 2-26 出口货物报关单式样

中华人民共和国海关出口货物报关单

预录入编号： 　　　　　海关编号：

出口口岸		备案号		出口日期		申报日期	
经营单位		运输方式		运输工具名称		提运单号	
收货单位		贸易方式		征免性质		结汇方式	
许可证号		运抵国（地区）		指运港		境内货源地	
批准文号		成交方式		运费		保费	杂费
合同协议号		件数		包装种类		毛重（公斤）	净重（公斤）
集装箱号		随附单据				用途	
标记唛头及备注							
项号　商品编号　商品名称、规格型号　数量及单位　最终目的国（地区）　单价　总价　币制　征免							
税费征收情况							
录入员	录入单位	兹证明以上申报无讹并承担法律责任			海关审单批注及放行日期（签章）		
报关员					审单　　　　审价		
单位地址		申报单位（签章）			征税　　　　统计		
邮编	电话	填制日期			查验　　　　放行		

① 作为海关核准出口放行的依据。按照出口货物的 H.S.编码和出口单位的性质，海关根据相关规定核定该票出口是否允许和是否需要出口许可或其他单证（如强制性商检证书）。

② 作为海关计征税费的依据。

③ 作为海关统计的来源。

④ 作为出口单位进行核查的凭证。出口货物报关单是出口企业在报关后取得的关于货物出口的证明性文件，凭以在外汇管理部门进行出口核查用。核查时需要同时提供出口货物报关单和银行结汇水单，以核对出运货物和回收货款的一致性。

⑤ 作为出口单位进行出口退税的凭证。出口货物报关单的"退税联"是出口企业在出口

核查后依照规定办理出口退税时使用的文件,出口企业持此联以及其他纳税凭证在国家税务管理部门办理退税手续。

出口货物报关单中的基本内容包括:

① 出口口岸。指货物出境时所在的港口或关境口岸。即使货物在离开装运港前在设有海关的发运地办理了通关手续,出口口岸仍填出境口岸的名称。

② 经营单位。指对外签订和执行合同的企业名称。我国境内具有外贸经营权的单位在海关联网系统均留有备案和注册的10位海关编码。这是标识本票出口有效的重要条件之一。

③ 指运港(站)。指运港即目的港;指运站是目的地机场、车站或其他运输终止的地点。

④ 合同(协议)号。

⑤ 收货单位。填写进口人名址和所在国(或地区)。可以用外文填写。

⑥ 运输工具名称及号码。

⑦ 装货单或运单号。

⑧ 收结汇方式。

⑨ 起运地点。指出口货物离境出运前的最后一个存放仓库的所在地。

⑩ 海关统计编号。按照海关的编号目录查找。

⑪ 货名规格及货号。

⑫ 标记、唛头、件数及包装种类。

⑬ 数量、重量。

⑭ 价格。世界上绝大多数国家要求出口报关按FOB价格填写。

⑮ 备注。特别声明填此处。

⑯ 随附单据。随附海关所需的其他通关单据,或出口人认为有必要提供的任何说明文件。

⑰ 申报单位(盖章)。

(2)进口货物报关单。

进口货物报关单(表2-27)是进口企业在货物到达目的港(地)后向当地海关申报进口和申请海关放行的单据,由进口单位填写,海关审核、查验无误并签注"放行"后生效,其作用是:

① 作为海关核准进口放行的依据。按照进口货物的H.S.编码和进口单位的性质,海关根据相关规定核定该票进口是否允许和是否需要进口许可或其他单证(如强制性商检证书)。

② 作为海关计征税费的依据。

③ 作为海关统计的来源。

④ 作为进口单位进行核查的凭证。在进口支付外汇和进口报关提货后,进口单位完成了支付货款和提货,可以按照国家外汇管理的规定办理进口核查手续。进口单位持该票货物的进口货物报关单(以证明该项业务的支付下已收到进口货物)及其他所需的文件(如合同、发票等)到国家外汇管理部门办理进口核查手续。

进口货物报关单的内容与出口货物报关单相似,仅在进、出方向有所不同,这一点很容易理解。需要说明的是:第一,进口口岸,应填写货物入境的口岸名称,如果货物将从新港入境,即使货物在上海办理申报手续,进口口岸也为新港。第二,多数国家采用CIF到岸价格作为计征进口关税的基准(美国除外,它采用FOB离岸价格)。所以,我国海关要求在进口申报货值时,要包括货价和货物到港前的运费、保险费和其他杂费。

表2-27 进口货物报关单式样

中华人民共和国海关进口货物报关单

预录入编号：　　　　　　海关编号：

进口口岸	备案号		进口日期	申报日期
经营单位	运输方式		运输工具名称	提运单号
收货单位	贸易方式		征免性质	征税比例
许可证号	起运国（地区）		装货港	境内目的地
批准文号	成交方式	运费	保费	杂费
合同协议号	件数	包装种类	毛重（公斤）	净重（公斤）
集装箱号	随附单据			用途
标记唛头及备注				
项号　商品编号　商品名称、规格型号　　数量及单位　原产国（地区）　单价　总价　币制　征免					
税费征收情况				
录入员　录入单位	兹证明以上申报无误并承担法律责任		海关审单批注及放行日期（签章）	
报关员			审单　　　　审价	
单位地址	申报单位（签章）		征税　　　　统计	
邮编　　电话	填制日期		查验　　　　放行	

2. 报关随附单据

海关根据进出口企业提交的进出口货物报关单审核并查验随附单据，必要时开箱检查装运货物。随附单据（表2-28）通常是海关所要求进出口企业出示的关于货物进出口许可、货物细节（发票、装箱单）、合同或协议等文件，对于国家批准的减免税进口还要出示减免税登记证明。

表2-28 进出口报关单随附单据式样

出口货物报关单随附单据	进口货物报关单随附单据
出口许可证	进口许可证；机电产品进口登记证；等等
合同	合同
发票	发票
装箱单	装箱单
	进口货物减免税登记证

第五节 单证的种类（4）——外贸部门管理单证

国际贸易是在非完全自由贸易状态下进行的，至少绝大多数产品还存在着或多或少的贸易壁垒，包括关税和非关税措施。每个国家都对本国的进出口贸易进行了管理和控制，虽然贸易壁垒在逐渐降低。那么，各国的外贸管理是通过什么途径实现的？实际上，就是通过控制和发放各种单证实现的，依靠对单证的管理实现对外贸的管理。例如，对于国内稀缺资源，如果本国禁止出口，那么当某企业试图出口并如实填写出口货物报关单时，海关通过编码查询管理文件，确定此票货物被禁止出口，则该企业无法得到海关出口放行，也就不可能正常出口了。又如，对于国家限制进口的货物，海关管理文件上会显示该编码下的货物需要进口许可证，则进口企业需要在进口前申请并取得该证，在进口货物到达目的港时，向海关申报并呈示。所以，国家对外贸的管理是通过管理文件（行动依据）和发放或要求提交各种单证来实现的，是科学、有序的管理。

实际工作中的外贸部门管理单证种类繁多，在我国较常用的几种类别如下：

一、进出口许可证（或登记证）

进出口许可证是国家批准某些特殊商品进出口的证明文件。对于国家限制或需要审批的进出口交易（包括货物、规格、数量、出口企业、目的国等），国家通过发放许可证进行控制。进出口企业向国家外贸管理部门提交许可证申请表，并随附其他相关所需文件，经审核批准后，取得一式多联的进出口许可证。

国家管理对外贸易是通过单证的发放和提交实现的。一般地，对于进口企业来说，它们的根本目标在于顺利地在目的港报关提货和通过银行顺利对外支付。因此，国家通过要求进口企业在进口申报时向海关提交一联进口许可证和对外支付时向银行提交另一联进口许可证来进行对少数进口商品的控制。类似地，对于出口企业来说，它们需要顺利结汇和对外发货，对于国家要求出口许可证的出口货物应按规定向银行和海关提交许可证的相关联。

我国对于多数机电产品的进口要求提交进口产品登记证，由进口单位填写申请表，必要时附进口说明（产品的外观图片或规格参数），经管理部门核准后发放。分别有两联在到货报关时提交给海关和在对外支付时提交给银行。

总之，这类审批或登记单证的发放程序如图 2-7 所示。

表 2-29 为出口许可证式样。表 2-30 为机电产品进口登记表式样。

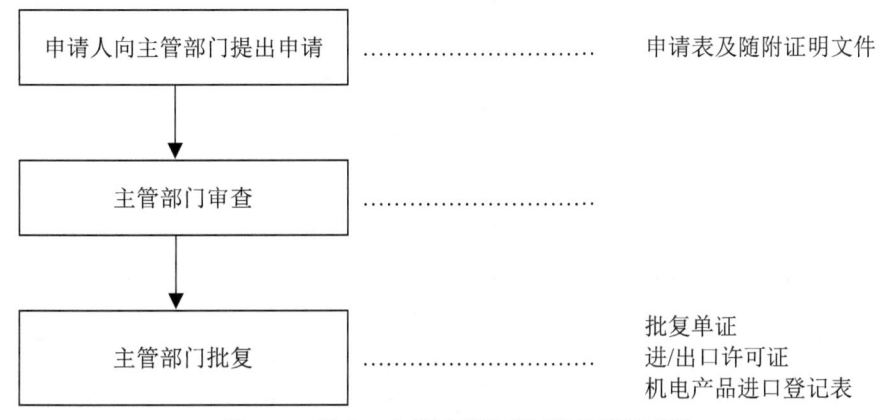

```
┌─────────────────────────┐
│ 申请人向主管部门提出申请 │ ············ 申请表及随附证明文件
└──────────┬──────────────┘
           ↓
┌─────────────────────────┐
│      主管部门审查        │ ············
└──────────┬──────────────┘
           ↓
┌─────────────────────────┐
│      主管部门批复        │ ············ 批复单证
└─────────────────────────┘              进/出口许可证
                                         机电产品进口登记表
```

图 2-7　进出口审批或登记单证的发放程序图

表 2-29　出口许可证式样

中华人民共和国出口许可证

1. 领证单位名称：	编码：☐☐☐☐☐☐☐	3. 出口许可证编号：
2. 发货单位名称：	编码：☐☐☐☐☐☐☐	4. 许可证有效期： 　　　　　至　　年　　月　　日止
5. 收款方式：		9. 输往国家（地区）：
6. 贸易方式：		10. 收货人：
7. 出运口岸：		11. 运输方式：
8. 商品名称：	编码：☐☐☐☐☐☐☐	12. 合同号：

13. 规格　等级	单位	14. 数量	15. 单价（　）	16. 总值（　）	17. 总值折美元
18. 总计					

19. 对港澳地区出口非信用证收款的，须经结汇银行加盖结汇专用章，本证方有效。 （银行盖章） 年　月　日	20. 备注 发证机关盖章

表 2-30　机电产品进口登记表式样

机电产品进口登记表　　　　　NO.

1. 申请进口单位主管部门（地区）	3. 登记编号
2. 申请进口单位 申请进口单位地址	4. 有效截止日期
	5. 对外签订合同单位
6. 贸易方式	9. 产品用途
7. 外汇来源	10. 原产地国（地区）
8. 报关口岸	11. 销售国（地区）
12. 项目名称 　　项目类型	23. 项目所属行业
13. 产品名称	商品编码（H.S.）

14. 规格、型号	15. 单位	16. 数量	17. 金额（$美元）	18. 设备状态
19. 总计				

20. 备注	21. 发证机关盖章 　　经办人签字
	22. 发证日期

二、核销单证

为了解决海关实际进出口额与外汇收支额之间存在较大差距的问题，为了防止国内出口商发货后不能或不能及时收回货款、进口商不能有效利用资金（即支付货款但不能或不能及时收到货物），我国实行了进出口贸易核销制度。这种制度的核心思想在于，对于每一笔的进口支付，都应有相应的进口到货，且到货期限是合理的；对于每一票的出口交货，都应有相应的货款收入，且收汇的期限是合理的。

1. 出口收汇核销单

1991年，中国人民银行、国家外汇管理局、原外经贸部、海关总署和中国银行联合制定了《出口收汇核销管理办法》。出口收汇核销指的是国家外汇管理部门根据国家外汇管理制度，通过要求出口企业对本企业的每一笔贸易的出口发货，以及在规定时间内的收汇、结汇按要求在外汇管理部门办理核销的手续。

（1）出口收汇核销单式样（表2-31）。

表2-31 出口收汇核销单式样

目前使用的出口收汇核销单共三联。

① 存根联。

a. 出口单位（单位代码）。填写出口企业名称及代码，并加盖公章。

b. 出口币种总价。填写信用证或合同的成交总价。

c. 收汇方式。简要填写英文缩写，即 T/T，D/P，D/A 或 L/C，等等。

d. 预计收款日期。概略推算一下预计的收款日期。

e. 报关日期。须与报关单的填写相同。在未发生出口报关时，也可能因为收预付款等原因需要使用出口收汇核销单，这样，此栏暂空，待货物出运报关后再填写。其他栏也类似，因为有可能一笔贸易需要反复使用同一张核销单（发运的次数和收款的次数不唯一）。

　　f. 备注。填写需要特别说明的地方。

② 出口收汇核销单正本。

　　a. 外汇指定银行结汇/收账情况。填写出口企业委托结汇银行收汇结账的情况，一般写"已于某年某月某日结汇或收账"，并加盖银行公章。

　　b. 海关核放情况。出口企业办理通关手续时，海关经审核放行后，在此栏加盖海关验讫放行章。海关同时签章于第三联"出口退税专用"中的"报关单编号"栏。

　　c. 外管局核销情况。在货物已经出口（海关已签章）和货款已收妥（银行已签章）的情况下，出口企业向外汇管理部门办理核销时，外管局审核无误后进行核销签章，表明该笔交易已完成核销。这是出口企业办理出口退税的依据之一。注意，外管局同时签章于第三联中的"外汇管理局核销情况"栏。

③ 出口退税专用联。

　　a. 出口单位。填写出口企业名称，并加盖公章。

　　b. 货物名称、出口数量和出口总价。按照信用证和合同填写。

　　c. 报关单编号。按照实际报关时海关所批注的报关单号填写。

　　d. 外汇管理局核销情况。外管局对出口企业该核销单项下的核销作出批注。这是出口企业办理出口退税的依据之一。

　　从这三联核销单可以看出出口收汇核销单的作用，它用以记录该单下的出口企业名称，出口交易的品名、数量、金额，以及出口报关和收汇情况，分别在不同时间按需要由出口企业、委托收汇银行、出口国海关和外汇管理部门填写、签章，并作为企业核销和办理出口退税的重要依据。

（2）出口收汇核销流程（图2-8）。

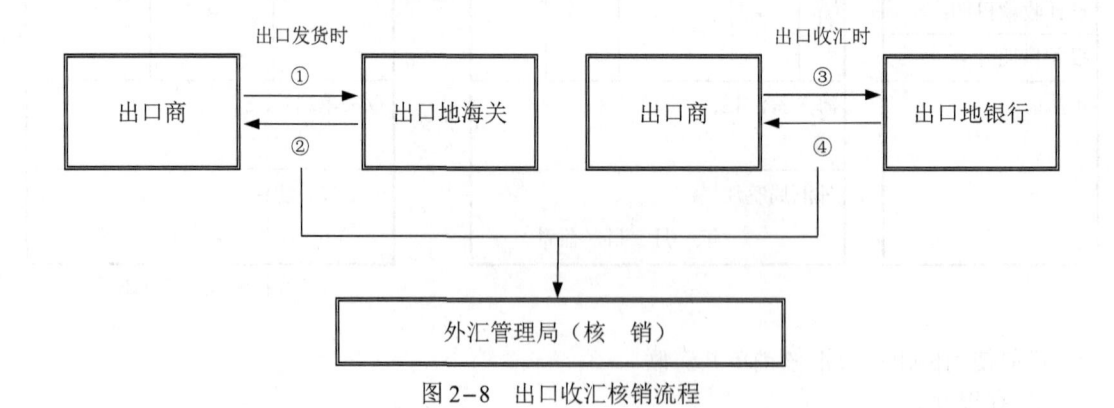

图 2-8　出口收汇核销流程

① 出口人填写核销单交海关作为报关的随附文件。
② 海关审核放行时，在核销单上盖章加注并证明出口的细节，并将核销单返回出口商。
③ 出口人将核销单交结汇银行。
④ 银行加注关于收汇的细节，将核销单返回出口人。

注：不论出口发运在先还是结汇在先，只要分别取得银行和海关的有效签注和证明，就可以按规定去外汇管理局办理核销手续。

（3）出口收汇核销的重要性。

对于国家，建立健全出口收汇核销制度是监督管理出口企业按时和安全收汇的保证。它一方面有利于防止内外勾结和资本外逃，另一方面要求出口企业自身抓好安全收汇的工作。对于出口商，如不按时按规定进行核销，就有可能被暂停外贸业务。此外，只有按规定核销的业务，才可以办理出口退税，因为出口退税时要求持第三联核销单作为已核销的证明，这是办理出口退税的前提与基础。

2. 进口付汇核销单

类似出口收汇核销单，进口付汇核销单（表2-32）是用来保证国内进口商对外所支付的每一笔货款下，都有在合理时间内的进口到货相对应。无论是先到货，还是先付款，只要二者在规定时间内取得，就能去外管局办理进口付汇核销手续。图2-9为进口付汇核销流程。

当进口商需要通过银行支付货款时（如电汇或信用证下的实际支付，但一般情况下的开证不算），银行要求进口商填写进口付汇核销单，并做付款签注，退还一联给进口商，备核销时使用。另一方面，在进口商于目的港（地）报关提货时，取得的进口货物报关单是证明货物到达的重要证明。这样就取得了进口核销的两项关键单证。

需要说明的是，我国国家外管局还有一项"备案"的要求，即在几种特殊的非正常付汇情况下的对外支付，进口人需要先在外管局进行备案登记，取得备案登记表并作为支付和未来核销的重要依据。

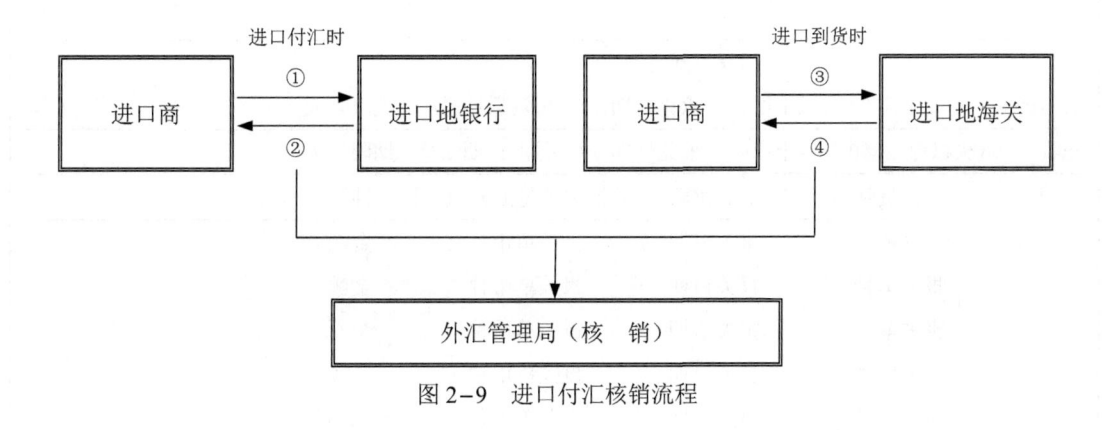

图2-9 进口付汇核销流程

① 进口商将核销单连同其他单据交银行办理付汇。
② 银行付汇、签注后，返回一联给进口商。
③ 进口商报关。
④ 海关放行后，返回一联进口货物报关单给进口商。

注：不论进口支付在先还是收货在先，只要分别取得银行签注的核销单和海关放行的进口货物报关单，就可以按规定去外汇管理局办理核销手续。对于货到付款的情况，付汇银行可以直接代办核销手续。

表 2-32 进口付汇核销单式样

贸易进口付汇核销单（代申报单）

印单局代码：　　　　　　　　　　　　　核销单编号：

单位代码	单位名称	所在地外汇局名称
付汇银行名称	收汇人国别	交易编码□□□□
收款人是否在保税区：是□ 否□	交易附言	

	对外付汇币种	对外付汇总金额
其中：购汇金额	现汇金额	其他方式金额
人民币账号	外汇账号	

付汇性质

□ 正常付汇
□ 不在名录　　　□ 90天以上信用证　　　□ 90天以上托收　　　□ 异地付汇
□ 90天以上到货　□ 转口贸易　　　　　　□ 境外工程师用物资　□ 真实性审查
备案表编号

预计到货日期 / /	进口批件号	合同/发票号

结算方式

信用证 90天以内□ 90天以上□　　承兑日期 / /　付汇日期 / /　期限　天
托收　　90天以内□ 90天以上□　　承兑日期 / /　付汇日期 / /　期限　天

汇款	预付货款□　货到付款（凭报关单付汇）□　付汇日期 / /			
	报关单号	报关日期 / /	报关单币种	金额
	报关单号	报关日期 / /	报关单币种	金额
	报关单号	报关日期 / /	报关单币种	金额
	报关单号	报关日期 / /	报关单币种	金额
	报关单号	报关日期 / /	报关单币种	金额
	（若报关单填写不完，可另附纸。）			
其他　□	付汇日期 / /			

以下由付汇银行填写

申报号码：□□□□□□ □□□□ □□ □□□□□□□□
业务编号：　　审核日期： / /　（付汇银行签章）

进口单位签章

3. 贸易核查与我国货物贸易外汇管理制度的改革

我国在对外贸易管理中于 1992 年起实行过出口收汇核销制度。为了监督出口单位及时、安全收汇和防止境内出口收汇截流境外，国家外汇管理部门根据国家外汇管理的要求，通过海关对出口货物的监管，对出口单位的结汇情况进行监督。具体来说，货物出口报关时，出口单位必须向海关提交出口收汇核销单和标明核销单编号的出口报关单办理申报手续，海关审核无误后，在单据上签章标注核放情况。办理结汇时，外汇指定银行在核销单上签注结汇情况。在货物出运、货款收妥结汇后，出口单位凭出口报关单、核销单及其他所需单据向外汇管理部门进行出口核销。

为大力推进贸易便利化，进一步改进货物贸易外汇服务和管理，国家外汇管理局、海关总署、国家税务总局决定，自 2012 年 8 月 1 日起在全国实施货物贸易外汇管理制度改革，并相应调整出口报关流程，优化升级出口收汇与出口退税信息共享机制。

第一，改革货物贸易外汇管理方式，取消出口收汇核销单（以下简称核销单），企业不再办理出口收汇核销手续。国家外汇管理局分支局（以下简称外汇局）对企业的贸易外汇管理方式由现场逐笔核销变为非现场总量核查。外汇局通过货物贸易外汇监测系统，全面采集企业货物进出口和贸易外汇收支逐笔数据，定期比对、评估企业货物流与资金流总体匹配情况，便利合规企业贸易外汇收支；对存在异常的企业进行重点监测，必要时实施现场核查。

第二，对企业实施动态分类管理。外汇局根据企业贸易外汇收支的合规性及其与货物进出口的一致性，将企业分为 A、B、C 三类。A 类企业进口付汇单证简化，可凭进口报关单、合同或发票等任何一种能够证明交易真实性的单证在银行直接办理付汇，出口收汇无须联网核查；银行办理收付汇审核手续相应简化。对 B、C 类企业在贸易外汇收支单证审核、业务类型、结算方式等方面实施严格监管，B 类企业贸易外汇收支由银行实施电子数据核查，C 类企业贸易外汇收支须经外汇局逐笔登记后办理。

第三，调整出口报关流程，企业办理出口报关时不再提供核销单。

第四，简化出口退税凭证。出口企业申报出口退税时，不再提供核销单；税务局参考外汇局提供的企业出口收汇信息和分类情况，依据相关规定，审核企业出口退税。

第六节　单证的种类（5）——其他单证

我们知道，我们不可能也没必要介绍所有单证，所以在实际业务中，有可能会遇到没有见过的单证。但是，我们可以从实践中总结出较为常见的其他几种单证。我们在认识单证的过程中，不仅要熟悉掌握常用单证，更要清楚单证的个性化特点。了解和掌握五花八门的单证，关键还是要抓住单证的基本要素：单证名称、用途、签发机构、效力和签发条件。

一、各种声明、证明

除了常见的商检证书、品质/数量声明、原产地证明，在业务需要的情况下，会可能用到各种其他内容和格式的声明或证明，我们不可能也没必要一一列举。只要在业务中遇到新的单证时，注意到单证的名称、种类、作用、使用范围、内容和申领条件（图 2-10），就可以基本上掌握这种单证的应用了。

图 2-10 单证的要素

以与包装物料和包装方式有关的证明为例,我们在此列举非木制包装声明（表 2-33）和整箱货/拼箱货包装声明（表 2-34）。

表 2-33 非木制包装声明式样

DECLARATION OF NON-WOOD PACKING MATERIAL

非木制包装声明

TO WHOM IT MAY CONCERN

IT IS DECLARED THAT ALL THE PACKING OF THE GOODS IN THIS SHIPMENT ARE MADE OF NON-WOOD MATERIAL AND DO NOT CONTAIN ANY MATERIAL OF PLANT.

CONTRACT NO. _____   L/C NO. _____

INVOICE NO. _____ DATED _____

CONSIGNEE: _____

COMMODITY: _____

NO. OF PACKAGES: _____ GROSS WEIGHT: KGS. _____

COUNTRY OF ORIGIN _____

DATE

IN FAITH

SIGNATURE/STAMP

表 2-34　整箱货/拼箱货包装声明式样

FCL/LCL PACKING DECLARATION
[Boxes ☐ to be marked with an X in the appropriate place]

Ship name: _____
Voyage Number: _____
Container Number(s): _____
Invoice Number(s): _____
Date Container(s) Packed: _____

STRAW PACKING*
(*Straw packing includes straw, cereal, rice hulls, and other unprocessed plant materials.)

Q. Has **Straw Packing** been used in the consignment(s) &/or container(s) listed above?
YES ☐　NO ☐

TIMBER PACKING**
(**Timber packing includes: Crates, Cases, Dunnage, Pallets, Skids, and any other timber used as a shipping aid)

Q. Has **Timber Packing** been used in the consignment(s) &/or container(s) listed above?
(refer to bark declaration)　　YES ☐　NO ☐

BARK***
(***Bark is the external natural layer covering trees and branches. This material is distinct and separable from processed timber)

Q. Is **Timber Packing** free of BARK?　　YES ☐　NO ☐

PLASTIC WRAPPED WOODEN ARTICLES DECLARATION

Has **Plastic Wrapping** been used for goods made of wood?　　YES ☐　NO ☐

If **Plastic Wrapping** has been used for goods made of wood, is the **Plastic Wrapping** perforated to allow fumigant to penetrate?
YES ☐　NO ☐

CLEANLINESS DECLARATION (applies to FCL/FCX Containers only)

I declare that the above container(s) has/have been cleaned and is/are free from material of animal and/or plant origin and soil.

Signed: _____　　Date: ____/____/____
　　　　Packer/Supplier Representative

资料来源：http://www.jasitaly.com/misc/download/

二、其他发票

1. 形式发票

形式发票（Proforma Invoice）（表2-35）是卖方出具的、与商业发票内容相同、供买方接受报价时参考、样品出口报关或买方签约前后办理有关申请用的单据。形式发票不是正式发票，不能用于支付，也不是会计计账的凭证。它仅是卖方的一种报价和双方签约的意向或订立正式合同的基础。

2. 海关发票

海关发票（Customs Invoice）是某些国家海关要求进口商提供的、由出口商填制的用以进口报关的特定格式的发票。海关发票是某些国家进口商进口报关的必需文件；供进口国海关核定货物的原产地国，从而确定不同的进口管理政策；为进口国海关提供进口商品的价格情况；以及进行海关统计，等等。

3. 领事发票

领事发票（Consular Invoice）是按照进口国法令要求、须经进口国驻出口国领事签证的发票。有的国家要求填制固定格式的领事发票，有的只需将出口商出具的发票通过外交部送交领事签证。领事发票的作用是帮助进口国了解和证实货物的原产地，并作为进口征税的依据。认证需要缴纳一定的费用，它也是领事馆收入的来源。

对于出口商来讲，在签约时，尤其在信用证支付下，必须了解是否需要领事发票，并考虑申请领事签证的时间、条件和费用。

三、各种单证的申请表

在提单、保险单、许可证等的出具中，签发机构都会要求申请人填制一定的申请表格，虽然这些表格在内容和格式上有所不同，但是它们的共同点在于：

（1）单证的申请程序是类似的，即申请人填表、附其他单据、缴费；签发人签发单据；单据交申请人，见图2-11。

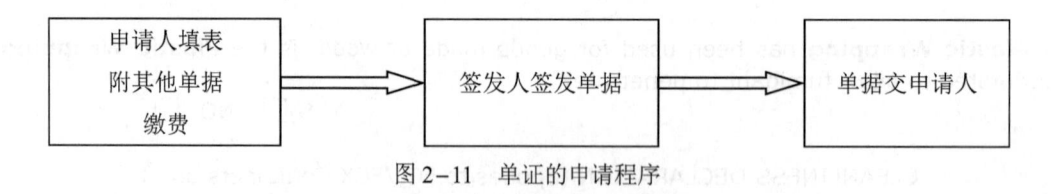

申请人填表
附其他单据
缴费 → 签发人签发单据 → 单据交申请人

图2-11 单证的申请程序

（2）申请表中的内容是委托或申请单据签发的依据。

船公司、保险公司一般都会按照申请表中的内容制单，特别在信用证支付下这一点尤为重要。例如，船公司并不知道该票货运的合同号、信用证号，且通知人和收货人要按照信用证的要求填写。又如，保险公司出具保单前要求投保人填写申请书，并缴费，它将按照投保人在申请书中的险别、金额和起讫范围予以保险和出具保单。所以，正确、有效地填写各项申请表对于贸易的顺利进行十分重要。

表2-36为运输险投保单式样。表2-37为出口货物订舱委托书式样。

表 2-35 形式发票式样

形 式 发 票
PROFORMA INVOICE

买方：　　　　　　　　　　　　　　日期 Date：
Messrs：　　　　　　　　　　　　　编号 No.：

品名规格 Commodity & Specification	数量 Quantity	单价 Unit Price	金额 Amount

总金额：
Total:

数量和金额允许___%溢短装
___% more or less in quantity / amount permitted

包装：
Packing:

标记和唛头：
Marks:

装运期：
Date of shipment:

装运港和目的港：
Port of shipment & destination

保险：
Insurance:

支付条件：
Terms of payment:

卖方签章
(Seller's signature)

表 2-36　运输险投保单式样

中保财产保险有限公司
The People's Insurance (property) Company of China, Ltd.

总公司设于北京　　　　　　　　　　　　　　1949 年创立
Head Office: BEIJING　　　　　　　　　　　Established in 1949

运输险投保单
Application for Transportation Insurance

被保险人
Assured's Name

兹 有 下 列 物 品 向 中 保 财 产 保 险 有 限 公 司 投 保:
Insurance is required on the following

标　　记 Marks&Nos.	包装及数量 Quantity	保险货物项目 Description of Goods	保险金额 Amount Insured

装载运输工具 Per Conveyance	
开航日期 Slg.on/abt._____	提单号码 B/L No._____
自 From_____	至 to_____
请将要报保的险别标明 Please Indicate the Conditions &/or Special Coverages:	
合同号码　CONTRACT NO. 发票号码　INVOICE　NO.	备　　注： Remarks:

* 投保人对保险人的除外责任明确无误

投保人（签名盖章）　　　　　　　　　　　　日期
Name/Seal of Property:_____　　　Date:_____

地址　　　　　　　　　　　　　　　　　　　电话
Address:_____　　　　　　　　　Telephone No.:_____

本公司自用　FOR　OFFICE　USE　ONLY

费率　　　　　　　　　保费　　　　　　　　　经办人
Rate:_____　Premium:_____　By:_____

表2-37 出口货物订舱委托书式样

出 口 货 物 订 舱 委 托 书			日期
1）发货人	4）信用证号码		
	5）开证银行		
	6）合同号码	7）成交金额	
	8）装运口岸	9）目的港	
2）收货人	10）转船运输	11）分批装运	
	12）信用证有效期	13）装船期限	
	14）运费	15）成交条件	
	16）公司联系人	17）电话/传真	
3）通知人	18）公司开户行	19）银行账号	
	20）特别要求		
21）标记唛码 22）货号规格 23）包装件数 24）毛重 25）净重 26）数量 27）单价 28）总价			
备注			

在本章最后，我们把前面讲过的、较为常见的单证列成表 2-38。

表 2-38　常见单证一览表

1	合同 Contract/Sales Confirmation
2	信用证 Letter of Credit 汇付凭单 T/T Receipt 托收凭单 Collection Letter
3	发票 Invoice
4	提单/空运单/陆运单/联运单 B/L AWB, etc
5	保险单 Insurance Policy
6	装箱单/重量单 Packing List/Weight Memo
7	质量/数量声明 Certificate of Quality/Quantity
8	原产地证书 Certificate of Origin
9	汇票 Draft
10	进/出口许可证 Import/Export License
11	进/出口货物报关单 Import/Export Customs Declaration Document
12	检验证书 Certificate of Inspection
13	其他 Others

各种不同单证的出具机构、效力作用和申请条件是不同的，冠以同一名称的单证也因这些具体要素的变化而迥异，所以在学习单证时要注意区分。此外，同一单证可能会在不同的场合应用，所以单证往往一式多份，且有正本和副本之分。

复习思考题

1. 国际贸易单证的主要作用是什么？主要有哪些种类？
2. 在交易中，如何在合同中确定一种需要提供的国际贸易单证，即它有哪些要素？
3. 国际贸易单证与贸易流程间的关系是什么？
4. 简述 L/C 方式下的单证流程。

第二章讲义

第三章

信用证单证实务

　　信用证业务以银行信用为基础，一定程度上保证了出口人的收汇和进口人的收货，在国际贸易结算中使用广泛。但是，信用证业务涉及进出口商、开证行、通知行、议付行、付款行和保兑行等多个当事人，使用各种复杂的单证和交付手续，所以信用证单证的处理是有一定难度的。为了有效掌握常见的信用证单证操作，我们在本章中从分析信用证业务的本质和单证流程入手，以两个有代表性的案例深入浅出且形象地介绍信用证单证操作实务，包括信用证单证实务的本质，信用证流程，信用证单证的申请、缮制和审核，以及信用证单证实务中的注意事项。

第一节　信用证单证流转核心思想

　　有些时候，人们认为信用证非常复杂，只注意到它涉及环节众多、要求严格，却不明白其中的原因和必要性。这主要是大家在学习的时候仅从对单证表面的基本认识出发，没有总结和概括出信用证单证流转的核心思想，因而忽略了信用证归根结底是为进出口贸易服务、是方便进出口商贸易操作的支付工具这一客观事实。特别是在不同的交易条件下（如贸易术语不同）、不同的议付单据规定以及不同的时间进度（如双到期信用证的装运期和交单时间的安排）下，买卖双方有时觉得无所适从。如：卖方在审核买方开来的信用证时不知是否可以完全接受（即是否可以安全收汇，是否有"软条款"之类的陷阱）；卖方无法确定所提交的单证是否满足信用证的要求；买方在开证时（其实是订立合同时）不知如何要求议付期限和议付单据；买方在审核银行转来的全套议付单据时不知如何下手；等等。

　　其实，信用证单证流转的核心思想很简单，从买卖交易的可操作性和达到双方交易目的的角度，我们可以用图3-1来表示。

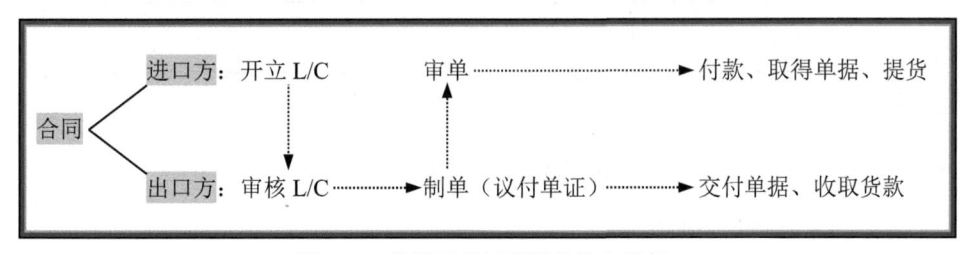

```
          进口方：开立 L/C ────→ 审单 ────────→ 付款、取得单据、提货
           ↑                      ↑
合同 ─┤                      │
           ↓                      │
          出口方：审核 L/C ──→ 制单（议付单证）──→ 交付单据、收取货款
```

图3-1　信用证单证流转的核心思想

对于合同的进出口双方，他们达成协议，合作且相互牵制。进口方以提货为最终目标，进口人的提货需要提单等全套货运单据（包括进口人在进口国海关进行申报所需的商业发票、装箱单或原产地证明等单据）；出口方则需要收取货款。

进口方取得货物的对价是支付货款；出口方收取货款的对价是交付货物。

但是，进口方和出口方都不愿意先于对方履行付款和交货义务，那样的话，恐怕对方不履约给自己带来损失。双方都希望保证：在自己履约（付款或交货）的情况下，对方也履行了义务（交货或付款）。

因此，他们希望有一种方式实现上述目标。信用证结算方式以银行为第一付款责任人的方式解决了这个问题：买方开立信用证说明卖方收到货款的条件，即提交一定的单证；卖方审核信用证是否与合同一致或是否存在不可接受的问题；审核无误后，卖方即按信用证规定履行义务，并取得相应单据（单据须符合信用证要求）；这时，只要卖方按规定向银行（议付行）提交单据和信用证，银行审核无误后，就向卖方支付货款；当单据从议付行转递到开证行时，买方需要付款赎单，必须支付货款，才可以取得提货凭证及其他相关单据，且只要买方付款，就可以拿到整套单据。从这一点来看，双方只要履行义务，就可以保证自身利益的实现。

归根结底，买方的核心目标是付款—取得单据—提货，而卖方则是交货—交单—收款。

第二节　信用证单证流程

我们在第一章和第二章中已经非常详细地介绍了信用证支付方式下的国际贸易业务和单证流程，如图 3-2 所示。

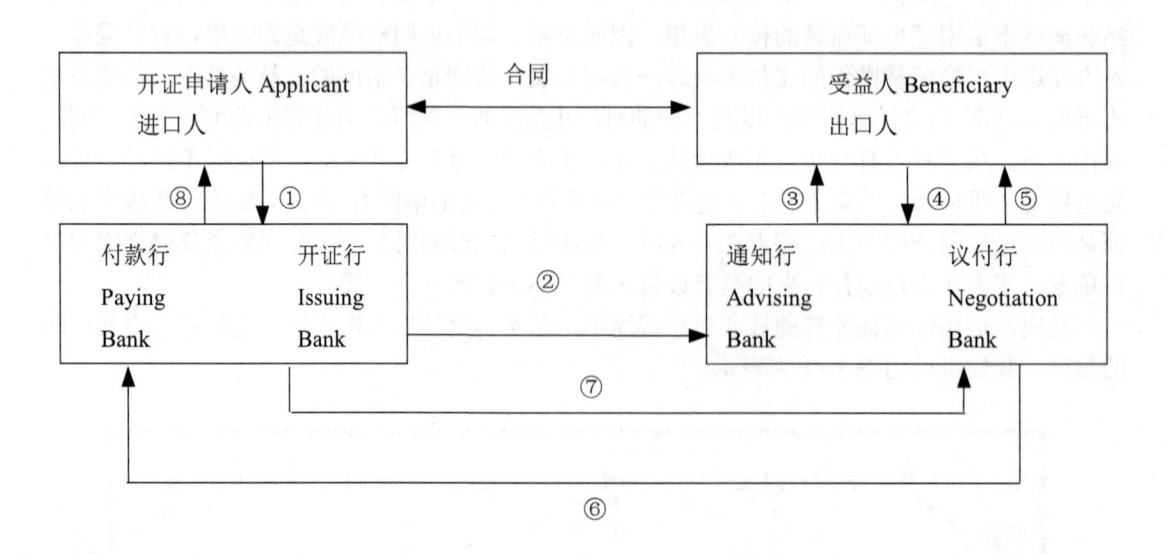

图 3-2　信用证业务流程

图 3-2 中，各步流程说明如下：

① 开证申请人按照合同规定向开证银行提交开证申请，包括填写开证申请书、银行要求

的合同文件（如合同、进口登记或审批证明等），并缴纳开证保证金。因为在信用证方式下，银行承担付款责任，开证保证金是银行为了保证单据符合信用证要求的时候，开证申请人支付款项。银行在受理开证申请的同时，负责核查拟进口的货物已获得必需的进口许可，否则，银行不予受理。

② 开证行根据开证申请书的内容和要求开立信用证，并将正本交通知行，一般为出口人所在地银行。买卖双方可以在合同中明确指定通知行，也可以不特别要求。开证后，信用证副本即交开证申请人。

③ 通知行审核信用证的真实性后，通知并将信用证交受益人，收取通知费。

④ 受益人审核信用证无误后，安排备货和装运，并按信用证要求将全套有效单据在有效期内交指定银行议付（如无特别指定，则可任意议付）。

⑤ 议付行或付款行审核单据无误、完全符合信用证要求后，垫付货款给受益人；如发现单据存在不符点或交单时间、方式等不合信用证要求时，可以拒收单据。

⑥ 全套议付单据由议付行转给开证行或其指定付款行，进行款项索偿。

⑦ 开证行审核单据无误后，向议付行偿付款项。

⑧ 开证行通知开证申请人付款或承兑赎单（按信用证的具体要求），开证申请人付款或承兑后取得单据。

从信用证的单证处理角度来讲，我们还可以把这一流程用图 3-3 来表示，这样更加清楚地体现这项复杂的国际贸易和结算过程。

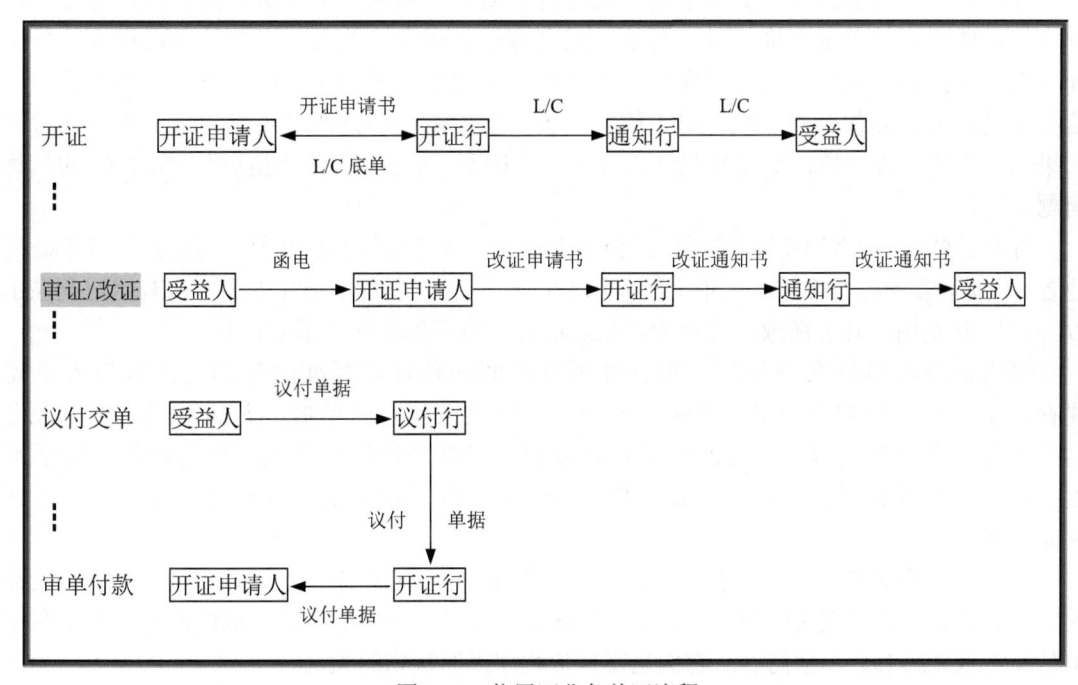

图 3-3　信用证业务单证流程

第三节 L/C 单证的缮制和处理

狭义地讲，L/C 单证的缮制是指卖方受益人根据 L/C 中的内容和要求，填写、制作并出具符合规定要求的单据，以保证议付和收款顺利的过程。但是，如果仅了解和掌握这一层面的内容，不足以掌握 L/C 单证的全面流程，因为我们在整个国际贸易操作过程中还需要回答下列问题：

  ▫ L/C 开立得是否有效、严谨和合理？
  ▫ 合同订立时有关信用证的条款如何制定？如何避免修改信用证？
  ▫ 合同和信用证的时间进度如何安排？
  ▫ 议付单据的要求是怎样的？为什么？
  ▫ 受益人如何审证、制单和交单？申请人如何审单？
  ▫ L/C 业务有哪些缺陷？如何保证自身利益不受损害和合同的顺利执行？
  ▫ L/C 业务中的内在联系是什么？L/C 业务和其他交易环节的关系是什么？
  ……

在与 L/C 有关的业务处理中，常常遇到许多问题，而实际上，完善有效的单证操作是避免和解决这些问题的有效途径。

常见问题包括：

合同订立时对于信用证支付条款订立得过于简单，而忽略了许多重要信息，例如，何时开立，所需要的单据由谁出具，等等；买方基于合同和一些合同以外的自己单方的要求开立信用证；卖方收到信用证后发现有些条件无法接受，再与买方磋商改证，如果顺利，这好比是将未谈完的合同条款予以了解、拍板，但信用证的修改费用必须由一方来支付；如果双方无法达成一致，则交易无法进行下去。因此，合同在订立时就要考虑 L/C 的具体问题。

有的 L/C 文字含糊不清，甚至措辞会产生歧义，或者有的 L/C 甚至出现前后条款矛盾的地方。例如，在单据处要求"提单上不显示 L/C 号"；但在特殊条款中却有"所有单据须显示 L/C 号"，这是由于疏忽所致，应该为"除提单外，所有单据均显示 L/C 号"。

信用证及其单据在银行间、银行与其客户间的传递是需要时间的，而进口人也需要在抵达港口后的规定期限内报关和提货；但受益人卖方的单据，尤其是不是他本人出具的单据，有时需要等待一段时间才可以取得，特别是以提供装运提单为条件的认证单据。所以，在开证日、装船日、议付期、L/C 有效期的规定上，双方要反复磋商，认真制定。

有的 L/C 单据遭拒付，就是由于受益人提交的单据与 L/C 不符；有时进口人拿到的受益人提交的单据不足以完成后面的报关和提货环节，经常出现不能按时完成的问题。制单和审单是非常重要的 L/C 单据问题，它们是支付货款和提取货物的关键。

这样的问题不胜枚举，我们在本节中就以一个复杂但典型的国际贸易案例来重点剖析 L/C 单证的缮制和处理。该案例项下买卖双方签订的贸易合同如下：

CONTRACT

No.: <u>CN1704</u>
Place: <u>Beijing, China</u>
Date: <u>Jan. 2, 2017</u>

The Buyer:
China ABC TRADE CORP.
Adds: No.10 Fuchengmen Ave.,
         Beijing 100037, China
Tel: +86-10-686832
Fax: +86-10-686833

The Seller:
John Williams Agricultural Machinery Co., LTD
Adds: No. 75 Coastal Road, New York,
         NY10000, USA
Tel/Fax: +1-221-4881300

The Buyer agrees to buy and the Seller agrees to sell the under mentioned goods under the terms and conditions stated below:

1. Description of Goods, Quantity and Unit Price:

Item No.	Commodity & Specifications	Unit	Qnty.	Unit Price	Amount
1.	*John Williams Model−390* Mower	set	30	USD3,350.- **Total: USD100,500.-** **CIF Xingang, China***	USD100,500.-
Total Value	SAY US DOLLAR ONE HUNDRED THOUSAND FIVE HUNDRED ONLY.					

(*The price terms are based on INCOTERMS 2010)

2. Manufacturer and Country of Origin: John Williams Agricultural Machinery Co., LTD, USA

3. Packing: In CONTAINER(S), be good for long distance ocean, land transportation, adapted to climate-changing and resistant to moisture, wet, shock, rusty and rude loading. The Seller shall be liable for any damage or loss of the goods caused by improper packing attributable to inadequate protective measures in packing.

4. Shipping Mark: <u>   CN1704   </u>
                              Xingang, China

The Seller shall mark on each package with fadeless paint the package number, measurement, gross weight, net weight, and such warnings as "KEEP AWAY FROM MOISTURE", "HANDLE WITH CARE", "THIS SIDE UP" and "LIFT HERE" as well as the Shipping Mark.

5. Date of Shipment: within 90 days after the issuing date of L/C

6. Port of Shipment: New York Seaport, USA
   Destination: Xingang, China

7. Partial shipment Not Allowed   **Transhipment** Not Allowed

8. Insurance: To be borne by the Seller covering 110% of the total invoiced value against All Risks & War Risks in favor of the Buyer.

9. Terms of Payment: L/C
Before Jan.30, 2017, the Buyer shall open an Irrevocable Letter of Credit through Bank of Communications Beijing Branch, in favor of the Seller, advising through and negotiated with "ABN Bank, New York, USA(swift: ABNNNNNNNNN)" for 100% of the total value of the contract, expired on the 15th day after shipment, in USA. Payment shall be effected by the opening bank against the presentation of the Beneficiary's drafts drawn at sight on the opening bank accompanied with the documents specified in Clause 10 hereof. All banking charges outside the opening bank are for the Beneficiary's account.

10. Documents:

(1) A full set (3 originals & 3 copies) of *Clean On Board Bill of Lading* made out to order and blank endorsed, marked "Freight Prepaid" notifying applicant.
(2) Signed *Commercial Invoice* in 3 originals and 3 copies indicating L/C No. and Contract No.
(3) *Packing List* in 3 originals and 3 copies indicating Weight, Date, and Invoice Number of the shipped goods issued by the manufacturer.
(4) Full set of *Insurance Policy* or Certificate, blank endorsed, payable in China covering 110% of Invoice Value against All Risks & War Risks.
(5) *Certificate of Quality* in 3 originals and 3 copies issued by the manufacturer.
(6) *Certificate of Quantity* in 3 originals and 3 copies issued by the manufacturer.
(7) *Certificate of Origin* in 1 original and 2 copies issued by International Chamber of Commerce in USA.
(8) *Beneficiary's certified copy of fax* dispatched to the Buyer with 48 hours after shipment advising name of vessel, date, quantity, weight and value of shipment.
(9) *Beneficiary's certificate* certifying that one set of copy of the above documents has been sent to the Buyer by express mail within 15 days after the date of shipment.

11. Shipment:
The Seller shall arrange for the transportation of the goods from the Port of Shipment to the Destination.

12. Shipping Advice:
The Seller shall, within 48 HOURS after shipment, advise the Buyer by fax of the Contract number, Invoice number, B/L number, description of goods, quantity, invoiced value, gross weight, name of vessel and date of shipment.

13. Inspection and Claims:
(1) Prior to dispatch of the contracted goods, the Seller shall perform a complete and detailed inspection of quality, quantity, performance, etc., and issue certificate(s) to testify that the commodity is in conformity with the stipulations of the contract.

(2) After the contracted goods' arrival at the Destination, the Buyer reserves the right to apply to China Entry-Exit Inspection and Quarantine Bureau to perform any necessary inspection. Except those claims for which the insurance company or the owners of the vessel are liable, should the quality of specification or quantity be found not in conformity with the stipulations of the contract, within 90 days of the arrival of the goods at destination, the Buyer can use the Inspection Certificate issued by said organization to claim for replacement as compensation. All the expenses incurred, such as inspection fee, freight for returning and sending of replacement, insurance premium, storage, loading and unloading charges, shall be borne by the Seller.

(3) If the Seller fails to respond within 30 days after receipt of the aforesaid claim, the claim shall be reckoned as having been accepted by the Seller.

14. Force Majeure:

The Seller shall lose no time to advise the Buyer of delay in shipment or non-delivery of the goods due to Force Majeure during the process of manufacturing or in the course of loading and express to the Buyer within 14 days with a certificate of the incident issued by local government authorities. In such case, the Seller is still liable to take all possible measures to expedite the shipment. Should the incident last over 10 weeks, the Buyer shall have the right to treat the contract as null and void.

15. Arbitration:

All disputes in connection with this Contract of the execution thereof shall be settled through friendly negotiation. Should no settlement be reached, the case may then be submitted for arbitration to China International Economic and Trade Arbitration Commission and be subject to the rules and procedures of the said Arbitration Commission. The Arbitration shall take place in Beijing, the People's Republic of China. The arbitration result of the Commission shall be final and binding upon both Parties. Neither Party shall seek recourse to a court or other authorities to appeal for revision of the arbitration. The arbitration fee and attorneys' charges shall be borne by the losing Party.

16. This Contract shall be made in original and duplicate, one for each Party, and shall be binding on both Parties under the terms and conditions stipulated herein upon being signed in the presence for witnesses.

The Buyer _____   **The Seller** _____

一、案例介绍

1. 案例内容

这是一笔常见的、典型的国际货物买卖，由买卖双方签订进出口合同（No.CN1704），并按照合同中的有关交货、付款、装运、保险、检验、索赔、不可抗力、争议解决与仲裁等条款予以执行。其中，买卖双方约定以 100%即期 L/C 支付，并在合同中约定了卖方需要提交的议付单据。

> An international trade on mowers (Contract No. CN1704)
> 关于割草机的国际贸易案例：
> ☐ payment by irrevocable sight L/C
>   以不可撤销的即期信用证支付
> ☐ ocean transportation & CIF price term
>   海洋运输方式——CIF 价格条件
> ☐ other terms & conditions (see the Contract)
>   其他条件（见合同 No.CN1704）

买卖双方签约后，买方向开证行提起开证申请；开证行开立信用证；卖方接到信用证后开始备货、安排装运出口，并准备好全套议付单据，并在 L/C 规定期限内提交。这就是 L/C 单证缮制和处理的基本过程。

合同 → 开证申请 → 开立信用证 → 缮制议付单据

涉及的单证操作如下所示：

合同　　Contract No. : CN1704

⇩

空白单证 Blank documents involved including:
- 开证申请书 L/C Application
- 提单 B/L
- 汇票 Draft
- 发票 Invoice
- 装箱单 Packing List
- 保险单 Insurance Policy
- 原产地证明 Certificate of Origin
- 数量声明 Certificate of Quantity
- 质量声明 Certificate of Quality
- 发送装船通知的传真证明 Certified copy of Fax advice
- 副本单据寄送声明 Certificate of sending documents

⇩

缮制单据 Completed　Documents including
- 开证申请书 L/C Application Form
- 信用证 L/C No. LCC0201702526
- 汇票 Draft No. JW1704
- 提单 B/L No. CSU5849
- 发票 Invoice No. CN1704
- 装箱单 Packing List No. CN1704-P
- 保险单 Insurance Policy No. 20170627
- 原产地证明 Certificate of Origin No. 0428
- 数量声明 Certificate of Quantity dated 30/04/17
- 质量声明 Certificate of Quality dated 30/04/17
- 发送装船通知的传真证明 Certified copy of Fax advice dated 02/05/17
- 副本单据寄送声明 Certificate of sending documents dated 08/05/17

2. 案例特点

- 全面。包括了从签约—开证—审证—制单的全过程。
- 简明。简化冗长的描述性介绍，深入浅出地说明 L/C 单证。
- 代表性。所选的价格条件、装运、支付和单据都具有很强的代表性。
- 战略性。从案例本身学习到制单以及签约的战略性思考。
- 时效性。本案例依照国际商会跟单信用证统一惯例最新版本 UCP600 编写。

二、合同

参照第二章第二节中的内容，我们可以从合同 CN1704 中看到一个完整的国际货物买卖合同所包含的基本条款：

合同编号/日期/地点/卖方/买方

- 编号 No.: CN1704　　每个合同都有且只有一个固定编号，作为识别该合同的唯一关键词。无论买方或是卖方起草合同，都会按照本企业的编号顺序和习惯给合同编号。编号一般不应过长，所包含的数字、字母有一定的意义。

- 日期 Date: Jan. 2, 2017　　日期的重要性在于确定双方买卖交易达成的时间，它又是用以衡量其他交易环节的基准，特别是合同中其他义务的履行以距离签约日期一定时期为期限的时候。在合同 CN1704 中，凡是提到"合同日期"就是指的"签约日期"；本合同中要求的开立 L/C 的时间是在 2017 年 1 月 30 日前，也可以写成"签订合同后 28 天/4 周内（within 28 days after the date of the contract）"。这样，如果买方没有在合同规定的期限内开立 L/C，就构成违约。类似地，如果合同的正式启动需要以买方开立 L/C 或支付预付款为条件时，必须规定买方应在什么期限内完成，如果买方迟迟不履行上述义务，卖方难以实现上述合同目的。

- 地点 Place: Beijing, China　　签约地点与法律的管辖权有关，所以双方当事人都愿意将地点订为自己所在国。但是，现在随着电子商务的发展，许多合同的签订并不需要双方见面，并在一个固定地点签约，所以，有时合同中"签约地点"的确定还往往取决于双方的意愿。不过，随着国际法律环境的优化和国际贸易惯例的日益成熟和程式化，只要合同中的"争议"和"法律"条款制定得完整、周全，就不必过于担心签约地点的选择问题。

- 卖方 The Seller : John Williams Agricultural Machinery Co., LTD Adds: No. 75 Coastal Road, New York, NY10000, USA Tel/Fax: +1–221–4881300　　买方 China ABC TRADE CORP. Adds:No.10 Fuchengmen Ave., Beijing 100037,　China Tel: +86-10-686832 Fax: +86-10-686833　　卖/买方是有权与买/卖方达成交易的进出口交易商。例如，我国要求有合同标的进出口经营权的单位才可以对外签约。买卖双方必须是独立法人。买卖双方间的相互资信调查十分重要，尤其是首次交易的时候。此处还要写出双方的全名、地址和电话、传真、电子邮件等联络方式。卖方可以是 L/C 的受益人，也可以不是，但它是与买方达成交易的人。通常买方是 L/C 的开证申请人。注意：正式 L/C 中买卖双方的写法应与合同一致，如果有个别变化（如简写），则受益人在制单时必须保证与 L/C 中的写法完全一致。如果 L/C 中关于当事人名址的拼写存在重大错误，即这种错误会严重影响 L/C 业务的实质操作，则必须改证。

1. 货物、数量、单价和金额　Description of Goods, Quantity and Unit Price
   序号 Item No. : 1　按照交货标的的种类排序，1，2，……
   货物与规格 Commodity & Specifications: *John Williams Model–390* Mower　需要填写品名"mowers 割草机"，规格"John Williams Model–390"，其中"John Williams"是品牌，"Model–390"是型号，这样合同的标的就十分确定和清楚了，即"John William 牌的 390 型割草机"。上述三项内容缺一不可，否则对货物的描述就是模糊和不确定的。所以，在签约中，必须用品名和规格将货物描述成为一种明确的、固定的、不会产生歧义的合同标的。但是，各个合同标的的内容是不同的，总结起来可以有两种描述方式：

（1）品牌+型号+品名　如在本案例中的要求。这种方法多用于买方购买特定品牌的商品。它意味着卖方必须交付指定品牌、指定规格的该种货物。即使品名和规格满足要求，如果交货为其他品牌，卖方也构成违约。但是，如果发生不可抗力事件，如果卖方无法按时交货（指定品牌），则不必以其他品牌的同种货物代替，除非双方就如何弥补损失达成新的协议。

（2）品名+规格　规格指的是对货物所要求达到的指标，既包括外观、尺寸，也包括性能。它意味着只要卖方交付满足规格要求的该种货物，就达到要求，而不必是指定品牌的。对于规格要求较为简单的货物，可以直接写在此栏中；对于复杂的规格要求，可以写在合同附件中，在此栏中加注"see attachment（见附件）"，或"specification as per catalogue No. …（规格见样本目录编号……）"，但是，品名一定要明确表示出来。总之，采用"品名+规格"的描述方法也必须保证标的是明确的，不会产生歧义。注意，如果发生不可抗力事件，卖方必须从其他供货商购买符合此条件的商品，继续完成交货。

单位/数量 Unit / Qnty: set / 30　注意有的合同中的溢短装条款。

单价 Unit Price：USD3350.– CIF Xingang, China　说明单价时，必须说明价格条件和援引的标准，通常为 INCOTERMS 2010 *The price terms are based on INCOTERMS 2010。

金额和总价值　金额 Amount USD100,500.–表示分项小计的金额（每项的单价乘以数量）；总价值 Total:**USD100,500.–**为全部货物的金额总计，通常还要大写 SAY US DOLLAR ONE HUNDRED THOUSAND FIVE HUNDRED ONLY. 注意，大写带小数的金额时，如 USD1250.32 SAY US DOLLAR ONE THOUSAND TWO HUNDRED AND FIFTY AND 32/100 ONLY.

2. 制造商与原产国　Manufacturer and Country of Origin

制造商是货物的真实生产者，它可以是出口人卖方，也常常不是。如果买卖双方的标的指定了制造商，则卖方必须保证这一点。随着跨国公司外包生产和经济全球化的深入，原产国的判断越来越困难，各国法律和国际惯例都有关于原产地（国）的判定标准。原产国的确定决定着进口国的进口管理措施（征税标准与进口许可），也是卖方交货的一项重要指标。本案例中的制造商就是卖方 John Williams Agricultural Machinery Co., LTD, USA。

注意销售国与原产国的区别。如果卖方是一家美国企业，而产品是在以色列的子公司制造完成的，则签约卖方所在国为销售国；如果在以色列子公司的产品制造增值达到了原产地标准，那么原产国应为以色列。再者，许多欧美制造企业的亚洲销售代理为新加坡或我国香港的某企业，当代理与我国买方签约时，它的所在国（地区）就是销售国（地区），而制造商应该是欧美的最终供货人，这种情况下，L/C 的受益人往往会选择制造商，由它们来完成交货和议付，代理商从它们那里收取佣金。

3. 包装　Packing

包装条款包括：① 最基本的外包装，即运输包装的要求，例如：散装 in bulk，纸箱包装 in carton(s)，木箱包装 in wooden case(s)，以及集装箱包装 in container(s)，等等。② 对于包装的具体、详细描述，甚至对于包装的责任和费用划分。

本案例中，In CONTAINER(S), be good for long distance ocean, land transportation, adapted to climate-changing and resistant to moisture, wet, shock, rusty and rude loading. The Seller shall be liable for any damage or loss of the goods caused by improper packing attributable to inadequate protective measures in packing. "以集装箱运输。包装应适于长距离的海洋和陆地运输，适于气候变化并防潮、防湿、抗震、防锈和适应粗鲁搬运。"

4. 唛头　Shipping Mark

外包装上刷写的运输标志必须明确可靠，特别是对于易碎和需要轻放的特殊物品，要醒目标明。

本案例中的唛头如下：

　　CN1704

　　Xingang, China

其他要求：The Seller shall mark on each package with fadeless paint the package number, measurement, gross weight, net weight, and such warnings as "KEEP AWAY FROM MOISTURE", "HANDLE WITH CARE", "THIS SIDE UP" and "LIFT HERE" as well as the Shipping Mark."卖方应在每件外包装上以不褪色的颜料刷写包装件号、尺码、毛净重以及"防潮""小心轻放""此端向上"和"此处吊装"等警示语句，并刷制唛头。

5. 装运期 Date of Shipment

这恐怕是合同条款里最为重要的时间条件之一了，也是 L/C 中的关键内容。对于合同来讲，在合同所规定的装运期内装船交货是卖方的一项基本义务，所以，装运期一定要定得合理。对于 L/C 来讲，提单上的 ON BOARD 日期就代表着装运期。那么装运期是怎么规定的呢？

我们在第二章的讨论中看到，装运期有多种规定方法：

（1）直接定在某个固定日期或不晚于这个日期之前。但是这样做的缺陷在于它的不合理性，在需要买方在卖方装运前支付一定定金或开立 L/C 时，如果买方没有照办，按理讲，卖方也不必履行交货。但是，如果合同中直接要求的交货期限是某日前，则卖方在没有预付款和（或）L/C 的情况下，仍有履行交货的义务，否则构成违约。在这种情形下，建议大家使用这样的方式：可以将装运期确定下来，但同时附加条件——买方在某期限内完成预付款或 L/C 的支付或开立，说明在买方未按时履行义务的情况下，卖方不受装运期的限制。但是，对于卖方先行发货、买方货到付款的情况，可直接要求卖方的装运期限为某个固定的日期以前的一段时间。

（2）推算法。它是以某个特定的时间作为基础和参照，规定在其后的一段时间作为卖方的装运期。这样做十分合理，也非常简明。既避免了卖方的尴尬地位，也不用冗长的描述来说明卖方的履约期限以买方的履约期限为前提。常用的方法有：

- 签约后……天内装运（within ... days after the date of the contract）。其实，按照合同上的签约时间可以直接推算出具体的装运期，因为签约日期是固定的。但是，在双方商谈和起草合同的过程中，谁也无法保证和预见合同的最终签约日。而在每次修改草稿时都要重新计算一下装运期就太麻烦了，所以，不如直接写成"签约后……天内装运"。
- 买方预付款后……天内装运（within ... days after down payment）。通常买方预付款的时间指的是银行付出的时间，显示在 T/T 通知上，而不是卖方收到结汇的时间，因为后者并不好确定，而且还受到其他因素的影响。这样，保证了卖方在收到预付款后仍有相同的时间来备货，不会因买方违约而仍然承担按时交货义务。
- L/C 开立后……天内装运（within ... days after the issuing date of the L/C）。本案例中 within 90 days after the issuing date of L/C 的装运期定在 L/C 开立后 90 天内。这样保证了卖方在确保买方将履行付款和收货义务，并在银行承担第一付款责任的前提下，有 90 天的备货和装运时间。

总之，在规定装运期时，既要考虑各自的利益，还要保证装运期的合理、可行，便于双方实现共同目标。

6. 装运港和目的港 Port of Shipment & Port of Destination

装运港与目的港的规定要明确，不能有歧义，应该加注所在国家的名称。在选择中，不仅要依照惯例（例如，从北京的出口多数从我国的天津新港装船），还要考虑可供选择的运输航次、航程和航线。本案例中的装运港和目的港分别是 New York Seaport, USA 和 Xingang, China。

7. 分批装运和转运 Partial shipment & Transhipment

除非需要分批装运（例如订购的数量很大或订购的是季节性商品），买方一般不愿接受分批装运。如果有直达航线，买方也不接受转运，因为这存在着较大的运输风险，而且买方还需要花更多的钱进行投保；另一方面，转运所需要的时间也长一些。有些时候买方出于某种需要（如无直航条件的贸易时）而与卖方达成允许分批装运和转运的条款。但是在其他条件相同的情况下，采取同意分批装运和转运条款的合同，一般在价格上较低。本案例采用较为常见的做法，禁止分批装运和转运（**Partial shipment** Not Allowed **Transhipment** Not Allowed）。

签订合同时，卖方需要注意考察：是否有必要进行分批装运和转运，即可否接受直航和整批发运的条件（绝对不可在执行合同，特别是收到信用证时再联系船集公司，发现无法直航再要求修改合同和信用证）；现有的运输时间表是否可以跟上备货（生产）计划和交货期的要求；在双方同意分批装运和转运时的责任、风险和义务的划分。作为买方，要认真考察卖方提出的分批和转运要求是否合理，以及这种做法所带来的后果、风险和问题。

8. 保险 Insurance

虽然贸易业务中真正发生投保风险并进行索赔的概率并不大，但是签好保险合同是对买卖双方利益的有效保证。在保险条款中，应该明确：

（1）谁该负责投保。这要根据合同中选用的价格术语。双方也可在合同中另行约定。本例中，在 CIF

术语下，由卖方负责办理投保，并支付费用（当然已含在价格中）。

（2）保险金额。通常为 110%的货值，这实际上是买方所要求的预期利润加成，因为如果出现风险损失，买方损失的不仅是货物，还有包含在其中的预期利润。国际惯例通常取 10%。

（3）险别。卖方在承诺投保时，一定要注意考察该险种的保费，并作为报价的考虑因素之一。对于买方所要求的额外保险，卖方要明确额外费用的负担责任在于买方。而买方通常是保险的实际受益人，在贸易中，一般由买方对所要求的投保方式和细节提出要求，卖方作为代办（在 CIF，CIP 下），所以，买方要真正了解货运途中究竟应当上何种保险。否则，在 CIF 下，卖方的责任止于货物越过船舷，如果合同中的保险条款未能有效地保证买方的利益，则买方面临着损失的风险。

（4）保险条款援引的版本。对于细节，依何种版本的条例为准。

（5）其他需要说明的细节。比如，本例中，强调保险的受益人是买方。

在本案例中，保险条款具体定为："To be borne by the Seller covering 110% of the total invoiced value against All Risks & War Risks in favor of the Buyer. 由卖方按照发票金额的 110%投保一切险和战争险，受益人为买方。"

9. 支付条件　Terms of Payment

我们以本例中的支付条款逐项说明。

Before Jan.30, 2017, the Buyer shall open an Irrevocable Letter of Credit through Bank of Communications Beijing Branch, in favor of the Seller, advising through and negotiated with "ABN Bank, New York, USA(swift: ABNNNNNNNNN)" for 100% of the total value of the contract, expired on the 15th day after shipment, in USA. Payment shall be effected by the opening bank against the presentation of the Beneficiary's drafts drawn at sight on the opening bank accompanied with the documents specified in Clause 10 hereof. All banking charges outside the opening bank are for the Beneficiary's account.

开证时间	Before Jan.30, 2017
开证性质	Irrevocable
当事人	the Buyer（开证申请人）
	Bank of Communications Beijing Branch （开证行，付款行）
	the Seller （受益人）
	ABN Bank, New York, USA （通知行，限制议付行）
金额	100% of the total value of the contract
有效期及到期地点	the 15th day after shipment, in USA
付款方式和单据	Payment shall be effected by the opening bank against the presentation of the Beneficiary's drafts drawn at sight on the opening bank accompanied with the documents specified in Clause 10 hereof.
银行费用	All banking charges outside the opening bank are for the Beneficiary's account.

（1）明确开证时间。对开证人（买方）提出开证期限，作为启动合同的条件。如果买方未能在 2017 年 1 月 30 日前开证，即构成违约。

（2）对开证性质的要求。通常为不可撤销的，对于其他要求，如"可转让的""保兑的"等词句，买方需要慎重处理，因为这意味着对卖方受益人更多的保障，但对开证人来讲，是额外费用，甚至是风险。本例中，双方约定为"不可撤销的"。

（3）对当事人的要求。包括开证行、通知行、议付行、付款行、开证人和受益人。本例中，开证人为买方，受益人为卖方（受益人在必要时可以是第三人，即供货人）；开证行指定，这是买方通常办理国际结算业务的卖方也可接受的银行；指明通知行通常是为了保证信用证传递的效率，使其能尽快到达受益人；议付行与通知行为同一银行，且限制议付，说明买方要求卖方只能在此银行进行交单议付。卖方在接受限制议付时需要考虑是否熟悉这家银行的议付程序，以免因疏忽造成拒付。

（4）信用证项下的金额。对于单次使用的信用证来讲，就是合同中需要以 L/C 来结算的部分，对于循环信用证，则需要计算每次循环使用的金额。在这里，信用证金额为 100%的合同金额。

（5）信用证有效期限（UCP600 中译本中称为"交单截止日"，与信用证"有效期限"意思相同。）及到期地点。到期地点一般都选在受益人所在地，否则受益人还需要考虑向其他地方的议付行交单所需的路程时间。这里选择为装运后的 15 日内交单议付有效。买方的考虑是，尽早拿到单据，一是可以审核单据，二是要赶在货物到港前取得全套单据。因为按照海关规定，进口人必须在货物抵达目的港（地）指定期限内向海关申报，呈交单据。所以，如果卖方受益人交单过晚，加上在银行间传递所耗费的时间，则进口人有可能在货物抵港时出现"有货无单"的尴尬局面，既影响使用，还需要承担额外费用（仓储费、滞纳金等）。卖方受益人一般将时间留得宽泛些，否则会因为临时出现的意外影响按时交单。有些单据要在装运后才可申请办理。此外，双方仍须考虑周末和公共假期所带来的延误。这里，装运后 15 天内交单，对于卖方受益人是可以的，足够准备全套议付单据；对于买方，即使受益人在装运后的第 15 天交单，加上银行间正常审核和传递的时间，也是早于货物抵港前到达开证人的。总之，信用证有效期限和到期地点条款的签订，必须考虑两个方面的要求：一是对卖方受益人有足够的时间准备议付单据；二是根据交单期限推算出来的买方开证人最终取得单据的时间要早于货物运输到达目的地（港）的时间。

（6）信用证的付款方式和单据要求。一般说明是否可议付或付款，以及所需要的议付单据（如见合同中的其他条款）。

（7）银行费用的分担。按照惯例，在开证行以外的费用均由受益人负担。这里的可能费用包括：通知费、议付费、保兑费和其他费用。银行费用的承担也可按买卖双方的意愿自行约定。

10. 单据　Documents

进口人提出单据要求，进口人需要这些单据的目的在于：
- 对买卖交易的证明（商业发票）；
- 提货凭证（提单、商业发票、装箱单等）；
- 报关单据（商业发票、装箱单等）；
- 保险单证（保险单、保险凭证）；
- 卖方对于履行合同的声明（质量、数量声明、发送装船通知和寄送副本单据的声明）。

买方需要卖方提供的单据，连同自己准备的单据，办理货物的报关、提货、使用、转售等事项，因而，这些单证是买方实现交易目的的直接凭证。同时，单据的正确、有效决定着买方能否最终实现这一目标。在合同的条款中，不仅要说明需要卖方提交单据的种类、名称，还需要明确份数、性质、签发机构、表面签注等，以保证有效。

下面我们逐条来说明本案例中对议付单据的具体要求。

1) A full set (3 originals & 3 copies) of *Clean On Board Bill of Lading* made out to order and blank endorsed, marked "Freight Prepaid" notifying applicant. "全套（3 正 3 副）清洁已装船提单空白抬头、空白背书，注明'运费预付'，通知买方申请人。"

说明：
- 必须索要全套提单，因为在许多情况下，取得 3 份正本提单的任何一份就可以提货，其他 2 份自动作废，所以通常索要全套提单（包括副本）。
- 提单必须是已装船（ON BOARD）的，否则，说明货物仍未装船，也就无法保证装运时间。
- 提单必须是清洁的，它表示货物外包装表面情况良好，否则，承运人会在提单上注明所发生的外包装破损情况。
- 在 L/C 下，提单须是空白抬头的，"凭指示"，连同"空白背书"的要求，使提单处于银行控制之下，并在买方付款时交给买方。
- 对 CIF 价格条件下，运费必须是已经由发运人预付的。
- 提单上的通知人可由开证申请人自行选择，这里买方为了方便，要求在货物抵港时通知自己。届时，承运人在目的港的代理人就会按照此处的名址通知买方。

2) Signed *Commercial Invoice* in 3 originals and 3 copies indicating L/C No. and Contract No. "3 正 3 副经有效签字的商业发票，并标明 L/C 号和合同编号。"

为了方便区分单据，许多公司在贸易中以 L/C 号或合同号作为本票业务的标识，可以要求在单据中加注。相反，有时作为中间商的买方，他们可能会要求有些单据中不出现合同编号或 L/C 号。

3) *Packing List* in 3 originals and 3 copies indicating Weight, Date, and Invoice Number of the shipped goods issued by the manufacturer. "3 正 3 副由制造商签发的装箱单，并标明重量、日期、发票号。"

通常装箱单以所对应的发票号作为标识。

4) **Full set of Insurance Policy** or Certificate, blank endorsed, payable in China covering 110% of Invoice Value against All Risks & War Risks. "全套空白背书，以110%发票金额投保一切险和战争险的保险单，可在中国赔付。"
在CIF下，由卖方办理投保，所以买方要求提供合乎要求的保险单。

5) **Certificate of Quality** in 3 originals and 3 copies issued by the manufacturer. "3正3副由制造商签发的质量声明。"
因为这里买方根据自身的实际需要，并未要求对方提供商检证明，只要对方所做的声明即可。

6) **Certificate of Quantity** in 3 originals and 3 copies issued by the manufacturer. "3正3副由制造商签发的数量声明。"

7) **Certificate of Origin** in 1 original & 2 copies issued by International Chamber of Commerce in USA. "1正2副由国际商会在美国的机构出具的原产地证明。"
买方要求由国际商会在美国的机构出具原产地证明，说明这是一种更为严格的要求，相比较由厂商自行出具来讲。买方的考虑是出于保证卖方的供货确为美国原产，而不是该公司在其他国家的产品。

8) **Beneficiary's certified copy of fax** dispatched to the Buyer with 48 hours after shipment advising name of vessel, date, quantity, weight and value of shipment. "受益人在发运后48小时内向买方发出的包括船名、日期、货物数量、重量和价值的传真通知声明。"

9) **Beneficiary's certificate** certifying that one set of copy of the above documents has been sent to the Buyer by express mail within 15 days after the date of shipment. "受益人关于已在装运后15天内将全套单据的副本一套以特快专递寄送买方的声明。"

11. 装运 Shipment
The Seller shall arrange for the transportation of the goods from the Port of Shipment to the Destination. "卖方负责安排从装运港到目的港的运输。"

12. 装船通知 Shipping Advice
The Seller shall, within 48 HOURS after shipment, advise the Buyer by fax of the Contract number, Invoice number, B/L number, description of goods, quantity, invoiced value, gross weight, name of vessel and date of shipment. "卖方须于装运后48小时内，向买方发出装船通知的传真，内容包括：合同号、发票号、提单号、货物、数量、发票价值、毛重、船名和装船日期。"

13. 检验与索赔 Inspection and Claims
(1) Prior to dispatch of the contracted goods, the Seller shall perform a complete and detailed inspection of quality, quantity, performance, etc., and issue certificate(s) to testify that the commodity is in conformity with the stipulations of the contract.
(2) After the contracted goods' arrival at the Destination, the Buyer reserves the right to apply to China Entry-Exit Inspection and Quarantine Bureau to perform any necessary inspection. Except those claims for which the insurance company or the owners of the vessel are liable, should the quality of specification or quantity be found not in conformity with the stipulations of the contract, within 90 days of the arrival of the goods at destination, the Buyer can use the Inspection Certificate issued by said organization to claim for replacement as compensation. All the expenses incurred, such as inspection fee, freight for returning and sending of replacement, insurance premium, storage, loading and unloading charges, shall be borne by the Seller.
(3) If the Seller fails to respond within 30 days after receipt of the aforesaid claim, the claim shall be reckoned as having been accepted by the Seller.

14. 不可抗力 Force Majeure
The Seller shall lose no time to advise the Buyer of delay in shipment or non-delivery of the goods due to Force

Majeure during the process of manufacturing or in the course of loading and express to the Buyer within 14 days with a certificate of the incident issued by local government authorities. In such case, the Seller is still liable to take all possible measures to expedite the shipment. Should the incident last over 10 weeks, the Buyer shall have the right to treat the contract as null and void.

15. 仲裁　Arbitration

All disputes in connection with this Contract of the execution thereof shall be settled through friendly negotiation. Should no settlement be reached, the case may then be submitted for arbitration to China International Economic and Trade Arbitration Commission and be subject to the rules and procedures of the said Arbitration Commission. The Arbitration shall take place in Beijing, the People's Republic of China. The arbitration result of the Commission shall be final and binding upon both Parties. Neither Party shall seek recourse to a court or other authorities to appeal for revision of the arbitration. The arbitration fee and attorneys' charges shall be borne by the losing Party.

16. This Contract shall be made in original and duplicate, one for each Party, and shall be binding on both Parties under the terms and conditions stipulated herein upon being signed in the presence for witnesses.

The Buyer _____　　The Seller _____

三、L/C 开立与审核

1. L/C 开证申请书

买方在与卖方签约后，应该在规定时间内按照合同条款通过银行开立信用证。开证的手续如下：

买方在开证行开立账户（开证行必须是双方无异议的），在这里为 Bank of Communications Beijing Branch，开证行会要求买方：
- 存入开证保证金（具体金额或比例按照买方与开证行间的约定，有时银行为了维护客户关系，对于信誉较好的长期客户在一定金额范围内提供低保证金，甚至免保证金服务，为客户提供资金融通）；
- 填写"开证申请书"；
- 提交合同、进口许可/登记证明等进口审核文件。

在此，开证申请书的填写在业务中尤为重要，因为开证行将完全按照这里的要求开立信用证，除非开证行在审核申请书时发现有明显错误或矛盾之处。

开证申请书填写的原则是：
- 按照合同约定填写；
- 合同中未能预先确定的，最好与受益人联系确认，以免发生改证要求；
- 对于疑问，注意向开证银行咨询惯例和做法；
- 为了不遗漏项目，填写顺序最好是首先填写申请书中的项目，然后再阅读检查合同中是否还有重要项目需要在 L/C 中说明（一般作为特殊要求）。

表 3-1 为空白开证申请书。

在本案例中，诸如合同号、开证申请人和受益人名址等项目直接从合同所得，表 3-2 为填制好的开证申请书，我们仅对需要特别说明的地方进行解释如下：

表 3-1　空白开证申请书

IRREVOCABLE DOCUMENTARY CREDIT APPLICATION

TO: BANK OF COMMUNICATIONS, BEIJING BRANCH

Applicant & Address	Contract No. :	Irrevocable Documentary Credit Expected Issuing Date: Date and Place of Expiry:	(by Bank)L/C No. : Issuing date:
		Beneficiary & Address	
☐　Issued by express mail ☐　Issued by express mail with brief advice by teletransmission ☐　Issued by teletransmission (the operative instrument)		Amount in figures and words	
Advising Bank		Second Advising Bank	
☐Negotiation restricted to　☐Advising Bank　☐other bank ☐Transferable with　　　☐Advising Bank　☐other bank ☐Confirmation　　　　　☐not requested　 ☐requested 　　　　　　　　　　　☐authorized　if requested by Benef.		Credit Available with ☐by payment　☐by negotiation　☐by acceptance　☐by deferred payment at __ 　against the documents detailed herein ☐and　Benef.'s draft(s) for　% of the invoice value at drawn on	
Partial shipments　　☐allowed　　☐not allowed Transhipment　　　　☐allowed　　☐not allowed			
Loading on board/dispatch/taking in charge at/from Not later than　　For transportation to:		Terms: ☐FAS　　☐FOB　　☐CFR　　☐CIF　　☐Other terms	

Documents required : (marked with X)
1.(　) Signed Commercial Invoice in　originals and　copies indicating L/C No. and Contract No. (photo copy and carbon copy not acceptable as original)
2.(　) Full set (including　originals and　non-negotiable copies) of Clean On Board Ocean Bills of Lading made out to order and blank endorsed, marked "Freight　(　) To Collect / (　) Prepaid　(　) showing freight amount and notifying
3.(　) Air Waybills showing "Freight (　) To Collect / (　) Prepaid (　) indicating freight amount and consigned to
4.(　) Rail Waybills showing "Freight (　) To Collect / (　) Prepaid (　) indicating freight amount and consigned to
5.(　) Memorandum issued by
6.(　) Full set (including　originals and　copies) of Insurance Policy / Certificate for　% of　the invoice value showing claims payable in China in currency of the draft, blank endorsed, covering [(　) Ocean Marine Transportation / (　) Air Transportation / (　) Over Land Transportation] All Risks and War Risks.
7.(　) Packing List / Weight Memo in　originals and　copies issued by　indicating quantity / gross and net weight of each package and packing conditions as called for by the L/C.
8.(　) Certificate of Quantity / Weight in　originals and　copies issued by　indicating the actual surveyed quantity/weight of shipped goods as well as the packing conditions.
9.(　) Certificate of Quality in　originals and　copies issued by　indicating the actual tested results of full specifications of goods shipped as called for by the L/C.
10.(　) Certificate of Origin in　originals and　copies issued by
11.(　) Beneficiary's certified copy of cable/telex/fax dispatched to Applicant within　hours after shipment advising (　) name of vessel / (　) flight No. / (　) wagon No., date, quantity, weight and value of shipment.
12.(　) Beneficiary's Certificate certifying that extra copies of the documents have been dispatched according to the contract terms.
13.(　) Beneficiary's Certificate certifying that 1/3 set of original B/L and each copy of shipping documents listed above have been dispatched to Applicant by　courier service within　days after shipment, the relevant post receipt required for negotiation.
14.(　) Other documents, if any:

Description of goods and / or services
Packing:

Additional Instructions: (marked with X)
1.(　) All banking charges outside the issuing bank are for the Beneficiary's account.
2.(　) Documents must be presented within　days after the date of shipment but within the validity of this credit.
3.(　) Third party as shipper is not acceptable.
4.(　) Short Form/Blank Back B/L is not acceptable.
5.(　) Both quantity and amount　% more and less are allowed.
6.(　) Prepaid freight drawn in excess of L/C amount is acceptable against presentation of original charges voucher issued by shipping Co. Air line/ or its agent.
7.(　) All documents to be forwarded in one cover.
8.(　) Other terms, if any:

We request you to issue on our behalf and for our account your Irrevocable credit in accordance with the above instructions [marked (X) where appropriate]. This Credit will be subject to the Uniform Customs and Practice for Documentary Credits (2007 Revision No.600 of the International Chamber of Commerce, Paris, France), insofar as they are applicable.

Account No.:　　　　　　　　　　　　　　　　　　　　with _____ (name of bank)
Transacted by:　　　　　　　　　　　　　　　　(Applicant's name, signature of authorized person)
Tel. No.:　　　　　　　　　　　　　　　　　　　　　　　　　　　　　　(with seal)

表 3-2 填制好的开证申请书

IRREVOCABLE[①] DOCUMENTARY CREDIT APPLICATION

TO: BANK OF COMMUNICATIONS, BEIJING BRANCH

Applicant & Address	Contract No.: **CN1704**	Irrevocable Documentary Credit Expected Issuing Date: **Jan.30,2017**[②]	(by Bank) L/C No.:[③] Issuing date:
China ABC Trade Corp. No.10 Fuchengmen Ave., Beijing 100037, China Tel: 86 10 686832 Fax: 86 10 686833		Date and Place of Expiry:[④] **May15,2017 in USA**	
		Beneficiary & Address **John Williams Agricultural Machinery Co., ltd No.75 Coastal Road, New York, NY 10000, USA** Tel/Fax: 1–221–4881300	
☐ Issued by express mail ☐ Issued by express mail with brief advice by teletransmission ☒ Issued by teletransmission (the operative instrument)[⑤]		Amount in figures and words **USD100,500.—** Say US Dollar one hundred thousand five hundred only.	
Advising Bank **ABN BANK, New York (ABNNNNNNNNN)**		☐ Second Advising Bank[⑥]	
☒ Negotiation restricted to[⑦] ☒ **Advising Bank** ☐ other bank ☐ Transferable with ☐ Advising Bank ☐ other bank ☐ Confirmation ☐ not requested ☐ requested ☐ authorized if requested by Benef.		Credit Available with[⑧] ☐ by payment ☒ **by negotiation** ☐ by acceptance ☐ by deferred payment at __ against the documents detailed herein ☒ and Benef.'s draft(s) for **100** % of the invoice value at **sight** drawn on **opening bank**	
Partial shipments ☐ allowed ☒ **not allowed** Transhipment ☐ allowed ☒ **not allowed**			
Loading on board from **New York Seaport, USA** Not later than **April 30, 2017** For transportation to: **Xingang, China**		Terms: ☐ FAS ☐ FOB ☐ CFR ☒ **CIF** ☐ Other terms	

Documents required : (marked with X)[⑨]
1.(X) Signed Commercial Invoice in **3** originals and **3** copies indicating L/C No. and Contract No. (photo copy and carbon copy not acceptable as original)
2.(X) Full set (including **3** originals and **3** non-negotiable copies) of Clean On Board Ocean Bills of Lading made out to order and blank endorsed, marked "Freight (   ) To Collect / (**X**) Prepaid" (   ) showing freight amount and notifying **applicant**
3.( ) Air Waybills showing "Freight (   ) To Collect / (   ) Prepaid" (   ) indicating freight amount and consigned to
4.( ) Rail Waybills showing "Freight (   ) To Collect / (   ) Prepaid" (   ) indicating freight amount and consigned to
5.( ) Memorandum issued by
6.(X) Full set (including **1** originals and **2** copies) of Insurance Policy / Certificate for **110**% of the invoice value showing claims payable in China in currency of the draft, blank endorsed, covering [(**X**) Ocean Marine Transportation / (   ) Air Transportation / (   ) Over Land Transportation] All Risks and War Risks.
7.(X) Packing List / Weight Memo in **3** originals and **3** copies issued by **manufacturer indicating weight, invoice No. and date**
8.(X) Certificate of Quantity / Weight in **3** originals and **3** copies issued by **manufacturer**
9.(X) Certificate of Quality in **3** originals and **3** copies issued by **manufacturer**
10.(X) Certificate of Origin in **1** originals and **2** copies issued by **International Chamber of Commerce in USA**.
11.(X) Beneficiary's certified copy of   **fax** dispatched to Applicant within **48** hours after shipment advising (**X**) name of vessel / (   ) flight No. / (   ) wagon No., date, quantity, weight and value of shipment.
12.(X) Beneficiary's Certificate certifying that **one set of copy of the above documents has been sent to applicant by express mail within 15 days after shipment.**
13.( ) Beneficiary's Certificate certifying that 1/3 set of original B/L and each copy of shipping documents listed above have been dispatched to Applicant by   courier service within   days after shipment, the relevant post receipt required for negotiation.
14.( ) Other documents, if any:

Description of goods and / or services[⑩]
30 sets of John Williams Model–390 Mower
Packing: **in Container(s)**[⑪]

Additional Instructions: (marked with X)[⑫]
1.(X) All banking charges outside the issuing bank are for the Beneficiary's account.
2.(X) Documents must be presented within   **15**   days after the date of shipment but within the validity of this credit.
3.( ) Third party as shipper is not acceptable.
4.( ) Short Form/Blank Back B/L is not acceptable.
5.( ) Both quantity and amount   % more and less are allowed.
6.( ) Prepaid freight drawn in excess of L/C amount is acceptable against presentation of original charges voucher issued by shipping Co. Air line/ or its agent.
7.(X) All documents to be forwarded in one cover.
8.( ) Other terms, if any:

We request you to issue on our behalf and for our account your Irrevocable credit in accordance with the above instructions [marked (X) where appropriate]. This Credit will be subject to the Uniform Customs and Practice for Documentary Credits (2007 Revision No.600 of the International Chamber of Commerce, Paris, France), insofar as they are applicable.[⑬]

Account No.:   38764   with   Bank of Communications Beijing Branch   (name of bank)
Transacted by: (Applicant's name, signature of authorized person)
Tel.No.[⑭]   (with seal)

① L/C 申请书本身就是为不可撤销信用证制定的，所以 L/C 的性质不用再做说明。

② 合同中规定了最晚开证日期为 2017 年 1 月 30 日，则申请人在此前向开证行提出申请，假设这一天是 2017 年 1 月 29 日，则申请人希望信用证的开立日为 30 日。

③ 申请人填写时空缺，编号由开证行编写，开证日期为信用证开出当日。

④ 推算出的 L/C 到期日为 2017 年 5 月 15 日。因为如果 L/C 在 1 月 30 日开出，则按照合同规定的装运期应在开证日后 90 天内，即 2017 年 4 月 30 日，而合同中同时要求议付有效期在装运后（提单日后）15 日内，则 L/C 有效期在 2017 年 5 月 15 日后终止。

⑤ 目前 L/C 通常选用电子开立方式，这个费用一般由开证申请人承担。

⑥ 一般情况下，开证申请人并不熟悉受益人的银行（通知行），所以即使在合同中未提及通知行，开证申请人在开证时最好询问受益人需要的通知行，这样保证 L/C 尽快到达受益人。而且有时开证行会要求开证人提供两个可供选择的通知行。注意，向银行提供时最好加上 SWIFT 编号。

⑦ 本案例要求限制在通知行进行议付。

⑧ L/C 的兑用方式。可以议付 100%的 L/C 金额，需要附议付单据和以开证行为付款人的即期汇票。

⑨ 要求的议付单据。与合同中相应的条款完全一致。其实，买卖双方在商议关于 L/C 的条款时，就应当参照 L/C 开立的项目予以讨论，必要时，对于细节问题（如交单时间）还应该咨询开证行或议付行。

⑩ 对于货物描述，只填写最重要但是简略的描述词句，这里为："**30 sets of John Williams Model-390 Mower.**"

⑪ 包装也只填写最主要的。当然，在必要时，开证申请人可以另附单页写出明细。

⑫ 银行均列出一栏特殊条款供开证申请人填写，我们这里的特殊条款为 1、2、7 选项。

⑬ 这是开证行事先写好的，作为开证申请人向开证行提出开证申请的词句，同时说明了参考的国际惯例的版本。

⑭ 开证申请人填写的联系电话及签章。

开证行在 2017 年 1 月 30 日按照申请人的要求开出了以卖方为受益人的不可撤销信用证 No. LCC0201702526，对照第二章中的 SWIFT 对照表，可以清楚地看懂 L/C 的内容。注意，L/C 所包含的内容除了 L/C 申请书里面的各项外，还有一部分是银行间往来的业务操作即对对方银行的要求指示，见 78 款 INSTRUC TO PAY/ACCPT/NEGO BNK 和 72 款 SENDER TO RECEIVER INFORMATION。

2. 信用证 L/C No. LCC0201702526

```
****** MESSAGE HARDCOPY ******              JAN-30-2017 16:21   page no. :3055
Status   : DISPOSED TO THE TBVQ
Station : 4                          BEGINNING OF MESSAGE
----------------------------------------------------------------------------

HCPY *  FIN/Session/ ISN            : F01     .SS.         .SEQ..
HCPY *  Own Address                 : COMMCNSHABJG   BANK OF COMMUNICATIONS
HCPY *                                                 BEIJING
HCPY *                                              (BEIJING BRANCH)
HCPY *  Input Message Type          : 700   ISSUE OF A DOCUMENTARY CREDIT
HCPY *  Sent to                     : ABNNNNNNNNN      ABN BANK
HCPY *                                                 NEW YORK
HCPY *                                              (NEW YORK BRANCH)
HCPY *  Input Time                  :
HCPY *  MIR                         : COMMCNSHABJG.SS.. SEQ..
HCPY *  Priority                    : Normal
HCPY * ---------------------------------------------------------------------
HCPY *  27  / SEQUENCE OF TOTAL
HCPY *        1/1
HCPY *  40A/FORM OF DOCUMENTARY CREDIT
HCPY *        IRREVOCABLE
HCPY *  20  /DOCUMENTARY CREDIT NUMBER
HCPY *        LCC0201702526
HCPY *  31C/DATE OF ISSUE
HCPY *        170130
HCPY *                                               JAN-30-2017
HCPY *  40E/APPLICABLE RULES
HCPY *        UCP LATEST VERSION
HCPY *  31D/DATE AND PLACE OF EXPIRY
HCPY *        170515   IN USA
HCPY *                                               MAY-15-2017
HCPY *  50  /APPLICANT
HCPY *        CHINA ABC TRADE CORPORATION, NO.10 FUCHENGMEN AVE. BEIJING,
HCPY *        100037, CHINA TEL: 86 10 686832, FAX: 86 10 686833
HCPY *  59  /BENEFICIARY
HCPY *        JOHN WILLIAMS AGRICULTURAL MACHINERY CO., LTD NO.75 COASTAL ROAD,
HCPY *        FOREST DISTRICT, NEW YORK,  NY10000, USA TEL/FAX:1-221-4881300
HCPY *  32B/CURRENCY CODE AMOUNT
HCPY *        USD100500.
HCPY *                                                US Dollar
HCPY *  41D/AVAILABLE WITH... BY... NAME/ADDR
HCPY *        ADVISING BANK
HCPY *        BY NEGOTIATION
HCPY *  42C/DRAFTS AT...
HCPY *        SIGHT FOR 100PCT OF INVOICE VALUE
HCPY *  42A/DRAWEE -
HCPY *        COMMCNSHBJG
HCPY *                                              BANK OF COMMUNICATIONS
```

***** MESSAGE HARDCOPY *****　　　　　　　　　JAN-30-2017 16:21　page no. :3056
Status　: DISPOSED TO THE TBVQ
Station : 4　　　　　　　　　BEGINNING OF MESSAGE

HCPY *　　　　　　　　　　　　　　　　　　　　　　BEIJING
HCPY *　　　　　　　　　　　　　　　　　　　　　　(BEIJING BRANCH)
HCPY *　43P/PARTIAL SHIPMENTS
HCPY *　　　　NOT ALLOWED
HCPY *　43T/TRANSHIPMENT
HCPY *　　　　NOT ALLOWED
HCPY *　44E/PORT OF LOADING
HCPY *　　　　NEW YORK SEAPORT
HCPY *　44F/PORT OF DISCHARGE
HCPY *　　　　XINGANG, CHINA
HCPY *　44C/LATEST DATE OF SHIPMENT
HCPY *　　　　170430
HCPY *　　　　　　　　　　　　　　　　　　　　　APR-30-2017
HCPY *　45A/DESCP OF GOODS AND/OR SERVICES
HCPY *　　　　30 SETS OF JOHN WILLIAMS MODEL-390 MOWER
HCPY *　　　　TOTAL VALUE: USD100,500.-
HCPY *　　　　PRICE TERM: CIF XINGANG, CHINA
HCPY *　　　　PACKING: IN CONTAINER(S)
HCPY *　46A/DOCUMENTS REQUIRED
HCPY *　　　　+1.SIGNED COMMERCIAL INVOICE IN 3 ORIGINALS AND 3 COPIES
HCPY *　　　　INDICATING L/C NO. AND CONTRACT NO. CN1704.
HCPY *　　　　(PHOTO COPY AND CARBON COPY NOT ACCEPTABLE AS ORIGINAL)
HCPY *　　　　+2.FULL SET (INCLUDING 3 ORIGINALS AND 3 NON-NEGOTIABLE COPIES)
HCPY *　　　　OF CLEAN ON BOARD OCEAN BILLS OF LADING MADE OUT TO ORDER AND
HCPY *　　　　BLANK ENDORSED, MARKED "FREIGHT PREPAID" AND NOTIFYING
HCPY *　　　　APPLICANT.
HCPY *　　　　+3.FULL SET (INCLUDING 1 ORIGINALS AND 2 COPIES) OF INSURANCE
HCPY *　　　　POLICY/CERTIFICATE FOR 110% OF THE INVOICE VALUE SHOWING
HCPY *　　　　CLAIMS PAYABLE IN CHINA IN CURRENCY OF THE DRAFT, BLANK ENDORSED
HCPY *　　　　COVERING ALL RISKS AND WAR RISKS.
HCPY *　　　　+4.PACKING LIST/WEIGHT MEMO IN 3 ORIGINALS AND 3 COPIES ISSUED BY
HCPY *　　　　MANUFACTURER INDICATING WEIGHT, INVOICE NO. AND DATE
HCPY *　　　　+5.CERTIFICATE OF QUANTITY IN 3 ORIGINALS AND 3 COPIES ISSUED BY
HCPY *　　　　MANUFACTURER.
HCPY *　　　　+6.CERTIFICATE OF QUALITY IN 3 ORIGINALS AND 3 COPIES ISSUED BY
HCPY *　　　　MANUFACTURER.
HCPY *　　　　+7.CERTIFICATE OF ORIGIN IN 1 ORIGINAL AND 2 COPIES ISSUED BY INTL
HCPY *　　　　CHAMBER OF COMMERCE IN USA.
HCPY *　　　　+8.BENEFICIARY'S CERTIFIED COPY OF FAX DISPATCHED TO APPLICANT
HCPY *　　　　WITHIN 48 HOURS AFTER SHIPMENT ADVISING NAME OF VESSEL, DATE,
HCPY *　　　　QUANTITY, WEIGHT AND VALUE OF SHIPMENT.
HCPY *　　　　+9.BENEFICIARY'S CERTIFICATE CERTIFYING THAT ONE SET OF COPY OF DOCUMENTS
HCPY *　　　　HAS BEEN SENT TO APPLICANT BY EXPRESS MAIL WITHIN 15 DAYS AFTER SHIPMENT.

```
****** MESSAGE HARDCOPY ******           JAN-30-2017 16:21   page no. :3057
Status  : DISPOSED TO THE TBVQ
Station : 4                      BEGINNING OF MESSAGE
```

HCPY *   47A/ADDITIONAL CONDITIONS
HCPY *   +1.THE CREDIT IS SUBJECT TO UCP600.
HCPY *   +2.ALL DOCUMENTS TO BE FORWARDED IN ONE COVER.
HCPY *   (ADDRESS: NO.33, JINRONG STREET, XICHENG DISTRICT,
HCPY *   BEIJING 100032, CHINA)
HCPY *   +3.A USD50.00(OR EQUIVALENT) FEE SHOULD BE DEDUCTED FROM THE
HCPY *   REIMBURSEMENT CLAIM FOR EACH PRESENTATION OF DISCREPANT
HCPY *   DOCUMENTS UNDER THIS DOCUMENTARY CREDIT. NOTWITHSTANDING ANY
HCPY *   INSTRUCTION TO THE CONTRARY, THIS CHARGE SHALL BE FOR THE
HCPY *   ACCOUNT OF BENEFICIARY.
HCPY *   +4.A COPY OF COMMERCIAL INVOICE AND B/L SHOULD BE PRESENTED
HCPY *   FOR ISSUING BANK'S FILE.
HCPY *   71B/CHARGES
HCPY *   ALL BANKING CHARGES OUTSIDE
HCPY *   THE ISSUING BANK ARE FOR THE BENEFICIARY'S ACCOUNT.
HCPY *   48 /PERIOD FOR PRESENTATION
HCPY *   DOCUMENTS MUST BE PRESENTED WITHIN
HCPY *   15 DAYS AFTER THE DATE OF SHIPMENT
HCPY *   BUT WITHIN THE VALIDITY OF THIS CREDIT.
HCPY *   49 /CONFIRMATION INSTRUCTIONS
HCPY *   WITHOUT
HCPY *   78 /INSTRUC TO PAY/ACCPT/NEGO BNK
HCPY *   UPON RECEIPT OF THE DUCOMENTS AND DRAFT(S) IN STRICT
HCPY *   COMPLIANCE WITH THE TERMS AND CONDITIONS OF THIS CREDIT,
HCPY *   WE SHALL REIMBURSE THE NEGOTIATING BANK AS INSTRUCTED.
HCPY *   72 /SENDER TO RECEIVER INFORMATION
HCPY *   +1.PLS DELIVER THE ORIGINAL CREDIT ONLY UPON RECEIPT BY YOU
HCPY *   OF YOUR ADVISING CHARGES AND COMMISSIONS FROM BENEFICIARY.
HCPY *   +2.PLS ADVISE BENEFICIARY OF THIS CREDIT ASAP.

3. L/C 的审核

作为开证申请人,可以在信用证开立的次日拿到 L/C 的副本(底单),他应当尽快将其传真给受益人,便于审核和确认,以及从通知行查询取得正本信用证。

受益人在拿到副本或正本信用证时,一定要尽快审核信用证的内容,主要内容如下:

首先,通知行负责审核开证行的政治背景、资信状况、付款责任和索偿途径以及印鉴核对等,及确保信用证的表面真实性。

其次,受益人审核内容。

信用证内容审核
信用证性质
信用证开证时间、开证行、到期日及地点
金额
装运条款
货物与包装
单据要求
特殊条款
付款条件
对照合同是否一致,是否有漏项
L/C 中的前后规定是否矛盾

在业务中,审核信用证是一个需要业务知识和经验的工作,它需要业务人员在交易中注意业务知识的学习和对国际惯例的关注,以及运用在实际工作中所积累的经验。具体地说,在审核时需要从两个途径入手:一是从 L/C 入手,看内容是否有不可接受的部分,或前后矛盾之处;二是从合同签订的条款考虑,L/C 中是否有遗漏项目或是未交代清楚,但是对合同履行有影响的地方。在审核中要保持与议付行和开证申请人联系,因为这是决定交单有效的重要当事人。当然,在拿到 L/C 时,首先还是要依靠通知行鉴定它的真实性,并考察其开证行的资信状况(如果合同中未规定开证行)。

四、单证的缮制与审核

1. 受益人缮制单证

受益人审核信用证无误后,需要按照信用证中的要求准备单据,也是在实质上要求受益人履行合同。但是,由于信用证是单证买卖,即使受益人完成了相应的工作,如果单据不合乎信用证规定，也无法顺利收回款项，所以，信用证下的制单是非常重要的环节，它决定着卖方的收汇。即使卖方依照信用证条款履行交货义务，如果单证提交不符合要求，也可能影响收汇。

卖方履行义务	单证符合 L/C 要求	收汇
	单证不符合 L/C 要求	可能被拒付，或收取不符点罚金

信用证要求受益人"相符交单（Complying Presentation）"，这是受益人在信用证下获得承付或议付的条件。UCP600 中国际商会首次对此进行了明确定义，"相符交单是指与信用证条款、本惯例的相关适用条款以及国际标准银行实务一致的交单。"在传统意义上，从事信用证国际结算业务中普遍存在的交单标准为"单证相符、单单一致"，但是在严格意义上，这是不完全的，特别是 UCP600 下对于相符交单有了更加明确的定义。

首先，受益人提交的单据要与信用证一致，或不与之矛盾，要满足信用证的要求。这是必须满足的交单条件。UCP600 是跟单信用证统一惯例，但具体的信用证开立中可以在某些条款上予以排除或修改。例如，即使 UCP600 中规定商业发票不必签字，但是如果某信用证对此进行了排除，并规定"商业发票必须签字"，则受益人必须提交经过签字的发票，否则，将认定为不符合相符交单的要求。因此，当信用证中的具体条款与 UCP600 的规定相冲突时，应以信用证条款为准。

其次，受益人提交的单据不仅要做到"单证相符，单单一致"，而且在信用证未做出具体要求的地方要与 UCP600 的适用条款相一致。例如，当信用证中仅规定需要提交商业发票时，受益人在缮制发票中必须注意 UCP600 中规定"商业发票必须出具成以申请人为抬头（第 38 条规定的情形除外）"。

最后，受益人的交单还需要与国际标准银行实务（ISBP）保持一致。当信用证和 UCP600 都未做出明确要求的条款，应当遵循 ISBP 进行处理。例如，针对一项提交指示性抬头（To order of issuing bank）提单的要求，如果按照单单一致的原则，相应的普惠制原产地证（Form A）收货人一栏也将按此填写，但是，ISBP 对此明确规定，如果信用证要求运输单据做成"凭指示""凭托运人指示""凭开证行指示"或"货发开证行"式抬头，则原产地证明可以显示信用证的申请人或信用证中具名的另外一人作为收货人。

需要特别注意的是，UCP600 专门增加了"单据必须满足其功能"的规定，要求单据符合法规和常规要求，具有合理性。例如，虽然 UCP 和通常使用的信用证中均未要求汇票上有出票人签字，但是从法律常规上，缺少出票人签字的汇票在票据法上是无效的。另外，原产地证明中必须明确表明商品的原产国名称，否则不被认为"满足其功能"。UCP600 的这一新规定是有其原因的，因为曾经在 UCP500 阶段，出现过业务人员单纯、盲目追求"单证一致"，针对一张没有说明具体原产国名称的原产地证书给予了"相符交单"的认定，而理由是"虽然没有表明产地，但是不违反信用证的要求"。

因此，受益人在缮制和提交信用证单据中需要注意以下问题：

（1）提交单证的时间满足 L/C 要求：一是在 L/C 有效期内，二是符合 L/C 规定的提单日后一定期限内（如无特殊规定，通常应在提单日后 21 天内）。

（2）提交单证的地点（议付地点）。应满足 L/C 关于有效期和到期地点的规定，并注意 L/C 中对议付行有无特殊规定。因为在限制议付时，单据只能提交该指定的议付行。

(3) 所提交的单据在名称、性质、签发人、正副本及份数上符合 L/C 要求。
(4) 所提交的单据在内容和标注上完全满足 L/C 中要求说明的内容，没有漏项，对于 L/C 中未作明确要求的，不应与 L/C 有矛盾之处。
(5) 单证一致，单单一致，单证本身内容正确、完整，且符合有关惯例、法规和商业习惯。
(6) 对于提单、保险单或商检证明等外部签发的单证，受益人一定要将 L/C 的要求准确无误地转达给签发单位，并注意审核，以保证其符合 L/C 的要求。

在本章案例中，受益人需要准备下列单证：
- 汇票 Draft；
- 提单 B/L；
- 发票 Invoice；
- 装箱单 Packing List；
- 保险单 Insurance Policy；
- 原产地证明 Certificate of Origin；
- 数量声明 Certificate of Quantity；
- 质量声明 Certificate of Quality；
- 发送装船通知的传真证明 Certified Copy of Fax Advice；
- 副本单据寄送声明 Certificate of Sending Documents。

（1）汇票。

L/C No. LCC0201702526 中对汇票的规定如下：

```
…
HCPY *  42C/DRAFTS AT…
HCPY *         SIGHT FOR 100PCT OF INVOICE VALUE
HCPY *  42A/DRAWEE –
HCPY *         COMMCNSHBJG
…
```

即"100%发票金额的，以开证行 COMMCNSHBJG 为付款人的即期汇票。"
下面是受益人制作的空白汇票格式::
第一份：

No.   (place, date)

Exchange for   (amount)

　　At ×   ×   × Sight of this FIRST of Exchange (Second of the same tenor and date unpaid) pay to the order of ………………………………..……………. the sum of ………………………………………………………………………………
Drawn under ……………………………………………………………………
L/C No.
To
John Williams Agricultural Machinery Co. Ltd

No. 75 Coastal Road, New York, NY10000

USA

第二份：

No.　　　　　　　　　(place, date)

Exchange for　　(amount)

At ×　　×　　× Sight of this SECOND of Exchange (First of the same tenor and date unpaid) pay to the order of ………………………………………..……………. the sum of ………………………………………………………………………………………

Drawn under ………………………………………………………….

L/C No.

To　　　　**John Williams Agricultural Machinery Co. Ltd**

No. 75 Coastal Road, New York, NY10000
USA

我们看一下受益人是如何按照 L/C 的要求填制汇票的：

第一份：

No. JW1704①　　　　　　　　　　　　　　　　　　　　New York, April 30, 2017②

Exchange for　USD100,500.00③

At Sight④ of this FIRST of Exchange (Second of the same tenor and date unpaid) pay to the order of ABN BANK, NEW YORK (NEW YORK BRANCH)⑤ the sum of US DOLLAR ONE HUNDRED THOUSAND FIVE HUNDRED ONLY ⑥

Drawn under　BANK OF COMMUNICATIONS BEIJING (BEIJING BRANCH)

L/C No.　LCC0201702526　⑦

CONTRACT NO. CN1704

To　BANK OF COMMUNICATIONS BEIJING (BEIJING BRANCH)⑧　　**John Williams Agricultural Machinery Co. Ltd**

No. 75 Coastal Road, New York, NY10000　USA ⑨

第二份：

No. JW1704   New York, April 30, 2017

Exchange for   USD100,500.00

At Sight of this SECOND⑩ of Exchange (First of the same tenor and date unpaid) pay to the order of ABN BANK, NEW YORK (NEW YORK BRANCH) the sum of US DOLLAR ONE HUNDRED THOUSAND FIVE HUNDRED ONLY
Drawn under BANK OF COMMUNICATIONS BEIJING (BEIJING BRANCH)
L/C No. LCC0201702526
CONTRACT NO. CN1704

To   BANK OF   John Williams Agricultural Machinery Co. Ltd
     COMMUNICATIONS   No. 75 Coastal Road, New York, NY10000
     BEIJING
     (BEIJING BRANCH)   USA

汇票中需要说明的地方：

① 汇票编号：由受益人（出票人）自行编写，可以与发票号码一致。这里受益人编号为 JW1704。

② 出票日期和地点：该日期不得晚于 L/C 的有效期，一般是提交议付的日期，也可以早于此。该日期往往由议付行填写。在这里，我们选择装运日期 2017 年 4 月 30 日，在 L/C 的有效期内。

③ 汇票金额：L/C 中规定按照发票金额的 100%填写，即 L/C 金额 USD100,500.00。

④ 付款期限：L/C 中规定为即期付款"at sight"，所以这里打印为 At Sight

⑤ 收款人（To The Order of …）：通常为 L/C 议付行（应具体到分行），填写 ABN BANK, NEW YORK (NEW YORK BRANCH)。

⑥ 汇票金额大写：US DOLLAR ONE HUNDRED THOUSAND FIVE HUNDRED ONLY。

⑦ 出票条款（Draw Under…）：表示此汇票是根据某一份 L/C 出具的，这里要填写相关信用证的开证行和 L/C 编号，有时还可以加上开证日期和（或）合同号，便于核查。因此，这里填写 BANK OF COMMUNICATIONS BEIJING (BEIJING BRANCH) L/C No. LCC0201702526 CONTRACT NO. CN1704。

⑧ 付款人，或受票人（Payer，Drawee）。L/C No. LCC0201702526 中明确要求以开证行 COMMCNSHBJG 为付款人，因此要按 L/C 原样打印 BANK OF COMMUNICATIONS BEIJING (BEIJING BRANCH) 。

⑨ 出票人（Drawer）。一般在汇票右下角填写 L/C 的受益人，通常出口商都制作了固定格式，将自己的名址印制在此处。注意，汇票必须有有效签字。

⑩ 如同前面所讲的，汇票一般一式两份，以收到其中一份为有效，另一份自动失效，二

者内容完全相同。

（2）提单。

L/C No. LCC0201702526 中与提单有关的规定如下：

```
    ...
HCPY *  43P/PARTIAL SHIPMENTS
HCPY *          NOT ALLOWED
HCPY *  43T/TRANSHIPMENT
HCPY *          NOT ALLOWED
HCPY *  44E/PORT OF LOADING
HCPY *          NEW YORK SEAPORT
HCPY *  44F/PORT OF DISCHARGE
HCPY *          XINGANG, CHINA
HCPY *  44C/LATEST DATE OF SHIPMENT
HCPY *          170430
HCPY *                                          APR-30-2017
HCPY *  45A/DESCP OF GOODS AND/OR SERVICES
HCPY *          30 SETS OF JOHN WILLIAMS MODEL-390 MOWER
HCPY *          TOTAL VALUE : USD100,500.-
HCPY *          PRICE TERM : CIF XINGANG, CHINA
HCPY *          PACKING : IN CONTAINER(S)
    ...
HCPY *  46A/DOCUMENTS REQUIRED
    ...
HCPY *          +2.FULL SET (INCLUDING 3 ORIGINALS AND 3 NON-NEGOTIABLE COPIES)
HCPY *          OF CLEAN ON BOARD OCEAN BILLS OF LADING MADE OUT TO ORDER AND
HCPY *          BLANK ENDORSED, MARKED "FREIGHT PREPAID" AND NOTIFYING
HCPY *          APPLICANT.
    ...
```

填制单据最完全的办法是：

第一，填制单据中的空缺，必要项目不得漏填；

第二，从 L/C 的角度，以 L/C 中的相关要求检查、核对各项内容，L/C 中未明确说明的要按照惯例规定进行处理、核查，最终使得单据完全符合 L/C 和业务惯例的要求，然后进一步核查是否单单一致。

两者之间是相辅相成的，因为在第一步中，有些项目就需要到相关的 L/C 中去寻找对应信息。例如，托运人、收货人等的名称。

通常进出口交易业务员是不用自行填制提单的，但是，对于承运人签发的提单，应该由交易业务人员负责检查提单的写法是否保证了"单证一致"和"单单一致"。在委托承运人货运时，应该提供 L/C 的副本（或复印件），以保证各项操作符合 L/C 的要求。

表 3-3 为空白提单。下面，我们结合表 3-4 已填制好的提单，来说明一下本案例中提单的填制和检查：

表 3–3 空白提单

Booking No. :   B/L NO.

1. Shipper   Insert Name, Address and Phone

CSC CONTAINER LINES

2. Consignee   Insert Name, Address and Phone

TLX: 33057 CSC CN
FAX: +86(021) 6545 8984

ORIGINAL
Port-to-Port or Combined Transport
BILL OF LADING

RECEIVED in external apparent good order and condition except as otherwise noted. The total number of packages or units stuffed in the container, the description of the goods and the weights shown in the Bill of Lading are furnished by the Merchants, and which the carrier has no reasonable means of checking and is not a part of this Bill of Lading contract. The carrier has issued the number of Bills of Lading stated below, all of this tenor and date, one of the original Bill of Lading must be surrendered and endorsed or signed against the delivery of the shipment and whereupon any other original Bills of Lading shall be void. The Merchants agree to be bound by the terms and conditions of this Bill of Lading as if each had personally signed this Bill of Lading.
SEE clause 4 on the back of this Bill of Lading (Terms continued on the back hereof, please read carefully)

*Applicable Only When Document Used as a Combined Transport Bill of Lading

3. Notify Party   Insert Name, Address and Phone
(it is agreed that no responsibility shall attach to the Carrier or his agents for failure to notify)

4. Combined Transport * Pre-carriage by	5. Combined Transport* Place of Receipt
6. Ocean Vessel Voy.No	7. Port of Loading
8. Port of Discharge	9. Combined Transport* Place of Delivery

Marks & Nos. Container. Seal No.	No. of containers or Packages	Description of Goods (If Dangerous Goods, See Clause20)	Gross Weight kg	Measurement m³

Description of Contents for Shipper's Use Only (Not part of This B/L Contract)   Shippers load stow and count

10. Total Number of containers and /or packages (in words)
Subject to clause 7 Limitation

11. Freight & Charges	Revenue tons	Rate	Per	Prepaid	Collect

Declared Value Charge

Ex.Rate:	Prepaid at	Payable at	Place and date of Issue
	Total Prepaid	No. of Original B(s)/L	Signed for the Carrier, **CSC CONTAINER LINES** As Agent **CSC AMERICA SHIPPING AGENCIES COMPANY**

LADEN ON BOARD THE VESSEL

DATE

表 3-4 已填制好的提单

No.CSU5849

Booking No. : TPH932621①	B/L NO.	CSU5849②

1. Shipper Insert Name, Address and Phone
JOHN WILLIAMS AGRICULTURAL MACHINERY CO., LTD
NO.75 COASTAL ROAD, FOREST DISTRICT, NEW YORK,
NY10000, USA TEL/FAX: 1-221-4881300③

CSC CONTAINER LINES®

TLX: 33057 CSC CN
FAX: +86(021) 6545 89

2. Consignee Insert Name, Address and Phone
TO ORDER④

ORIGINAL®
Port-to-Port or Combined Transport
BILL OF LADING

3. Notify Party Insert Name, Address and Phone
(it is agreed that no responsibility shall attach to the Carrier
or his agents for failure to notify)

CHINA ABC TRADE CORPORATION
NO.10 FUCHENGMEN AVE.BEIJING,100037, CHINA
TEL:8610 686832 FAX: 8610 686833⑤

RECEIVED in external apparent good order and condition except as otherwise noted. The total number of packages or units stuffed in the container, the description of the goods and the weights shown in the Bill of Lading are furnished by the Merchants, and which the carrier has no reasonable means of checking and is not a part of this Bill of Lading contract. The carrier has issued the number of Bills of Lading stated below, all of this tenor and date, one of the original Bill of Lading must be surrendered and endorsed or signed against the delivery of the shipment and whereupon any other original Bills of Lading shall be void. The Merchants agree to be bound by the terms and conditions of this Bill of Lading as if each had personally signed this Bill of Lading.
SEE clause 4 on the back of this Bill of Lading (Terms continued on the back hereof, please read carefully)

*Applicable Only When Document Used as a Combined Transport Bill of Lading

4. Combined Transport * Pre-carriage by	5. Combined Transport* Place of Receipt		
6. Ocean Vessel SONG HE⑥	Voy.No 068E	**7. Port of Loading** NEW YORK SEAPORT⑦ CY	
8. Port of Discharge XINGANG, CHINA⑧ CY	**9. Combined Transport* Place of Delivery**		

Marks & Nos. Container. Seal No.	No. of containers or Packages	Description of Goods (If Dangerous Goods, See Clause20)	Gross Weight kg	Measurement m³
C N 1 7 0 4 XINGANG, CHINA⑩ CBHU 0967-SN5226⑫ FCL / FCL⑬ SHIPPERS LOAD STOW COUNT AND SEAL⑭	1X20FT CONTAINER⑪	30 SETS OF JOHN WILLIAMS MODEL-390 MOWER⑨ CIF XINGANG, CHINA⑮ CONTRACT NO. CN1704⑯ L/C NO.: LCC0201702526⑰ FREIGHT PREPAID⑱ SHIPPED ON BOARD⑲ ON APRIL 30,2017⑳	6,000㉑	
	Description of Contents for Shipper's Use Only (Not part of This B/L Contract)		Shippers load stow and count	

10. Total Number of containers and/or packages (in words) Subject to clause 7 Limitation	ONE㉒			
11. Freight & Charges FREIGHT ALL AS ARRANGED㉓ Declared Value Charge	Revenue tons	Rate	Per	Prepaid	Collect
Ex.Rate:	Prepaid at NEW YORK㉔	Payable at		Place and date of Issue NEW YORK, 30/04/17㉕
	Total Prepaid	No.of Original B(s)/L THREE㉖		Signed for the Carrier, **CSC CONTAINER LINES** As Agent **CSC AMERICA SHIPPING AGENCIES COMPANY**㉗

LADEN ON BOARD THE VESSEL   SONG HE 068E NEW YORK
DATE   30/04/17㉘

① 预订编号由承运人按照业务顺序对发货人的订舱进行编号。

② 这是正式的提单编号，由提单签发人编制。

③ 船运公司的名称（集装箱班轮运输）。

④ 发货人：填写发货人，即本例中受益人的名址，可以按照信用证中的写法填写。

"HCPY ＊ 59 /BENEFICIARY

 HCPY ＊ JOHN WILLIAMS AGRICULTURAL MACHINERY CO., LTD NO.75 COASTAL ROAD,

 HCPY ＊ FOREST DISTRICT, NEW YORK, NY10000, USA TEL/FAX:1-221-4881300"

关于发货人的填写，UCP600 第 14 条第 k 款明确规定，"在任何单据中注明的托运人或发货人无须为信用证的受益人"，第 j 款规定"当受益人和申请人的地址出现在任何规定的单据中，无须与信用证或其他规定单据中所载相同，但必须与信用证中规定的相应地址在同一国。联络细节（传真、电话、电子邮件及类似细节）作为受益人和申请人地址的一部分时将不予理会。"相比而言，UCP600 在发货人填写的规定中对于受益人制单的要求更为宽松，只要信用证无相反规定，发货人不必是受益人。但是，如果信用证中对提单的要求出现"beneficiary as shipper（发货人为受益人）"或在特殊条款中规定"Third party as shipper is not acceptable.（第三方发货人的提单不被接受。）"时，发货人必须按信用证要求填写受益人。

⑤ 收货人：因为 L/C 中要求"MADE OUT TO ORDER"，所以这里为 TO ORDER。

⑥ ORIGINAL 表示正本提单（有的提单上是印制好的，也可以是加盖 ORIGINAL 章的）；副本提单上注明"COPY"。

⑦ 通知人：因为 L/C 中要求"NOTIFYING APPLICANT"，所以这里按照信用证 50 场中的内容填写。UCP600 第 14 条第 j 款规定，"如果申请人的地址和联络细节为第 19、20、21、22、23、24 或 25 条规定的运输单据上的收货人或通知方细节的一部分时，应与信用证规定的相同。"

"HCPY ＊ 50 /APPLICANT

 HCPY ＊ CHINA ABC TRADE CORPORATION, NO.10 FUCHENGMEN AVE. BEIJING,

 HCPY ＊ 100037, CHINA TEL: 86-10-686832, FAX: 86-10-686833"

⑧ 填写船名与航次。

⑨ 装运港名称，按 L/C 中"44E/PORT OF LOADING NEW YORK SEAPORT"，这里标注了一个"CY"，表示"Container Yard"。

⑩ 卸货港名称，按 L/C 中"44F/PORT OF DISCHARGE XINGANG, CHINA"填写。

⑪ 虽然 L/C 中未明确要求，但是为了查找方便，提单上都注明唛头（Shipping Mark）。

⑫ 本例中是以集装箱运输，这是船公司所编制的集装箱编号，这个编号在查找货物（提货）时比唛头更重要。

⑬ FCL 表示整箱货（Full Container Load），如果是拼箱货，则采用 LCL（Less than a Container Load）。

⑭ 这是船公司表示货物的装载、理舱和计数均是由发运人完成的。UCP600 第 26 条规定，载有诸如"托运人装载和计数（shipper's load and count）"或"内容据托运人报称（said by shipper to contain）"条款的运输单据可以接受。

⑮ 外包装的总数为 1 件 20 英尺集装箱，这与 L/C 中的要求"45A/DESCP OF GOODS AND/OR SERVICES ... PACKING : IN CONTAINER(S)"一致。

⑯ 对货物的描述按照 L/C 中的写法 "45A/DESCP OF GOODS AND/OR SERVICES　　30 SETS OF JOHN WILLIAMS MODEL-390 MOWER ...　　PRICE TERM：CIF XINGANG, CHINA "。UCP500 下的审单，许多操作人员盲目要求单据内容与信用证规定的 "镜像一致"，导致了 "不符点" 的大量增加，影响了信用证的使用效率。因此，国际商会在 UCP600 第 14 条单据审核标准中规定，"除商业发票外，其他单据中的货物、服务或履约行为的描述，如果有的话，可使用与信用证中的描述不矛盾的概括性用语"。因此，UCP600 实质上在一定程度上放宽了对单证一致的要求。但是，作为出口商和受益人来讲，在可能的情况下，还是应该尽量按照信用证中的内容填写货物描述一栏，这样使得相关银行在审单中易于得出 "相符交单" 的结论。

⑰ 价格术语，见 "45A/DESCP OF GOODS AND/OR SERVICES　　30 SETS OF JOHN WILLIAMS MODEL-390 MOWER ...　　PRICE TERM：CIF XINGANG, CHINA"。

⑱ 合同号，发货人可以要求提单签发人打印，便于核查交易，除非 L/C 有相反要求。

⑲ 虽然 L/C 中未作要求，但是一般，发货人会委托提单签发人将信用证编号打在提单上（除非 L/C 有相反要求，即提单表面不出现 L/C 号）。

⑳ CIF 价格下，必须由卖方办理运输，L/C 中有

"HCPY　*　46A/DOCUMENTS REQUIRED

　　...

HCPY　*　　+2.FULL SET (INCLUDING 3 ORIGINALS AND 3 NON-NEGOTIABLE COPIES)
HCPY　*　　OF CLEAN ON BOARD OCEAN BILLS OF LADING MADE OUT TO ORDER AND
HCPY　*　　BLANK ENDORSED, MARKED "FREIGHT PREPAID" AND NOTIFYING
HCPY　*　　APPLICANT."

提单必须清洁，L/C 具体条款见 20。在 UCP500 阶段，有些提单上还专门注明 "CLEAN" 以避免不符点，但是在 UCP600 生效后，清洁提单上不必注明此字样，因为 UCP600 第 27 条中专门说明 "银行只接受清洁运输单据。清洁运输单据指未载有明确宣称货物或包装上有缺陷的条款或批注的运输单据。'清洁（clean）' 一词并不需要在运输单据上出现，即使信用证要求运输单据为 '清洁已装船（clean on board）' 的"。

㉑ 提单必须是 ON BOARD 已装船提单，L/C 具体条款见 20。

㉒ ON BOARD 日期一般作为提单日期，也作为装运日期，因为 L/C 要求 "44C/LATEST DATE OF SHIPMENT 170430　　APR-30-2017"。

㉓ 重量按实际填写。

㉔ 外包装总件数，此处共一个 20 英尺集装箱，所以写 "ONE"。

㉕ 运费，此处多数进出口人选择 "FREIGHT ALL AS ARRANGED"，目的在于不愿透露自己办理运输所花费的金额，因为 L/C 中对此无要求，所以可以这样填写，也可以让提单签发人填写实际运费。

㉖ 表示运费在 "New York" 已预付。

㉗ 提单签发的时间和地点。时间一般与 ON BOARD 装船时间相同，地点一般为起运地。

㉘ 提单必须填写正本提单的份数，这样才能保证提单持有人完全取得货权，因为任何一份正本提单的效力是相同的，都可以用来提货。正本提单的份数通常都是 3 份。

㉙ 提单签发人的有效签字。

㉚ 此处强调说明一下2017年4月30日货物在New York装上名为SONG HE的船，航次为068E。

需要说明的是，在提单填制后，还应对照L/C检查一下是否有漏项或相矛盾的地方。例如，针对我们刚才分析过的L/C中所有与提单有关的内容，关于分批装运和转运这一项，它在提单中并没有直接明示，而是从提单的内容描述中体现出来，因为提单中显示的货物就是L/C项下的全部货物，所以不存在分批装运的问题；提单并未显示需要在何处转运，所以提单表面是直航的。其他L/C条款在我们缮制好的提单中都得到满足。这样，便能很好地完成B/L的制单了。

另外，关于提单的背书问题，通常L/C要求提单"空白背书（Blank Endorsed）"，本例也是如此，只要背书人签章并注明背书日期即可。当L/C要求记名背书时，应先写上被背书人的名称，再由背书人签章并加注背书日期即可。

（3）商业发票。

L/C No. LCC0201702526中与商业发票有关的规定如下：

```
...
HCPY  *   50   /APPLICANT
HCPY  *        CHINA ABC TRADE CORPORATION, NO.10 FUCHENGMEN AVE. BEIJING
HCPY  *        100037, CHINA TEL: 86-10-686832 FAX: 86-10-686833
HCPY  *   59   /BENEFICIARY
HCPY  *        JOHN WILLIAMS AGRICULTURAL MACHINERY CO., LTD NO.75 COASTAL ROAD,
HCPY  *        FOREST DISTRICT, NEW YORK,  NY10000, USA TEL/FAX:1-221-4881300
HCPY  *   32B/CURRENCY CODE AMOUNT
HCPY  *        USD100,500.
HCPY  *                                                US Dollar
...
HCPY  *   46A/DOCUMENTS REQUIRED
HCPY  *        +1.SIGNED COMMERCIAL INVOICE IN 3 ORIGINALS AND 3 COPIES
HCPY  *        INDICATING L/C NO. AND CONTRACT NO. CN1704.
HCPY  *        (PHOTO COPY AND CARBON COPY NOT ACCEPTABLE AS ORIGINAL)
           ...
```

表3-5为空白发票。

表3-6为填制好的发票。其中，需要说明之处是：

① 发票出具人（卖方，受益人）名址。UCP600规定，商业发票必须看似由受益人出具（第38条规定的情形除外）。

② 发票INVOICE字样，如果是正本，则标注"ORIGINAL"，副本则注明"COPY"。

③ 发票号。

表 3-5　空白发票

John Williams Agricultural Machinery Co., LTD

No.75 Coastal Road, Forest District, New York, NY10000, USA

Tel/Fax: +1-221-4881300

INVOICE

No._____

Date:_____

Messrs:

_____

_____

_____

Item No.	Commodity & Specifications	Unit	Qnty.	Unit Price	Amount

Total Value

Packing:

Shipment From　　　To

表 3-6　填制好的发票　　　　　　　　　　　　　　　No. CN1704

John Williams Agricultural Machinery Co., LTD①

No.75 Coastal Road, Forest District, New York, NY10000, USA
Tel/Fax: +1-221-4881300

INVOICE② 　　　　　ORIGINAL

No. CN1704③
Date: 30/04/17④

Messrs:

China ABC Trade Corp.

No.10 Fuchengmen Ave., Beijing 100037, China
Tel: +86-10-686832
Fax: +86-10-686833⑤

Contract No. : CN1704⑥
L/C No.: LCC0201702526⑦

Item No.	Commodity & Specifications	Unit	Qnty.	Unit Price	Amount
1.	30 sets of John Williams Model-390 Mower⑧	set⑨	30⑩	USD3,350.-⑪ CIF Xingang, China⑬	USD100,500.-⑫

Total Value **USD 100,500.-**
SAY US DOLLAR ONE HUNDRED THOUSAND FIVE HUNDRED ONLY.⑭

Packing: In Container(s)⑮
Shipment From New York Seaport　　　To　Xingang, China⑯

　　④ 发票签发日期。一般地，发票签发日期是全套议付单据中最早的，发票签发日早于L/C 开证日期的发票也是可以接受的，除非 L/C 中有相反规定（根据 UCP600）。这里选择与提单相同的日期。

　　⑤ 买方，即发票抬头。根据 UCP600，除非 L/C 另有规定，买方应为申请人。所以这里

是按照 L/C 填写的申请人名址。

⑥ 合同号。L/C 中明确要求商业发票上注明合同号 CN1704。

⑦ L/C 号。L/C 中明确要求商业发票上注明 L/C 号。

⑧ 对于货物的描述一栏必须严格按照 L/C 中的内容，即

"HCPY ＊　45A/DESCP OF GOODS AND/OR SERVICES
　HCPY ＊　　　　30 SETS OF JOHN WILLIAMS MODEL-390 MOWER
　HCPY ＊　　　　TOTAL VALUE：USD100,500.-
　HCPY ＊　　　　PRICE TERM：CIF XINGANG, CHINA"

UCP600 对其他单据的货物描述相对宽松，只要是"与信用证不矛盾的概括性用语"，但是"商业发票上的货物、服务或履约行为的描述应该与信用证中的描述一致"。

⑨ 单位，以台（set）计。

⑩ 数量，30。

⑪ 单价，USD3,350.-。

⑫ 金额，USD100,500.-。商业发票必须与信用证的货币相同。

⑬ 价格术语，CIF XINGANG, CHINA。

⑭ 金额，大写。

⑮ 包装，In Container(s)。

⑯ 起运地与目的地分别为 New York Seaport 和 Xingang, China。上述各项均需要按照 L/C 中的内容填写，如果 L/C 中没有明确要求的，在填写中不得与 L/C 相抵触。

最后，还应加上有效签名。尽管 UCP600 规定商业发票无须签名，但是当信用证对此有要求的，信用证的要求优先，本例中必须提交已签名（Signed）发票。当前国际贸易实务中，多数信用证还是要求提交签名发票的。

（4）装箱单。

装箱单在本质上是商业发票的一种补充单据，内容包括货物的包装、毛重、净重、尺寸以及每件包装内的货物。装箱单的号码通常应与发票一致，诸如货物、受益人、申请人和运输的细节等项目的填写均可参照发票（但都应与 L/C 一致，不得出现矛盾）。需要注意的是，当包装件数多于一件时，应该对每件包装编排序号，并对每件包装填写货物的重量、包装尺寸等信息。

L/C No. LCC0201702526 中与装箱单有关的规定如下：

```
...
HCPY ＊  45A/DESCP OF GOODS AND/OR SERVICES
HCPY ＊      30 SETS OF JOHN WILLIAMS MODEL-390 MOWER
…
HCPY ＊      PACKING：IN CONTAINER(S)
HCPY ＊  46A/DOCUMENTS REQUIRED
…
HCPY ＊      +4.PACKING LIST/WEIGHT MEMO IN 3 ORIGINALS AND 3 COPIES ISSUED BY
HCPY ＊      MANUFACTURER INDICATING WEIGHT, INVOICE NO. AND DATE
…
```

表 3-7 为空白装箱单。表 3-8 为填制好的装箱单，其中需要说明之处如下：

表 3-7　空白装箱单

John Williams Agricultural Machinery Co., LTD

No.75 Coastal Road, Forest District, New York, NY10000, USA
Tel/Fax: +1-221-4881300

PACKING LIST
No.
Date:

The Buyer: _____
_____
_____

Invoice No./Date : _____

Description	Quantity	N.W.	G.W.	Measurement

Packing:
Shipment From　　　　　To

表 3-8 填制好的装箱单   No.CN1704-P

John Williams Agricultural Machinery Co., LTD①

No.75 Coastal Road, Forest District, New York, NY10000, USA
Tel/Fax: +1-221-4881300

PACKING LIST② | ORIGINAL |
No. CN1704-P③
Date: 30/04/17④

The Buyer: <u>China ABC Trade Corp.</u>
<u>No.10 Fuchengmen Ave., Beijing 100037, China</u>
<u>Tel: +86-10-686832</u>
<u>Fax: +86-10-686833</u>⑤

Contract No. : CN1704⑥
L/C No.: LCC0201702526⑦
Invoice No./Date: <u>CN1704 on 30/04/17</u>⑧

Description⑨	Quantity⑩	N.W.⑪ (kg)	G.W.⑫ (kg)	Measurement⑬ (m³)
30 SETS OF JOHN WILLIAMS MODEL–390 MOWER	30SETS	5,000	6,000	8.352
IN 1×20FT CONTAINER				

Packing: In 1×20FT CONTAINER⑭
Shipment From New York Seaport   **To**   Xingang, China⑮

① 这是受益人在装箱单中事先印制（设定）好的名址。注意 L/C 中要求"由制造商出具的装箱单（Issued by the manufacturer），本例中，制造商和受益人为同一人，也是合同的卖方，所以，这里显示为由受益人签发的装箱单。如果二者不是同一人，受益人在准备单证中一定要分清信用证对出具人的要求。

② PACKING LIST 的字样，并按 L/C 的要求准备正副本的份数，正本标注 ORIGINAL，并有手签，副本标注 COPY。

③ 编号与发票一致，这里以尾标 P 表示装箱单。

④ 装箱单日期。

⑤ 买方。如 L/C 无其他要求，填申请人即可。

⑥ 合同号。虽然本例中 L/C 未作要求，但受益人可以填写，以便查找。

⑦ L/C 号。虽然本例中 L/C 未作要求，但受益人可以填写，以便查找，也为了与发票保持一致。

⑧ 这是装箱单的通常项目，即所对应的发票编号与日期。

⑨ 填写与发票中的项目类似，对货物和数量的描述要符合信用证和有关惯例的规定，最好与 L/C 中的写法一致。如果货物的件数等于或多于两件，则在分别描述后，再加上 L/C 中的总体描述。本例中，明确要求填写毛净重，不要漏填。

⑩ 数量。

⑪ 净重。

⑫ 毛重。虽然信用证中未对毛净重的具体数量进行规定，但是 UCP600 要求单据满足其功能，并且合乎常规，所以毛重必须大于净重。UCP600 为了避免以前审单中追求"镜像一致"而忽略"常规、合理要求"，特别对此类要求进行了规定。

⑬ 尺码。

⑭ 外包装，L/C 要求的是集装箱，这里填写 In 1×20FT CONTAINER，与 L/C、提单和发票均一致。

⑮ 与发票一致，填写起运港和目的港，这是装箱单和发票中的常规项目。

（5）保险单。

L/C No. LCC0201702526 中与保险单有关的规定如下：

```
...
HCPY  *    46A/DOCUMENTS REQUIRED
...
HCPY  *    +3.FULL SET (INCLUDING 1 ORIGINALS AND 2 COPIES) OF INSURANCE
HCPY  *    POLICY/CERTIFICATE FOR 110% OF THE INVOICE VALUE SHOWING
HCPY  *    CLAIMS PAYABLE IN CHINA IN CURRENCY OF THE DRAFT, BLANK ENDORSED
HCPY  *    COVERING ALL RISKS AND WAR RISKS.
       ...
```

保险由卖方受益人负责办理，应当提交全套（包括 1 正 2 副）保险单，按 110%的发票金额投保一切险和战争险，并明确表示可在中国以汇票中的货币赔付，保险单已空白背书。

保险单由保险公司填制，但是受益人必须将 L/C 的内容明确无误地转达保险公司，以保证单据的正确有效。

表 3-9 为空白保险单。表 3-10 为填制好的保险单。其中需说明之处如下：

表 3-9　空白保险单

THE ×××　INSURANCE COMPANY

Established in 1910

INSURANCE POLICY

POLICY NO._____

THIS POLICY OF INSURANCE WITNESS THAT THE ××× INSURANCE COMPANY (HEREAFTER CALLED "THE COMPANY") AT THE REQUEST OF
_____
(HEREINAFTER CALLED "THE INSURED") AND IN CONSIDERATION OF THE AGREED PREMIUM PAID TO THE COMPANY BY THE INSURED UNDERTAKES TO INSURE THE UNDERMENTIONED GOODS IN TRANSPORTATION SUBJECT TO THE CONDITIONS OF THIS POLICY AS PER THE CLAUSES PRINTED OVERLEAF AND OTHER SPECIAL CLAUSES ATTACHED HEREOF.

MARKS & NOS	QUANTITY OF PACKAGES	DESCRIPTION OF GOODS	AMOUNT INSURED

TOTAL AMOUNT INSURED: _____
PREMIUM _____　　　RATE _____
PER CONVEYANCE S.S. _____
SLG ON OR ABT _____ FROM _____ TO _____
CONDITIONS: _____

CLAIMS IF ANY PAYABLE ON SURRENDER OF THIS POLICY TOGETHER WITH OTHER RELEVANT DOCUMENTS IN THE EVENT OF ACCIDENT WHEREBY LOSS OR DAMAGE MAY RESULT IN A CLAIM UNDER THIS POLICY IMMEDIATE NOTICE APPLYING FOR SURVEY MUST BE GIVEN TO THE COMPANY'S AGENT AS MENTIONED HEREUNDER.

AGENT'S NAME AND ADDRESS: …………………………….

CLAIM PAYABLE AT _____ IN _____
DATE OF ISSUE: _____
PLACE OF ISSUE: _____

表 3-10　填制好的保险单

THE ×××　INSURANCE COMPANY①

Established in 1910

INSURANCE POLICY②

POLICY NO. 20170627③

THIS POLICY OF INSURANCE WITNESS THAT THE ××× INSURANCE COMPANY (HEREAFTER CALLED "THE COMPANY") AT THE REQUEST OF <u>JOHN WILLIAMS AGRICULTURAL MACHINERY CO., LTD</u>④ (HEREINAFTER CALLED "THE INSURED") AND IN CONSIDERATION OF THE AGREED PREMIUM PAID TO THE COMPANY BY THE INSURED UNDERTAKES TO INSURE THE UNDERMENTIONED GOODS IN TRANSPORTATION SUBJECT TO THE CONDITIONS OF THIS POLICY AS PER THE CLAUSES PRINTED OVERLEAF AND OTHER SPECIAL CLAUSES ATTACHED HEREOF.

MARKS & NOS⑤	QUANTITY OF PACKAGES⑥	DESCRIPTION OF GOODS⑦	AMOUNT INSURED⑧
C N 1 7 0 4 XINGANG, CHINA CBHU 0967-SN5226	1×20FT CONTAINER	30 SETS OF JOHN WILLIAMS 390-MODEL MOWER	110% × USD100,500.-

TOTAL AMOUNT INSURED: <u>USD110,550.-</u>⑨
PREMIUM <u>AS ARRANGED</u>⑩　　　RATE <u>AS ARRANGED</u>
PER CONVEYANCE S.S. <u>OCEAN VESSEL SONG HE VOY. NO. 068E</u>⑪
SLG ON OR ABT <u>01/05/17</u> FROM <u>NEW YORK SEAPORT</u> TO <u>XINGANG, CHINA</u>⑫
CONDITIONS :　<u>ALL RISKS AND WAR RISKS.</u>⑬
CLAIMS IF ANY PAYABLE ON SURRENDER OF THIS POLICY TOGETHER WITH OTHER RELEVANT DOCUMENTS IN THE EVENT OF ACCIDENT WHEREBY LOSS OR DAMAGE MAY RESULT IN A CLAIM UNDER THIS POLICY IMMEDIATE NOTICE APPLYING FOR SURVEY MUST BE GIVEN TO THE COMPANY'S AGENT AS MENTIONED HEREUNDER.

　　　AGENT'S NAME AND ADDRESS: ....⑭
CLAIM PAYABLE AT <u>CHINA</u> IN <u>USD</u>⑮
DATE OF ISSUE: <u>30/04/17</u>⑯
PLACE OF ISSUE: <u>NY, USA</u>⑰
***CONTRACT NO. CN1704
　L/C NO.: LCC0201702526⑱

① 保险公司名称（一般地，保险公司在印制好的保单上会明确印上本公司的名称）。
② INSURANCE POLICY 的字样，表示单据名称。
③ 保险单编号（由保险公司编制）。
④ 投保人（一般为受益人）。
⑤ 与提单保持一致（当然也必须符合 L/C 要求），填写唛头和集装箱编号。
⑥ 数量与包装主要指外包装总件数，即 1×20FT CONTAINER。
⑦ 对货物的描述仍按 L/C 中的描述填写。
⑧ 按照 L/C 中的要求，按发票金额的 110%投保（惯例也是如此）。
⑨ 计算出来的投保金额。
⑩ 保费，通常投保人（受益人）和保险公司均不愿透露保费费率与金额，所以填写 AS ARRANGED，除非 L/C 另有要求。
⑪ 运输工具名称和航次，按照提单中的内容，而且必须与提单一致。
⑫ 提单的装船日为 2017 年 4 月 30 日，预计开航日期为 5 月 1 日左右；起运地和目的港按照 L/C 填写。
⑬ 投保险别为一切险和战争险。
⑭ 保险单上都要注明代理人的名址。
⑮ 对赔付金额和地点的说明，这里必须是可在中国以 USD 赔付。
⑯ 出单日期。
⑰ 出单地点。
⑱ 保险公司可按照受益人的要求（或 L/C 的要求）在保险单上加注合同号和信用证号，便于核查。

（6）原产地证明。

L/C No. LCC0201702526 中与原产地证明有关的规定如下：

```
…
HCPY  *    46A/DOCUMENTS REQUIRED
…
HCPY  *        +7.CERTIFICATE OF ORIGIN IN 1 ORIGINAL AND 2 COPIES ISSUED BY INTL
HCPY  *         CHAMBER OF COMMERCE IN USA.
     …
```

表 3-11 为空白原产地证明。表 3-12 为填制好的原产地证明，其中需说明之处如下：

表 3–11 空白原产地证明

1. Consignor	Certificate No.
2. Consignee	**CERTIFICATE OF ORIGIN** **OF** **THE UNITED STATES OF AMERICA**
3. Means of transport and route	5. For certifying authority use only
4. Country/Region of destination	

6. Marks and numbers	7. Number and kind of packages, description of goods	8. H.S.Code	9. Qnty.	10. Number and date of invoices

11. Declaration by the exporter	12. Certification
The undersigned hereby declares that the above details and statements are correct, that all the goods were produced in USA and that they comply with the Rules of Origin of the United States of America. ………………………………………….. Place and date, signature and stamp of authorized signatory	It is hereby certified that the declaration by the exporter is correct. ………………………………………….. Place and date, signature and stamp of certifying authority

表 3-12　填制好的原产地证明　　　　　　　　　　　　No.0428

1. Consignor[①] JOHN WILLIAMS AGRICULTURAL MACHINERY CO., LTD NO.75 COASTAL ROAD, FOREST DISTRICT, NEW YORK, NY10000, USA TEL/FAX: 1-221-4881300		Certificate No. 0428[②] **CERTIFICATE OF ORIGIN OF THE UNITED STATES OF AMERICA**[③]			
2. Consignee[④] CHINA ABC TRADE CORPORATION, NO.10 FUCHENGMEN AVE. BEIJING, 100037, CHINA TEL: 86-10-686832, FAX: 86-10-686833					
3. Means of transport and route[⑤] SHIPMENT FROM NEW YORK SEAPORT TO XINGANG, CHINA VIA OCEAN TRANSPORTATION		5. For certifying authority use only[⑥]			
4. Country/Region of destination[⑦] XINGANG, CHINA					
6. Marks and numbers[⑧] C N 1 7 0 4 XINGANG, CHINA	7. Number and kind of packages, description of goods[⑨] 30 SETS OF JOHN WILLIAMS 390–MODEL MOWER CONTRACT NO. CN1704 L/C NO. LCC0201702526[⑩] STATING THAT GOODS ARE OF US ORIGIN[⑪]	8. H.S.Code[⑫] 8433.2000	9. Qnty[⑬]. 30SETS	10. Number and date of invoices[⑭] CN1704 30/04/17	
IN 1×20FT CONTAINER ONLY.				
11. Declaration by the exporter The undersigned hereby declares that the above details and statements are correct, that all the goods were produced in USA and that they comply with the Rules of Origin of the United States of America. …………………………………………….. Place and date, signature and stamp of authorized signatory[⑮]		12. Certification It is hereby certified that the declaration by the exporter is correct. …………………………………………….. Place and date, signature and stamp of certifying authority[⑯]			

① 发货人。此处与提单等单据一致，填写受益人。
② 编号。由出证机构编号。
③ 表头名称。
④ 收货人。ISBP 对此明确规定，如果信用证要求运输单据做成"凭指示""凭托运人指示""凭开证行指示"或"货发开证行"式抬头，则原产地证明可以显示信用证的申请人或信用证中具名的另外一人作为收货人，即在收货人的填写上原产地证明与提单不一定要"单单一致"。本例中的收货人为开证申请人，即买方。
⑤ 运输线路。保持与 L/C 和其他单据（提单）的一致。
⑥ 这是认证机构填写的区域。
⑦ 目的国为中国。
⑧ 填写唛头。
⑨ 按照 L/C 中的写法填写对货物的描述以及总的包装件数。
⑩ 如需要，可以打上合同号和信用证号，便于查找（只要 L/C 无相反规定）。
⑪ 原产地证明的表面一般都应包含声明货物原产某国的明示文句。即使信用证未要求填写原产国的具体文句，但是 UCP600 实施后要求单据必须满足其功能，必须内容完整。
⑫ 商品的 H.S.编码。
⑬ 数量。
⑭ 相对应的商业发票日期和编号。
⑮ 出口商在声明后签章。
⑯ 认证机构作出认证并签章。

（7）厂商出具的数量声明。
L/C No. LCC0201702526 中与数量声明有关的规定如下：

```
...
HCPY *    46A/DOCUMENTS REQUIRED
...
HCPY *         +5.CERTIFICATE OF QUANTITY IN 3 ORIGINALS AND 3 COPIES ISSUED BY
HCPY *         MANUFACTURER.
   ...
```

见表 3-13。表中需说明之处见表后。

（8）厂商出具的质量声明。
L/C No. LCC0201702526 中与质量声明有关的规定如下：

```
...
HCPY *    46A/DOCUMENTS REQUIRED
...
HCPY *         +6.CERTIFICATE OF QUALITY IN 3 ORIGINALS AND 3 COPIES ISSUED BY
HCPY *         MANUFACTURER.
   ...
```

表 3-13　厂商出具的数量声明

John Williams Agricultural Machinery Co., LTD

No.75 Coastal Road, Forest District, New York, NY10000, USA
Tel/Fax: +1-221-4881300①

CERTIFICATE OF QUANTITY②

Date: 30/04/17③

The Buyer: China ABC Trade Corp.
No.10 Fuchengmen Ave., Beijing 100037, China
Tel: +86-10-686832
Fax: +86-10-686833④

Contract No. : CN1704
L/C No.: LCC0201702526
Invoice No./Date : CN1704 on 30/04/17⑤

We are now certifying that the quantity of our shipment is 30 SETS of John Williams Model-390 Mower, which conforms to the requirement of the above-mentioned L/C and contract.⑥

表中需要说明之处如下：
① 出具人为厂商。这里也是出口人（受益人）。
② 名称为"数量声明"。
③ 日期（一般与提单日相同）。
④ 买方名址。但 L/C 中并未要求一定出现，也可以不写。
⑤ 填写合同号、信用证号和相应的发票日期和编号都是为了说明本声明是针对哪一笔交易的。
⑥ 声明文句。一定要按照 L/C 填写。这里需要强调的是"30 SETS of John Williams Model-390 Mower"。

见表 3-14。

表 3-14　厂商出具的质量声明

John Williams Agricultural Machinery Co., LTD

No.75 Coastal Road, Forest District, New York, NY10000, USA
Tel/Fax: +1-221-4881300①

CERTIFICATE OF QUALITY②

Date: 30/04/17③

The Buyer: China ABC Trade Corp.
No.10 Fuchengmen Ave., Beijing 100037, China
Tel: +86-10-686832
Fax: +86-10-686833④

Contract No. : CN1704
L/C No.: LCC0201702526
Invoice No./Date : CN1704 on 30/04/17⑤

We are now certifying that the quality of our shipment of 30 SETS of John Williams Model–390 Mower, conforms to the quality requirement in the above contract. And our quality standard is in accordance with international standard ×××××.⑥

① 出具人为厂商。这里也是出口人（受益人）。
② 名称为"质量声明"。
③ 日期（一般与提单日相同）。
④ 买方名址。但 L/C 中并未要求一定出现，也可以不写。
⑤ 填写合同号、信用证号和相应的发票日期和编号都是为了说明本声明是针对哪一笔交易的。
⑥ 声明文句。一定要按照 L/C 填写。因为此处 L/C 并未作具体写法的要求，所以在内容上符合要求即可。

（9）发送装船通知的传真证明。
L/C No. LCC0201702526 中与发送装船通知的传真证明有关的规定如下：

```
...
HCPY  *    46A/DOCUMENTS REQUIRED
...
HCPY  *    +8.BENEFICIARY'S CERTIFIED COPY OF FAX DISPATCHED TO APPLICANT
HCPY  *    WITHIN 48 HOURS AFTER SHIPMENT ADVISING NAME OF VESSEL, DATE,
HCPY  *    QUANTITY, WEIGHT AND VALUE OF SHIPMENT.
       ...
```

见表 3–15。

表 3–15　发送装船通知的传真证明

John Williams Agricultural Machinery Co., LTD

No.75 Coastal Road, Forest District, New York, NY10000, USA
Tel/Fax: +1-221-4881300①

Fax : +86-10-686833② To: China ABC Trade Corp. Attn.: Mr. ×××	From : ××× Dept: Sales Dept. Date: 02/05/17③

CERTIFIED COPY OF FAX④

Dear Sirs,

We are pleased to inform you the details of our shipment as follows:

Contract No. : CN1704

L/C No.: LCC0201702526

Invoice No./Date : CN1704 on 30/04/17

Shipment date: 30/04/17

Vessel name: SONG HE

Goods: 30 sets of John Williams Model-390 Mower

Quantity: 30 sets

Gross Weight: 6,000 kg

Value of shipment: USD100,500.-

B/L No.: CSU5849

Packing: in 1×20ft container.⑤

Thanks and best regards,

Yours faithfully,

×××⑥

表 3–15 中需说明之处如下：

① 出具人为厂商。这里也是出口人（受益人）。

② 这是传真的信头格式。
③ 注意发送装船通知传真的时间，按照 L/C 的规定是在"装船后 48 小时以内"，所以应该在 5 月 2 日以内。
④ 明确这是"CERTIFIED COPY OF FAX"。
⑤ 以上各条是装船通知中应告知对方的项目，具体内容也应保持"单单一致"和"单证一致"。
⑥ 按照传真的格式，应有发件人的落款，包括有效签名。

（10）副本单据寄送声明。

L/C No. LCC0201702526 中与副本单据寄送声明有关的规定如下：

> ...
> HCPY * 46A/DOCUMENTS REQUIRED
> ...
> HCPY * +9.BENEFICIARY'S CERTIFICATE CERTIFYING THAT ONE SET OF COPY OF DOCUMENTS
> HCPY * HAS BEEN SENT TO APPLICANT BY EXPRESS MAIL WITHIN 15 DAYS AFTER SHIPMENT.
> ...

见表 3-16。

表 3-16　副本单据寄送声明

John Williams Agricultural Machinery Co., LTD

No.75 Coastal Road, Forest District, New York, NY10000, USA
Tel/Fax: +1-221-4881300[①]

CERTIFICATE[②]

Date: 08/05/17[③]

The Buyer: China ABC Trade Corp.
No.10 Fuchengmen Ave., Beijing 100037, China
Tel: +86-10-686832
Fax: +86-10-686833[④]

Contract No. : CN1704
L/C No.: LCC0201702526
Invoice No./Date : CN1704 on 30/04/17[⑤]

We are now certifying that ONE SET OF COPY OF DOCUMENTS HAS BEEN SENT TO APPLICANT BY EXPRESS MAIL WITHIN 15 DAYS AFTER SHIPMENT.[⑥]

表 3-16 中需要说明之处如下：
① 出具人为厂商。这里也是出口人（受益人）。
② CERTIFICATE 字样。

③ 出具日期，这一日期必须在提单日后，一般在受益人准备好单据的合理时间内。

④ 买方，即这里的申请人。

⑤ 填写合同号、信用证号和相应的发票日期和编号都是为了说明本声明是针对哪一笔交易的。

⑥ 声明已按 L/C 要求，在装运后 15 日内快递给申请人买方一套副本单据。

2. 单据的审核

不论是银行（议付行、开证行或付款行）还是开证申请人买方都要对单证进行审核。见图 3-4。其实，作为受益人，卖方在进行交单前，也要对单据对照 L/C 进行审核。买方审核的目的在于核查卖方受益人提交的单据是否满足要求，即卖方是否履行义务取得了相应的单据（但是，买方在 L/C 方式下无法保证卖方一定履行了义务，因为 L/C 只是单据交易，在于单据表面符合要求），并决定是否付款赎单；卖方也要保证单据提交的正确，顺利收款，避免发生买方拒付或因不符点而扣除费用的问题。

单据的审核有下列要点：

首先，信用证条款规定必须全面有效，这样才能按照信用证的要求去审核单据；审单人必须熟悉信用证内容。

其次，从信用证中列出所需要提交的单据，一般 L/C 中都有专门一栏列明所要单据的种类、名称、份数、出具机构、性质、主要内容和需要特别标注的词句，等等。注意，往往在信用证开始的条款中要求提交汇票（这是唯一不列在单据栏中的项目）。然后对照 L/C 逐一对受益人提交的单据进行检查。

再次，从信用证中的其他条款和要求（例如，当事人名址、运输、可否分批装运或转运、议付期限等）对照单据逐一核对。

最后，再次阅读单据，单据是否正确完整，各项内容是否符合 L/C 要求（必要时，在 L/C 中寻找依据），是否单单一致、单证一致，并符合 UCP600、ISBP 等相关惯例的规定。

因此，审单的工作是双向的，既从 L/C 角度出发核对单据，也从单据内容反过来核对其是否符合 L/C 要求，以及单据本身是否正确。

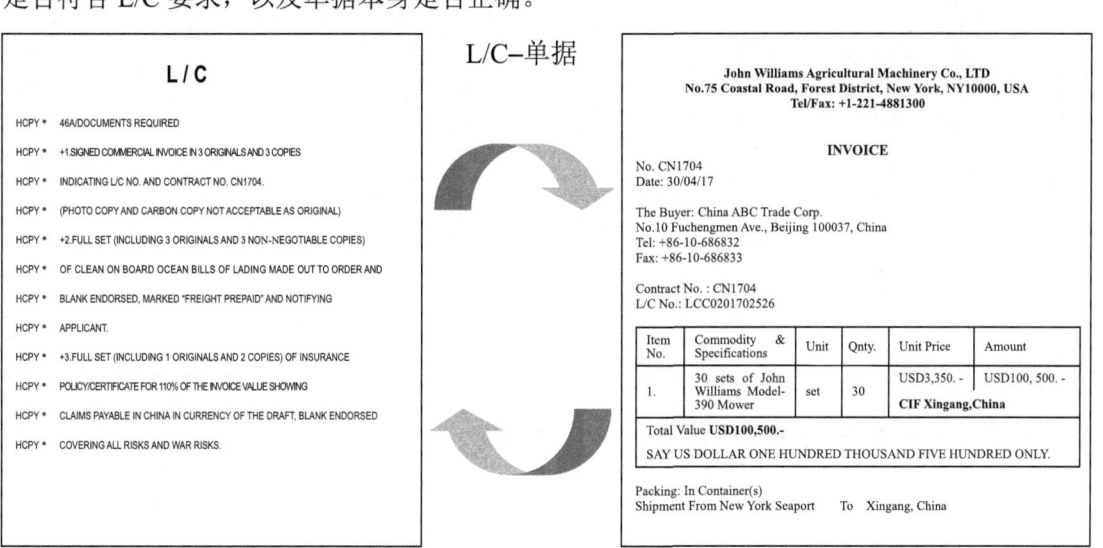

图 3-4 审单的双向性

第四节　制单练习

已知北京国际贸易公司收到德国进口商开立的不可撤销信用证 No.001（MSG 4765），信用证内容如下：

```
MSG 4765     10-AUG-2016    09:40    REF: IMF/07 DATE: 09/08/16
FROM: ABC BANK, GERMANY
TO: BANK OF CHINA, BEIJING, CHINA
FOR USD80,000.- CFR HAMBURG PORT, GERMANY
AT THE REQUEST OF HAMME COMPANY,   P.O.BOX 31, HAMBURG, GERMANY
PLS ADVISE BENEFICIARIES BEIJING INTERNATIONAL TRADE CORP, NO.7 BAISHIQIAO ROAD, BEIJING
100081, CHINA, TEL: 8610684166
OF OUR OPENING WITH YOU OUR IRREVOCABLE CREDIT NO.001 IN THEIR FAVOUR FOR AMOUNT NOT
EXCEEDING USD80,000.-(USD EIGHTY THOUSAND ONLY) VALID IN CHINA UNTIL 15/09/2016 AVAILABLE
AGAINST PRESENTATION OF THE DOC. DETAILED HEREIN AND OF BENEFICIARIE'S DRAFT(S) AT SIGHT
DRAWN ON US
1. BENEFICIARIES SIGNED COMMERCIAL INVOICE IN 3 ORIGINALS;
2. FULL SET OF CLEAN ON BOARD MARINE BILLS OF LADING   MADE OUT TO ORDER AND BLANK
ENDORSED, SHOWING FREIGHT PREPAID AND NOTIFY APPLICANT.
3. PACKING LIST IN 3 ORIGINALS ISSUED BY MANUFACTURER
4. CERTIFICATE OF QUANTITY IN 3 ORIGINALS ISSUED BY MANUFACTURER
5. CERTIFICATE OF QUALITY IN 3 ORIGINALS ISSUED BY MANUFACTURER
6. BENEFICIARY'S CERTIFIED COPY OF FAX SENT TO APPLICANT WITHIN 48HRS AFTER SHIPMENT
ADVISING CONTRACT NO., L/C NO., COMMODITY, VALUE, DATE OF SHIPMENT AND NAME OF VESSEL.
7. BENEFICIARY'S CERTIFICATE CERTIFYING THAT ONE SET OF COPY OF DOCUMENTS HAVING BEEN SENT
TO APPLICANT BY EXPRESS MAIL WITHIN 7 DAYS AFTER SHIPMENT.

COVERING THE FOLLOWING GOODS: ONE SET OF MILLING MACHINE MODEL112
PACKED IN WOODEN CASE(S)
SHIPMENT FROM SHANGHAI, CHINA TO HAMBURG PORT, GERMANY NOT LATER THAN 31/08/16
PARTIAL SHIPMENT NOT PERMITTED, TRANSHIPMENT NOT PERMITTED
ADDITIONAL SPECIAL CONDITIONS:
1. ALL DOCUMENTS MUST INDICATE L/C NO..
2. B/L MUST INDICATE THE BENEF AS SHIPPER
3. ALL DOC MUST BE IN ENGLISH.
4. PRESENTATION OF DOC FOR NEGOTIATION BE WITHIN 15 DAYS AFTER SHIPMENT.
5. NEGOTIATION OF DOCUMENTS IS RESTRICTED TO YOU.
WE WOULD REIMBURSE YOU FOR THE VALUE IF DOCUMENTS ACCEPTED.
THIS CREDIT IS SUBJECT TO UNIFORM CUSTOMS AND PRACTICE FOR DOCUMENTARY CREDITS(2007
REVISION) INTL CHAMBER OF COMMERCE PUBLICATION NO.600.
```

表 3-17～表 3-22 是与信用证相关的空白制单表格。

表 3-17 空白汇票

北京国际贸易公司
BEIJING INTERNATIONAL TRADE CORP
No.7 Baishiqiao Road, Beijing 100081, China Tel/Fax: 684166

No.
Date: Place:
Exchange for
At _____ sight of this **First** of Exchange (**Second** of the same tenor and date unpaid),
Pay to the Order of _____ the sum of _____

DRAWN UNDER
TO :

北京国际贸易公司
BEIJING INTERNATIONAL TRADE CORP
No.7 Baishiqiao Road, Beijing 100081, China Tel/Fax: 684166

No.
Date: Place:
Exchange for
At _____ sight of this **Second** of Exchange (**First** of the same tenor and date unpaid),
Pay to the Order of _____ the sum of _____

DRAWN UNDER
TO :

表 3-18 空白提单

Booking No. :	**B/L NO.**

1. Shipper Insert Name, Address and Phone

CSC CONTAINER LINES

2. Consignee Insert Name, Address and Phone

TLX: 33057 CSC CN
FAX: +86(021) 6545 8984

3. Notify Party Insert Name, Address and Phone
(it is agreed that no responsibility shall attach to the Carrier or his agents for failure to notify)

ORIGINAL
Port-to-Port or Combined Transport
BILL OF LADING

RECEIVED in external apparent good order and condition except as otherwise noted. The total number of packages or units stuffed in the container, the description of the goods and the weights shown in the Bill of Lading are furnished by the Merchants, and which the carrier has no reasonable means of checking and is not a part of this Bill of Lading contract. The carrier has issued the number of Bills of Lading stated below, all of this tenor and date, one of the original Bill of Lading must be surrendered and endorsed or signed against the delivery of the shipment and whereupon any other original Bills of Lading shall be void. The Merchants agree to be bound by the terms and conditions of this Bill of Lading as if each had personally signed this Bill of Lading.
SEE clause 4 on the back of this Bill of Lading (Terms continued on the back hereof, please read carefully)

*Applicable Only When Document Used as a Combined Transport Bill of Lading

4. Combined Transport * Pre-carriage by	5. Combined Transport* Place of Receipt
6. Ocean Vessel Voy.No.	7. Port of Loading
8. Port of Discharge	9. Combined Transport* Place of Delivery

Marks & Nos. Container. Seal No.	No. of containers or Packages	Description of Goods (If Dangerous Goods, See Clause20)	Gross Weight kg	Measurement m³
		Description of Contents for Shipper's Use Only (Not part of This B/L Contract)	Shippers load stow and count	

10. Total Number of containers and /or packages (in words) Subject to clause 7 Limitation

11. Freight & Charges	Revenue tons	Rate	Per	Prepaid	Collect
Declared Value Charge					
Ex.Rate:	Prepaid at		Payable at	Place and date of Issue	
	Total Prepaid		No. of Original B(s)/L	Signed for the Carrier,	

LADEN ON BOARD THE VESSEL

DATE

表 3-19 空白发票

北京国际贸易公司
BEIJING INTERNATIONAL TRADE CORP

No.7 Baishiqiao Road, Beijing 100081, China Tel/Fax: 684166

INVOICE

No.:
Date:

Shipment from   to

货品名称及规格 Commodities and specifications	数量 Quantity	单价 Unit Price	总价 Amount

表 3-20　空白装箱单

北京国际贸易公司

BEIJING INTERNATIONAL TRADE CORP

No.7 Baishiqiao Road, Beijing 100081, China Tel/Fax: 684166

装箱单

PACKING LIST　　　　　　　　　　**ORIGINAL**

MESSRS.　　　　　　　Reference No. _____
　　　　　　　　　　　　Invoice　No. _____
　　　　　　　　　　　　Date　　　　 _____
　　　　　　　　　　　　Contract　No. _____

SHIPMENT FROM _____ **TO** _____

Description	Quantity	N.W.	G.W.	Measurement

表 3-21 空白质量、数量声明

北京国际贸易公司
BEIJING INTERNATIONAL TRADE CORP
No.7 Baishiqiao Road, Beijing 100081, China Tel/Fax: 684166

CERTIFICATE OF QUALITY
Date:

北京国际贸易公司
BEIJING INTERNATIONAL TRADE CORP
No.7 Baishiqiao Road, Beijing 100081, China Tel/Fax: 684166

CERTIFICATE OF QUANTITY
Date:

表 3-22 空白装船通知和其他声明

北京国际贸易公司
BEIJING INTERNATIONAL TRADE CORP
No.7 Baishiqiao Road, Beijing 100081, China Tel/Fax: 684166

CERTIFICATE
Date:

北京国际贸易公司
BEIJING INTERNATIONAL TRADE CORP
No.7 Baishiqiao Road, Beijing 100081, China Tel/Fax: 684166

CERTIFIED COPY OF FAX
Date:

我们可以通过信用证分析单来制定我们制单的依据，尤其在制单人与进出口交易业务人员不是同一人时，贸易公司在单证处理时往往采用分析单来明确重要事项，见表3-23。

表3-23　信用证分析单

银行编号	REF: IMF/07		合同		受益人	BEIJING INTERNATIONAL TRADE CORP, NO.7 BAISHIQIAO ROAD, BEIJING 100081, CHINA, TEL: 8610684166		
证号	NO.001							
开证银行	ABC BANK, GERMANY				进口商	HAMME COMPANY, P.O.BOX 31, HAMBURG, GERMANY		
开证日期	09/08/16	索汇方式	AVAILABLE AGAINST PRESENTATION		起运口岸	SHANGHAI, CHINA	目的地	HAMBURG PORT, GERMANY
金额	FOR AMOUNT NOT EXCEEDING USD80,000.– (USD EIGHTY THOUSAND ONLY) CFR HAMBURG PORT, GERMANY				可否转运	NOT PERMITTED	唛头：	
汇票付款人	DRAWN ON US (OPENING BANK)				可否分批	NOT PERMITTED		
汇票期限	见票 AT SIGHT 天期				装运期限	NOT LATER THAN 31/08/16		
注意事项	ADDITIONAL SPECIAL CONDITIONS: 1. ALL DOCUMENTS MUST INDICATE L/C NO. 2. B/L MUST INDICATE THE BENEF AS SHIPPER. 3. ALL DOC MUST BE IN ENGLISH. 4. PRESENTATION OF DOC FOR NEGOTIATION BE WITHIN 15 DAYS AFTER SHIPMENT. 5. NEGOTIATION OF DOCUMENTS IS RESTRICTED TO YOU.				效期地点	IN CHINA UNTIL 15/09/2016		
					提单日议付	15　天	48HRS 内通知	

单证名称	提单	副提单	商业发票	VISA商业发票	海关发票	装箱单	重量单	尺码单	保险单	产地证	GSP产地证	EU产地证	贸促会产地证	出口许可证	装船通知	投保通知	寄投保通知邮据	寄单证明	寄样证明	寄样邮据
银行	Full set	3+		3+											1			1		
客户																				

提单	抬头	TO ORDER		保险			
	通知	NOTIFY APPLICANT		保额另加　　％		赔款地点	

按照本章所讲的方法和要点，我们准备了下列议付单证，见表3-24～表3-29。

表3-24 汇票 No. 16ES06JO

北京国际贸易公司
BEIJING INTERNATIONAL TRADE CORP
No.7 Baishiqiao Road, Beijing 100081, China Tel/Fax: 684166

No. 16ES06JO
Aug 30,2016　　　BEIJING
Exchange for **USD80,000.00**
At -----×----- sight of this **First** of Exchange (**Second** of the same tenor and date unpaid),
Pay to the Order of　BANK OF CHINA, BEIJING, CHINA　the sum of　US DOLLAR EIGHTY THOUSAND ONLY

	USD80,000.00

DRAWN UNDER ABC BANK, GERMANY IRREVOCABLE CREDIT NO.001
TO : ABC BANK, GERMANY
L/C NO.001

北京国际贸易公司
BEIJING INTERNATIONAL TRADE CORP
No.7 Baishiqiao Road, Beijing 100081, China Tel/Fax: 684166

No. 16ES06JO
Aug 30,2016　　　BEIJING
Exchange for **USD80,000.00**
At -----×----- sight of this **Second** of Exchange (**First** of the same tenor and date unpaid),
Pay to the Order of　BANK OF CHINA, BEIJING, CHINA　the sum of　US DOLLAR EIGHTY THOUSAND ONLY

	USD80,000.00

DRAWN UNDER ABC BANK, GERMANY IRREVOCABLE CREDIT NO.001
TO : ABC BANK, GERMANY
L/C NO.001

表 3–25　提单 No.0302

Booking No. : 0102	B/L NO.	**0302**

1. Shipper　Insert Name, Address and Phone
BEIJNG INTERNATIONAL TRADE CORP,
NO.7 BAISHIQIAO ROAD, BEIJING
100081, CHINA, TEL:8610684166

CSC SHIPPING LINES

TLX: 33057 CSC CN
FAX: +86(021) 6545 8984

2. Consignee　Insert Name, Address and Phone
TO ORDER

ORIGINAL
Port-to-Port or Combined Transport
BILL OF LADING

3. Notify Party　Insert Name, Address and Phone
(it is agreed that no responsibility shall attach to the Carrier or his agents for failure to notify)

HAMME COMPANY, P.O.BOX 31, HAMBURG, GERMANY

RECEIVED in external apparent good order and condition except as otherwise noted. The total number of packages or units stuffed in the container, the description of the goods and the weights shown in the Bill of Lading are furnished by the Merchants, and which the carrier has no reasonable means of checking and is not a part of this Bill of Lading contract. The carrier has issued the number of Bills of Lading stated below, all of this tenor and date, one of the original Bill of Lading must be surrendered and endorsed or signed against the delivery of the shipment and whereupon any other original Bills of Lading shall be void. The Merchants agree to be bound by the terms and conditions of this Bill of Lading as if each had personally signed this Bill of Lading.
SEE clause 4 on the back of this Bill of Lading (Terms continued on the back hereof, please read carefully)

*Applicable Only When Document Used as a Combined Transport Bill of Lading

4. Combined Transport * Pre-carriage by	5. Combined Transport* Place of Receipt
6. Ocean Vessel　Voy.No. 09 SONG HE	7. Port of Loading SHANGHAI, CHINA
8. Port of Discharge HAMBURG PORT, GERMANY	9. Combined Transport* Place of Delivery

Marks & Nos. Container. Seal No.	No. of containers or Packages	Description of Goods (If Dangerous Goods, See Clause20)	Gross Weight kg	Measurement m³
2016 001, DE	ONE	ONE SET OF MILLING MACHINE MODEL 112 L/C NO. 001 FREIGHT PREPAID ON BOARD AUG.30,2016	8,000	4

Description of Contents for Shipper's Use Only (Not part of This B/L Contract)

10. Total Number of containers and /or packages (in words)
Subject to clause 7 Limitation

IN ONE WOODEN CASE ONLY

11. Freight & Charges ALL AS ARRANGED Declared Value Charge	Revenue tons	Rate	Per	Prepaid	Collect
Ex.Rate:	Prepaid at	Payable at		Place and date of Issue	30/08/16 IN SHANGHAI
	Total Prepaid	No. of Original B(s)/L　THREE		Signed for the Carrier, **CSC CONTAINER LINES**	

LADEN ON BOARD THE VESSEL　SONG HE
DATE　AUG 30, 2016

表 3-26　商业发票 No.16001

北京国际贸易公司
BEIJING INTERNATIONAL TRADE CORP
No.7 Baishiqiao Road, Beijing 100081, China Tel/Fax: 684166

INVOICE

No.: 16001
Date: 30/08/16

MESSRS.
HAMME COMPANY, P.O. BOX 31, HAMBURG, GERMANY

Shipment from　<u>Shanghai, China</u>　to　<u>Hamburg Port, Germany</u>

货品名称及规格 Commodities and specifications	数量 Quantity	单价 Unit Price	总价 Amount
1. ONE SET MILLING MACHINE MODEL 112	ONE SET	USD80,000.00	USD80,000.00 CFR HAMBURG PORT, GERMANY
L/C NO.001			

表 3-27　装箱单 No.001-P1

北京国际贸易公司
BEIJING INTERNATIONAL TRADE CORP
No.7 Baishiqiao Road, Beijing 100081, China Tel/Fax: 684166

装箱单

PACKING LIST **ORIGINAL**

MESSRS.
HAMME COMPANY, P.O.BOX 31, HAMBURG, GERMANY

Reference No.　001-P1
Invoice　No.　16001
Date　　　　　30/08/16
Contract No.　16-001DE

SHIPMENT FROM　SHANGHAI　TO　HAMBURG PORT, GERMANY

Description	Quantity	N.W.	G.W. kg	Measurement m³
ONE SET OF MILLING MACHINE MODEL112 PACKED IN WOODEN CASE(S) L/C NO.001 SAY IN ONE WOODEN CASE ONLY.	ONE SET		8,000	4

表 3-28 质量/数量声明

北京国际贸易公司
BEIJING INTERNATIONAL TRADE CORP
No.7 Baishiqiao Road, Beijing 100081, China
Tel/Fax: 684166

CERTIFICATE OF QUALITY
Date: 30/08/16

ABC BANK, GERMANY
L/C NO.001

TO WHOM IT MAY CONCERN,

WE ARE CERTIFYING THAT THE QUALITY OF OUR SHIPMENT DATED Aug.30, 2016 FOR ONE SET OF MILLING MACHINE MODEL 112 IS IN ACCORDANCE WITH QUALITY STANDARD ×××.

北京国际贸易公司
BEIJING INTERNATIONAL TRADE CORP
No.7 Baishiqiao Road, Beijing 100081, China
Tel/Fax: 684166

CERTIFICATE OF QUANTITY
Date: 30/08/16

ABC BANK, GERMANY
L/C NO.001

TO WHOM IT MAY CONCERN,

WE ARE CERTIFYING THAT ONE SET OF MILLING MACHINE MODEL 112 UNDER THE ABOVE L/C WAS SHIPPED.

表 3-29　发送装船通知的传真证明和寄样声明

BEIJING INTERNATIONAL TRADE CORP
北京国际贸易公司

No.7 Baishiqiao Road, Beijing 100081, China
Tel/Fax: 684166

CERTIFICATE
Date: 04/09/16

ABC BANK, GERMANY
L/C NO.001

We are now certifying that ONE SET OF COPY OF DOCUMENTS HAVING BEEN SENT TO APPLICANT BY EXPRESS MAIL WITHIN 7 DAYS AFTER SHIPMENT.

BEIJING INTERNATIONAL TRADE CORP
北京国际贸易公司

No.7 Baishiqiao Road, Beijing 100081, China
Tel/Fax: 684166

CERTIFIED COPY OF FAX
Date: 01/09/16

TO: HAMME COMPANY, GERMANY
FAX No.:
ATTN.: MR. ××

DEAR SIR,

WE ARE NOW ADVISING YOU THE DETAILS OF OUR SHIPMENT DATED AUG.30,2016 AS FOLLOWING:

CONTRACT NO.: 16001DE
L/C NO.001
GOODS: ONE SET OF MILLING MACHINE MODEL112
VALUE OF SHIPMENT: USD80,000.00
DATE OF SHIPMENT: 30/08/16
NAME OF VESSEL: SONG HE

REGARDS,

××

复习思考题

1. 国际贸易信用证结算中哪些当事方需要审核信用证，哪些当事方需要审核单据？审核的内容和原则是什么？
2. 如何修改信用证？如何避免修改信用证？
3. 总结在 L/C 下，受益人顺利议付货款的步骤和注意事项。
4. 从国际贸易单证角度来看，如何防范信用证风险？
5. 《跟单信用证统一惯例 2007 年修订本》的规定对信用证各方当事人有何影响？

第三章讲义

第四章

国际贸易单证实务中的疑难问题

国际贸易单证实务是较为复杂的实践过程，它不同于国际贸易理论研究，又不同于单纯的、机械式的按照条例执行操作处理，它兼有理论、政策、惯例、个人操作经验和操作技巧方面的内涵。

我们在国际贸易单证的处理中也应该贯彻管理学的思想，即实现目标的有效性（Effectiveness）和效率（Efficiency）。其实，国际贸易单证操作处理的最终目的在于：

- 实现贸易操作的目的，即有效性，对于卖方是实现发货和收款，对于买方则要收货和付款，以及在此过程中所要求的程序。
- 对于与单证操作相关的事务进行计划和安排，保证工作效率和战略性要求，即效率。例如，如何保证单证制作的正确、完整，符合要求，以避免此间由于疏忽或考虑不周造成时间和费用上的浪费（比如，交单时对于不符点，银行要收取费用，即使最终买方接受有瑕疵的交单）。特别是在合同的订立和安排上，要从交易的全局考虑，将未来支付、运输、通关和核销的事情全面预先考虑，以保证程序的顺利进行。否则，在运输发生问题时再商议修改合同或信用证，都是非常低效的表现。

所以，我们学会全面性地、战略性地思考单证处理的问题，全面考虑单证相关的环节，将合同操作的目标进行预见性的计划和控制是十分必要的。

然而，单证的实际操作要求业务人员具备国际贸易的基本理论知识、熟悉国际贸易政策和环境、掌握贸易实务流程、具有单证和程序的感性认识和操作经验，并能在上述基础上掌握单证操作的技巧。

我们在这里将常见的单证处理中的疑难问题加以剖析，旨在从具体问题的分析中展示处理问题的思路，以便读者应用到其他问题中。

第一节 贸易单证与贸易谈判

贸易谈判与单证的关系十分密切，但往往又是许多业务操作中容易出现漏洞的地方。从分析二者的关系上，我们可以清楚地看到：贸易谈判的内容是双方的义务、责任、风险和利益的划分，从另一个角度上讲，等同于对互相取得或（和）提供的单据的明确规定，包括性质、种类、出具机构、内容要求和正副本份数，等等。一个好的国际贸易合同会将所有问题归结为需要提交的书面文件，即单证。如果没有单证的提交作为履行义务的依据，则履行合同是一句空话。

L/C 与合同中的支付条件见图 4-1。

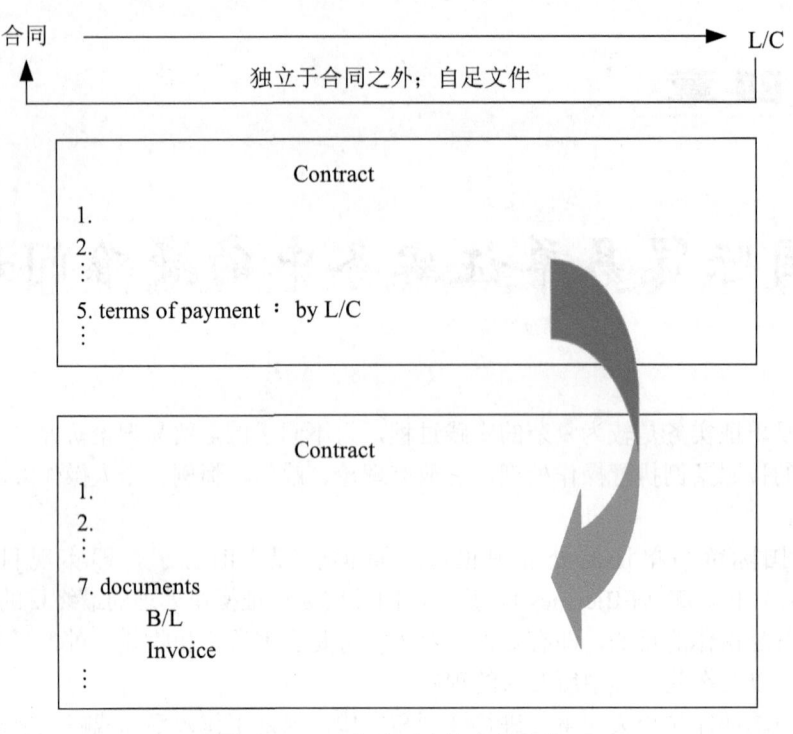

```
合同 ──────────────────────▶ L/C
  ▲         独立于合同之外；自足文件
  │
┌─────────────────────────────────┐
│            Contract             │
│  1.                             │
│  2.                             │
│   ⋮                             │
│  5. terms of payment ：by L/C   │
│   ⋮                             │
└─────────────────────────────────┘

┌─────────────────────────────────┐
│            Contract             │
│  1.                             │
│  2.                             │
│   ⋮                             │
│  7. documents                   │
│       B/L                       │
│       Invoice                   │
│   ⋮                             │
└─────────────────────────────────┘
```

图 4-1　L/C 与合同中的支付条件

我们试着从下述例子中体会一下：

<u>例 1</u>　买卖双方确认一致的货物装运时间为不晚于 2017 年 9 月 10 日，如果合同的付款方式为 L/C 的话，则提单上就应该注明装船日期为不晚于该日期的某个时间，这就将合同履行与单证操作结合起来了。

<u>例 2</u>　卖方向买方保证货物的质量满足要求，则买方会要求卖方出具书面声明。买方可有多种选择，要求卖方在当地商检机构进行商检，并出具商检质量证明，这种单据要求意味着卖方在备货后需要花费费用和时间联系机构安排商检；如果买方接受卖方出具的厂商质量声明，则卖方需要做的就是自行出具单证。所以，买卖双方在贸易谈判中的不同选择将意味着最终取得单据的不同。

<u>例 3</u>　买方在当地办理有关设备的使用手续时，可能需要提交商品的原产地证明，则买方应该在贸易谈判前就了解清楚所需原产地证明的种类、性质和份数，并把它作为贸易谈判的内容和条件。必要时，让对方了解，此证明是在当地办理其他手续所必需的文件，这样双方配合便可无遗漏地办理好各项手续。假如买方在签约谈判时只考虑进口方面的事宜，忽略了对原产地证明的要求，则不论最终卖方是否配合提供，都增加了工作的时间和花费。这是我们不提倡的工作方式。

从另一个角度，我们来说明业务人员应该如何处理好单证与谈判的关系，即单证与合同的关系（这里，我们假设 L/C 在签订好的合同基础上订立，则无改证的需要[注]）。

注：许多资料中强调的是"如果 L/C 和合同不符，则受益人要么以 L/C 为准，要么请求改证。"虽然没有说合同的签订不重要，但认为签订不完善的地方可以由 L/C 及其改证来完成，这是极其错误的思想。

> 第一步：针对交易标的的品名、规格、数量以及交易的性质，通过 H.S.编码，在当地（进出口国）的贸易管理文件中查找进出口需要的手续和单据。

> 第二步：针对自身的需要，例如品质保证、数量要求，以及对运输和保险的要求，汇总第一步中的需要，列出所需对方履行的义务和提交单据的清单。

> 第三步：以上述清单作为谈判的依据，并结合本方能够提供的对价，与对方进行贸易谈判。

在这种思想的指导下，就不会有重大的疏漏项目。

例如，按照 H.S.编码，我们查出进口商品 A 需要进口许可证，则我们在与外方进行谈判时或签订合同时可以约定，合同的生效以我方取得正式进口许可证为条件；但同时，为了公平起见，也可以规定，如果我方未在某个期限内取得进口许可，则合同自动失效。

又如，我们需要卖方在发运后尽快向我们发送装船通知，特别是 CFR 条件下（我们买方自行投保），则我们通过单据来要求，即卖方受益人在提单装船日后 48 小时内向我们发送装船通知，并可要求所包含的通知内容。

第二节　单证流程与国际贸易中的时间管理

我们其实在前面章节中遇到过关于单证流程与时间安排的问题，比如在第三章中关于割草机合同的分析中，谈到了关于开证时间、装运期限和议付期限的规定，我们从感性上认识到这些时间的安排都不应是任意的，而是经过科学安排和计算得来的。在本节，我们正式讨论一下关于国际贸易单证中的时间安排问题。

一、国际货物贸易中的时间管理问题

在买卖双方跨国境的商品交付过程中，所经历的签约、运输、投保、支付和争议的解决等环节都需要明确的时间进度来保障贸易进行的顺畅性和程序间衔接的关联性。虽然"签约日期""装运期""开证时间""交单截止日""索赔有效期"等是看似独立的时间概念，分散在不同的交易阶段，但是从最大限度上提高国际贸易的效率和效用角度讲，进出口商必须对国际货物贸易进行科学的时间管理。

1. 常被忽视的时间管理问题

国际货物买卖交易的顺利执行包括两方面的内容，合同的有效签订与执行。但是在执行过程中常常出现环节"卡壳"的问题，需要协商修改合同条款，并且基本都要涉及履约时间。其主要表现在：

（1）规划时间进度时未能有效考虑预留时间问题。例如：在合同中约定买方于签约后 3 日内支付预付款，但是如果买方未能在此期间办理好付款所需要的手续（如进口登记或审批证明），则要申请修改合同，延期支付预付款。

（2）合同中的时间安排存在不合理的地方。例如，近洋货物的运输中仍然规定信用证

下卖方在装运后数日内交单议付,则买方在货物抵达目的港多日后才可能取得货物单证。

(3) 时间安排上未能考虑环节的衔接问题,特别是需要买卖双方进行衔接的时候。例如,在 FOB 方式下,如果买方未能按时指派船只,则卖方无法交付货物。

(4) 对时间概念的表达不明确。例如"交货期""收到信用证后×日内装运"等概念都是容易引起争议的,不如利用能准确表达时刻的"最迟装运日"和"信用证开立后×日内装运"。

总之,由于在谈判和签约时未能系统、连贯地考虑时间规划与衔接问题,就有可能在交易执行的过程中出现各种故障,影响交易目标的实现,至少在效率上将花费更多的时间和费用。许多资料中强调 L/C 是独立于合同外的自足文献,L/C 和合同不符或提出了超越合同条款规定的范围,则受益人要么以 L/C 为准,要么请求修改信用证。但并不能说合同的签订不重要,签订不完善的地方可以由 L/C 及其改证来完成(这是极其错误的思想)。改证仅是对现状的一种弥补措施,它不仅花费时间、精力和费用,更影响合同执行的效率,是应该尽可能避免的事情。科学的时间管理和严谨、完善的合同签订是极其重要的。

2. 科学的时间管理是实现交易目标的重要保障

国际贸易中的时间管理可以理解为两方面的内容,计划有效的时间进度和保证时间进度的执行。时间进度的计划工作分布在买卖双方谈判前的准备和谈判过程中,最终体现在完备的国际贸易合同文本上。而保证时间进度的执行需要有效的内部组织管理和双方的有效沟通,其间还应包括适应内外部环境变化而做出的时间进度调整。

时间安排的原则与关键仍然是实现单据操作,即合同履行程序的有效性和效率。首先,保证单据出具的及时,以免单据不到,耽误业务程序;其次,在安排上要统筹,以保证效率。例如,单证期限规定过早的,则单证申请人有可能需要花费加急费用以取得单据;而如果规定得晚,可能耽误使用,又会影响对方的使用。所以,买卖双方在单据操作,特别是时间安排上一定要熟悉政策、惯例,并逐渐积累经验,在贸易合同的签订中完善单证的时间安排。

二、国际货物贸易中时间管理的模型与方法

1. 时间管理的目标

买卖双方分别以及时安全的付款—收货和交货—收款作为交易的最终目标,时间管理应与此一致,并为此目标服务。具体地讲,时间管理应实现下列目标:首先,保证交易的执行和各个环节间的衔接。其次,实现高效率的时间安排,力图在每一环节中都留有正常的、可行的但并不冗长的工作期,避免资源浪费。时间管理不仅是各种时间概念的组合,还需要借助各种先进的国际贸易实务操作工具来完成,在这个过程中,它更是现代科学管理思想的体现。

2. 时间管理的条件

时间管理具有一定的复杂性和多目标性,对签约人和环境制度都有较高要求。首先,买卖双方必须充分了解国际贸易的实务操作和各种可行的选择(Feasible Alternatives),对国际贸易程序和环节安排有充足的知识与经验,同时能够利用科学管理方法进行理性决策,例如,买方能够根据自己货物使用的时间对货物的发运提出要求,并据此衔接向买方进行货款支付的时间与条件。其次,买卖双方所在的企业、国内环境以及国际环境对时间管理提出要求并

为之提供方便。例如，许多专业化的贸易公司仍然采用职能性的组织结构形式，这就要求业务部门与储运部门以及财务部门的沟通与衔接，而许多中小型的制造企业的外贸部门通常采用一体化的个人负责制，这样对个人能力的要求可能将更高一些。现代发达的信息技术、通信工具和 ERP（企业资源计划）系统为进出口的时间安排提供了方便。

3. 时间管理的模型与方法

首先，从概念上我们应该采用容易和能够确定的时间作为依据。通常，我们选择可以表现在国际贸易单证中的日期。国际贸易单证是代表每一个交易程序和环节的载体，因为每一个过程的目标都可以看作"取得或发放某项贸易单证"。例如，电汇预付款时，银行在付款人提交的"海外电汇申请书"上表示付款的签章日期可以作为买方履行这一义务的时间。而如果采用"卖方收到预付款时"则难以确定准确时间。其他类似的时间规定如表 4-1 所示。

表 4-1　其他类似的时间规定

交易环节名称	能够准确描述的时间——单证（建议采用）	不易准确描述的时间（不建议采用）
交货	装船（ON BOARD）日期；提单日期；装运日期——提单	交货期
电汇货款	汇出日——海外电汇申请书	卖方收到货款的时间
信用证开立	开立日——信用证	受益人收到 L/C 的时间

所以，在合同中约定时间时，尽量选择可以确定下来的日期，例如"卖方在信用证开立后 90 天内装运货物（shipment to be made by the seller within 90 days after the issuing date of the covering L/C）"，而非"收到信用证后（after the receipt of the covering L/C）"。

其次，利用目标倒推和对价衔接的思想建立时间管理的模型。一方面，从最终目标的时间算起，倒推出各个环节所需要掌握的时间；另一方面，将买卖双方的对价衔接贯穿到时间安排中。

时间安排的方法和步骤：

> 第一步：针对交易的最终目标，查询所需要提交单据的种类与提交时间，作为取得单据的时间期限。
> 　　例如，在合同正式启动和生效前需要取得进口许可证（必要时）；在货物到达目的港前（海上航行时间约为 21 天）需要取得全套货运单据；等等。

> 第二步：按照自己所需的单据，确认取得这些单据所需要的手续、经办机构、费用，特别是时间。
> 　　例如，确认取得进口许可证的申请期大约为 30 天；从受益人提交单据到议付行转到开证行，并最终到达买方的时间大约需要 14 天；等等。
> 　　作为单据提交方，针对对方提出的交单时间，也要特别注意核查自己取得这些单据需要的时间。

> 第三步：由前两步推算开始申请或要求提交单据的时间。
> 例如，在需要合同生效的期限前 30 天应提交进口许可申请（而准备申请材料的时间应该更早）；如果货物从装运到到达目的港大约需要 21 天，则可要求受益人在装运后 7 天内必须交单议付，以保证货物到港时，单证齐全，避免出现"货等单"的局面。
> 对于受益人，特别要注意分析对方提出的时间安排是否可行。因为有些单据是需要申请周期的。

> 第四步：以上述分析的结果作为谈判和安排时间进度的依据。注意考虑时间的宽限，因为在申请的和投递的过程中，有可能出现短时间的误差。

我们以运输单据为例来具体说明（因为运输单据是时间安排中最常见，也是最重要的安排之一）：

> 货运单据签发 ………… 货运单据抵达进口方①
>
> 货物启运 ………… 货物抵达目的港，等待报关提货②

多数海运情况下，由于货物在海上运输的行程②所需的时间长于单据从受益人到开证申请人买方所需要的时间①，所以货物到港时，进口人一般已经完成了付款赎单。这属于常规情况，对装运和议付的期限规定也较为简单。

我们对照图 4-2 说明如何确定：

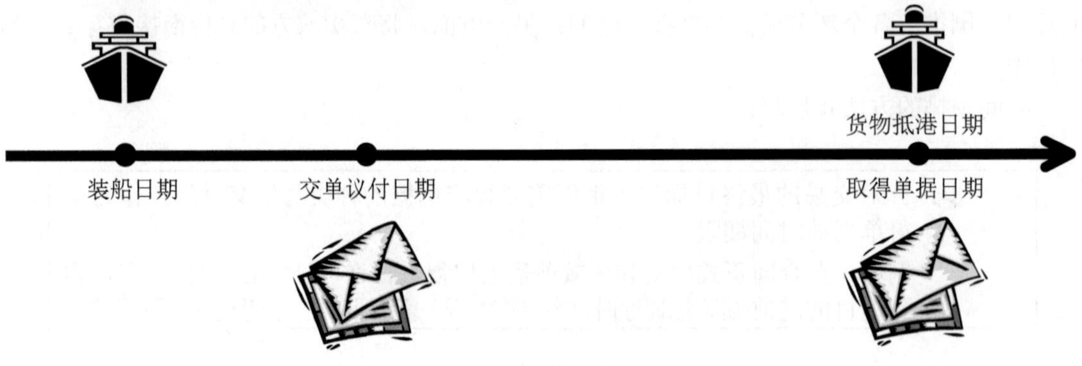

图 4-2 信用证支付条件下的时间确定

（1）装船时间。
（2）议付期限。

首先，我们根据需要使用货物的时间，考虑到合理的通关和提货时间，可以推算出需要的最迟货物抵港日期；然后根据货物需要的海上运输时间，推算出货物所需的最迟装船日期。

其次，我们应在不晚于货物抵港日期取得单据（也许需要更早，因为我们还需要审单时间）。一般地，我们根据单据从受益人提交到最终通过开证行到达开证申请人的常规周期推算出受益人应该交单的最迟期限,这个期限可作为信用证的有效议付期限。这个期限与装船日期(推算)的距离可作为我们确定受益人交单期限的参考依据。(按照国际惯例,无特殊说明时为 21 天)。

UCP600 所作的重大修改之一就是明确规定了银行的审单时限,"按指定行事的指定银行、保兑行(如有的话)及开证行各有从交单次日起至多五个银行工作日用以确定交单是否相符。这一期限不因在交单日当天或之后信用证截止日或最迟交单日届至而受到缩减或影响。"因此,银行必须在规定期限内做出是否相符交单的判断。

下面我们按照图 4-3 举例说明时间确定的步骤和方法:

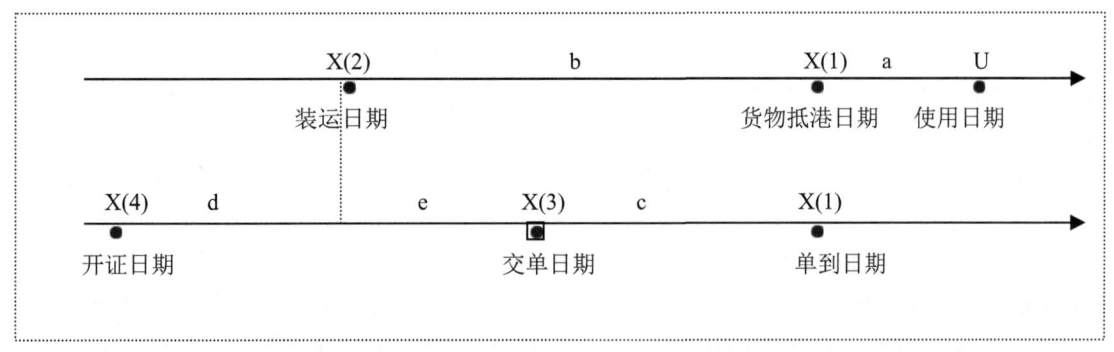

图 4-3 信用证支付条件下的时间确定案例分析

(1)确定目标时间。通常目标时间为买方所需要的最终使用时间 U(已知)。

(2)确定需要计划的时间进度。国际贸易合同中通常需要确定的时间有最迟装运期 [X(2) 允许的最迟日期]、信用证有效期 [X(3) 允许的最迟日期]、信用证交单议付期(e 允许的最大值)、最迟开证日期 [X(4) 允许的最迟日期],等等。

(3)列出所有活动内容及其所需要的时间和(或)期限,找到各项活动间的关系。根据各种活动间的关系,从最终目标开始,根据实现这一目标所需要的条件和期限,推算前一活动完成的期限。假设某国际贸易项下的全部时间活动如下:

- 买方需要使用货物的时间为不迟于 2017 年 8 月 5 日
- 卖方要求的交货周期为信用证开立后 9 个月
- 货物在海上的运输时间约为 1 个月
- 货物在目的港通关提货的时间约为 5 天
- 货物运送到买方所在地并完成安装需要约 1 个月
- 以信用证方式结算,从受益人交单到买方取得单据约 21 天

U:货物要求的使用日期。这里 U 为不迟于 2017 年 8 月 5 日。

a:货物从目的港通关、提货后运送到买方所在地并完成安装所需要的时间。假设货物在目的港通关提货的时间约为 5 天,货物运送到买方所在地并完成安装需要约 1 个月,则 a=35 天。

X(1):货物抵港日期。且 Ua=X(1),即按照货物要求的使用日期(2017 年 8 月 5 日),减

去货物所需要花费的目的港通关、提货以及运送到买方所在地并完成安装的时间,就是货物应该到达目的港的最迟日期。此处 X(1) 为 2017 年 7 月 1 日。货运单据也应不迟于此时到达买方,以保证按时办理通关手续。

b:货物在海上的运输时间(装运港至目的港)。假设为 1 个月。

X(2):装运日期。如果要求货物在 X(1) 前到达目的港,而货物在海上的运输时间为 b,则货物应不迟于 X(2)=X(1)–b 在装运港装运。所以,本例中的最迟装运日(latest date of shipment)应为 2017 年 6 月 1 日。

c:信用证结算方式下,受益人议付交单至单据通过银行到达买方的时间,即单据从受益人到开证申请人所需要的时间。假设为 21 天。

X(3):有效议付日期,受益人应不迟于这个日期交单议付,以保证单据不迟于 X(1) 到达买方。X(3)=X(1)–c。本例中受益人最迟应在 2017 年 6 月 9 日议付,即信用证的有效期(the validity of the L/C)。

X(4):开证日期。开证日期与装运期间的时间为卖方的备货时间,即交货周期 d。X(4)=X(2)–d。买方开立信用证后,卖方才开始正式备货,由于卖方要求信用证开立后 9 个月装运,所以买方应在要求的装运期 2017 年 6 月 1 日的基础上倒退 9 个月,作为开立信用证的期限(the L/C should be issued before…),即 2016 年 9 月 1 日。特别需要说明的是,合同中确定了开证期限后,装运期就应该定为"信用证开立后 9 个月内",而不是具体日期,因为如果买方未能按时开证,卖方不必履行交货义务。否则,卖方必须先履约,再向买方索赔。

e:装运后议付期限。为了避免发生"货到无单"的局面,应该保证单据不晚于货物到达目的港到达买方手中。装运后,货物运输和单据的传递时间分别为 b、c,则 e 应该小于等于 b、c。这里 e 为 9 天,即提单日后 9 日内交单议付。这样计算的好处是既能保证单据及时到达,又能避免主观制定时间计划出现"双到期"问题。但是,在这种情况下,卖方需要判断是否可以在 9 天内准备好所有单据,尤其是需要凭借提单办理的议付单据。如果有问题,应该及时与买方磋商,确定合理时间。按照国际惯例,如果无特别说明,受益人可在装船后 21 日内交单议付(当然不得晚于信用证有效期)。

这样,我们就科学地产生了所需要的时间进度表:

- 买方须于 2016 年 9 月 1 日前开立信用证;
- 装运期为信用证开立后 9 个月内;
- 信用证的有效期为 2017 年 6 月 9 日;
- 信用证的交单议付期限为提单日后 9 天。

但是,当出现下列情况时,即货物在海上运输的行程②明显短于单据从受益人到开证申请人所需时间①时,情况就变得复杂了。这里主要有两种情况:

情况一 近洋运输

当发运港离目的港较近(如日本到我国,我国内陆港口到香港特别行政区,等等),海上航行所需时间短于单据通过银行转递和处理时间时,如果还依照常规(如第三章案例)的处理方式,就会出现"货到无单"的情况,这时,进口人需要支付滞纳金和仓储费。

在近洋运输中，普遍采用的处理方法叫作"1/3 提单法"。即要求受益人卖方（或发货人）在装运后较短时间（例如 48 小时内）快递一份正本提单给买方，作为提货依据，必要时还需要发票和装箱单等。而在议付提交提单中，则规定凭其余 2 份正本提单即可。同时，在议付单据中需要增加一条受益人（或发货人）按要求寄送 1/3 提单的声明或邮政凭条。这样，既不耽误买方提货，又不影响卖方议付，因为不论买方是否已提货，只要卖方受益人按 L/C 要求提交了单据，就可以收到款项。但是，由于买方取得提单在先，对于卖方而言，还是增加了一定风险。

情况二　空运货物

空运货物与海运情况不同。空运单不是物权凭证，所以不是提货凭证。空运单中的收货人就是货物所有人，类似我们生活中寄邮包的方式。收货人凭有效证件提货。在 L/C 方式下，应该要求受益人在发运后（一般为 24 或 48 小时）将发运细节通知买方，并提交通知凭证，以便买方在目的地查询，延误通关提货。而受益人仍可按常规方法议付，当然也存在与情况一相似的风险。

国际贸易中的时间管理是一个兼有科学性与艺术性的管理活动。一方面，可以通过科学计算排列各项活动的时间表，另一方面，在此期间存在着一定的不可确定性，例如海上意外风险对运输时间的影响，单据交递中的投递时间也很难精确保证，此外在电子数据交换时，系统的稳定性也会对时间进度产生一定影响。总之，对于必须保证的时间应该留有足够的余地应对各类偏差，同时在业务中要通过业务培训和学习等方式加强业务操作的能力以尽可能地提高效率。

第三节　大型设备国际贸易的结算与支付

国际贸易的基本结算方式有三种：汇付、托收和信用证。三种方式各有利弊，按照管理权变（Contingency）的思想，并不能说其中哪一种是对买方或卖方最为有利的。因为所处的交易环境和结算方式的具体做法都会产生不同效果。信用证最大的好处在于介入银行信用，保证交单（交货）和付款的对等性，最大限度地避免了卖方收款但不发货和买方收货而拒绝付款的行为。但是，信用证的费用高，占压资金，而且是象征性交货（单据买卖）。

相对地，以电汇 T/T 方式为例，并不能简单断言对于买方或卖方是有利或不利的。因为，对于买方，采用"货到付款（payment by T/T within × days after the arrival of the goods.）"的方式就很有利，而选择"预付全部货款（payment by T/T within ×× days before shipment.）"就会使买方被动，因为如果卖方届时拒绝履行交货义务，则很难保证卖方会返还这笔预付款。

所以，在贸易结算的实际处理中，应该考虑交易的具体环境，对比不同的支付方式，选择最为合适和有利的付款条件。付款条件的公平合理性是十分重要的，在交易中，通过制定完善的交易条款，共同合作，又共同牵制，这样才能共同达到合同目的。

在许多大型设备的国际交易中，由于下列原因不适于完全以 T/T 或 L/C 方式支付货款：

- 款项金额巨大，买卖双方间的商业信用很难保证达成交易。很难在双方要求之间找到平衡点，主要是支付的时间难以得到共同认可，各方都将坚持对己有利的支付时间，而且如果不用这种时间方式，则意味着巨大的风险。
- L/C 的开证时间不好确定。大型设备的生产周期都较长，卖方都会要求在合同订立时开证，而且如果在买方开证前，卖方一般是不会投产的，因为一旦买方最终不按合同开证，卖方就难以挽回损失。但是这样做意味着买方需要占压很长时间资金，增加了成本，所以，买方会坚持在卖方备妥货物发运前开证。因此，双方很难达成一致。

目前普遍适用的方法是结合 T/T 和 L/C 付款方式的优点，具体条款格式如下：

Terms of Payment

- 15% of the total contract value by T/T within … days after signing the contract against the covering invoice from the Seller.
  签约后……日内，凭卖方出具的商业发票，买方以 T/T 方式向卖方支付 15% 的合同金额。

- within … days before shipment, the Buyer shall open an irrevocable sight L/C in favor of the Seller covering 85% of the total contract value …
  装运期前……日内，买方开立 85%合同金额的、以卖方为受益人的不可撤销即期信用证……

    ◇ 70% of the total contract value to be negotiated within … days after shipment of the goods against documents in Clause 10.
    在装运后……日内凭第 10 款中的单据议付 70%的合同金额。

    ◇ 10% of the total contract value to be negotiated within … days after supervision against "the Acceptance Protocol" signed by the Applicant.
    调试后……日内凭申请人签署的"设备验收报告"议付 10%的合同金额。

    ◇ 5% of the total contract value to be negotiated at the end of guarantee period (12 months from the Acceptance Protocol date) against the Applicant's Certificate of Acceptance.
    质保期（自"设备验收报告"签字生效起 12 个月）结束时，凭申请人签署的"接受声明"议付其余的 5%合同尾款。

说明：

（1）签约后规定时间内，买方支付预付款（金额为合同金额的 15%），见图 4-4。卖方向买方提供商业发票，买方填制电汇申请单，向卖方办理支付。

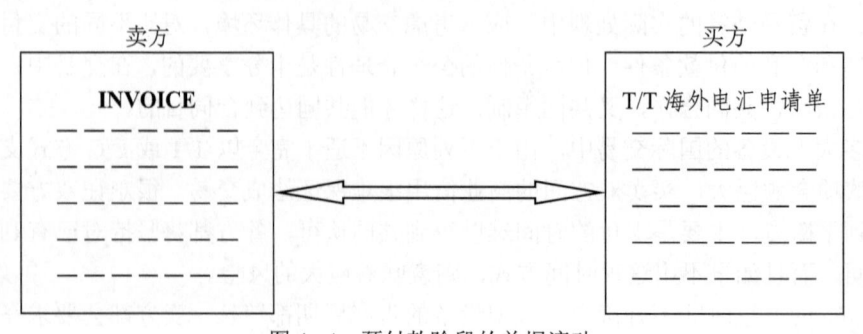

图 4-4 预付款阶段的单据流动

（2）85%的合同金额以 L/C 结算，且分段议付，见图 4–5。

买方开立以卖方为受益人的不可撤销信用证。第一，货物装运后，卖方凭全套货运单据办理第一次议付（70%的合同金额）。第二，货物在卖方所在地安装调试合格后，买方在"设备验收报告"上签章，交给卖方凭以办理第二次议付（10%的合同金额）。第三，设备验收合格后，在质保期结束时，买方签署"接受声明"，交给卖方凭以办理合同尾款（5%的合同金额）的议付。

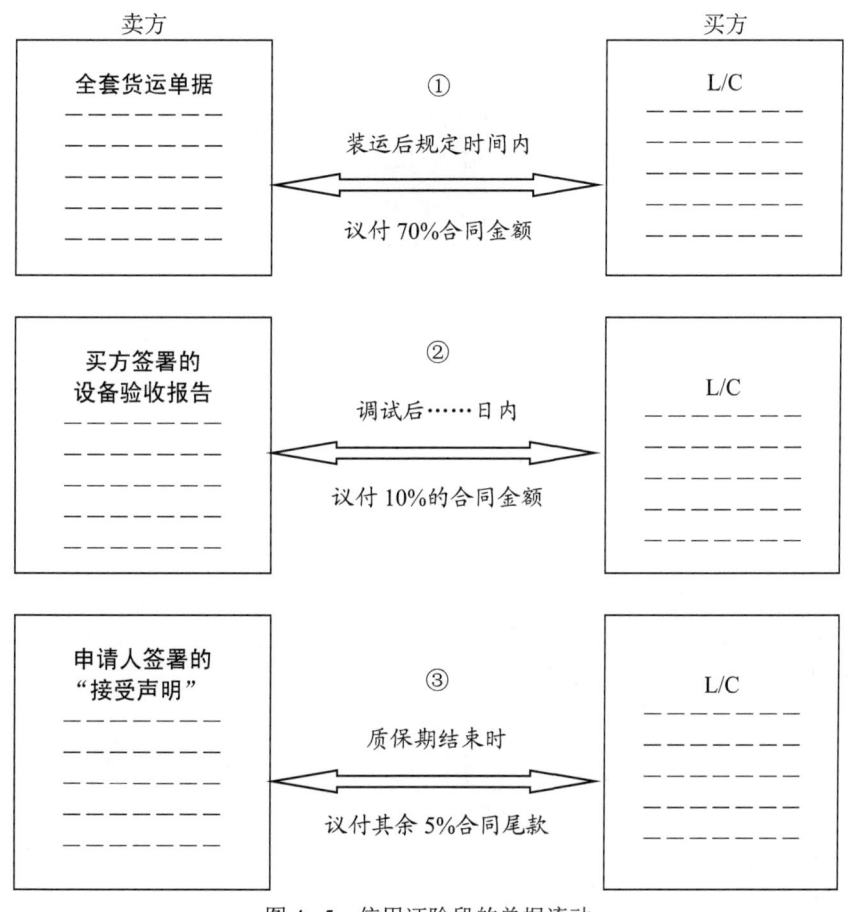

图 4–5　信用证阶段的单据流动

复习思考题

1. 为什么说合同谈判和签约在整个交易过程中尤为重要？从交易履行的角度看，要注意哪些问题？

2. 假设下列已知条件：
- 拟签约的时间为 2016 年 6 月 1 日；

- 买方需要使用货物的时间为不迟于 2017 年 8 月 1 日；
- 卖方要求的交货周期为 9 个月；
- 货物在海上的运输时间约为 1 个月；
- 货物在目的港通关提货的时间约为 7 天；
- 货物运送到买方所在地并完成安装约需要 1 个月；
- 以 T/T 和信用证方式结算，从受益人交单到买方取得单据约需要 21 天。

现要求制定相关合同的装运和支付条款，以便满足上述要求（未列明的要求读者可自由合理假设）。

第四章讲义

第五章

电子单证

第一节 电子单证的产生与发展

经济全球化和信息技术的发展为国际贸易带来了发展动力，一是因为产生了更多的贸易机会，二是电子商务和使用电子单证带来的更多贸易便利，大大节省了时间和费用。电子商务和电子单证对进出口商、管理机构以及全球贸易带来的影响是革命性的。

一、更多的贸易机会

由于电子商务，买卖双方非常容易通过互联网来寻找贸易伙伴，也可以通过互联网查询与交易相关的知识和法则，并且以电子方式进行贸易往来和谈判，直至达成交易。即使是面对面（face-to-face）的磋商也往往成为必要，但是以互联网作为沟通的便利方式则大大提高了效率。

二、合同下的电子单证

20 世纪 90 年代，世界上多数国家仍然沿用原有的单证处理方法和程序。但是，大家逐渐注意到电子单证的便利。国际商会在 1990 年发布的《国际贸易术语解释通则》中就规定："如果买卖双方约定使用电子通信，合同规定的单证可以由相等的电子单证所代替。"在信息技术标准化发展的推动下，许多国家先后使贸易单证标准化，并通过互联网进行电子数据交换（EDI，Electronic Data Exchange）。这样，我们便拥有了电子合同、电子发票、电子装箱单等。

三、贸易的管理

电子单证在国际贸易中最为显著的作用还在于各国纷纷推出了贸易管理的电子程序，以联网的形式对贸易进行支持、引导、监督和控制，这包括：管理单证的网上申领、电子报关系统、核查系统等。

第二节 电子单证的特点

电子单证有如下特点：

第一，电子单证传递速度快，可以提高效率和节省费用（相对邮寄而言）。

第二，电子单证需要一定的前期投入，比如，电子计算机等硬件和提交系统软件的建设，这对于企业或机构而言，都是一笔固定费用。

第三，电子单证处于快速发展阶段，但是仍然存在着以下问题：
- 习惯性处理方式对于新的电子方式的阻力；
- 电子单证的地位合法性需要在全国乃至世界范围内得以确认，即电子单证在某项贸易处理中是否可接受，具体要求有哪些；
- 如何判断和要求电子单证的真实性，以保证贸易安全，所以，在提交电子单证时，有时必须提交一些纸质文件作为证明；
- 如何在全球尽快统一电子系统，以标准化的形式处理电子单证，因为目前各国之间的文件和系统常常不能兼容；
- 电子单证有时反而使贸易变得麻烦，许多情况下，电子单证是为贸易管理机构服务的，使他们的程序更加通畅和简化，但是对于企业需要学习新的提交方式，在磨合的过程中有时会增加难度和时间投入。
- 在断电、系统故障和病毒袭击的情况下，电子单证将阻碍贸易进行。

总之，电子单证在使用和发展中如同电子商务，有利有弊，不能一概而论，应在促进国际贸易发展和完善单证操作中发挥电子单证的作用。在未来发展中，各国以至整个世界都在寻找一个优良的系统，正如世界海关组织（WCO, World Custom's Organization）对海关改革和电子化情况的调查表明的，世界上近 90% 的海关正致力于依靠诸如人工智能、条码和文件成像技术的帮助，对海关系统进行改革，以便优化海关与企业间的电子通信线路。这对于整个国家甚至世界打击贸易犯罪，进行安全监控都是十分必要的。

第三节　电子单证的应用

一、电子信用证

早在 2000 年 5 月 24 日国际商会的巴黎会议上，国际商会银行技术与惯例委员会的未来特别委员会（Task Force on the Future）认为有必要在现行的 UCP 和纸制信用证的电子等价物之间建立一种过渡，建议就电子开证和电子交单等问题，以 UCP "附录" 或 "增补" 的形式，制定 UCP 的规则。2002 年 4 月 1 日，为了适应电子单证发展的需要，国际商会经过 18 个月的筹措，颁布了 "UCP Supplement for Electronic Presentation"（"eUCP"，暂译为 "UCP 电子交单增补"）。eUCP 在性质上是 UCP 的补充，而非取代 UCP，在全部或部分电子交单时与 UCP 共同应用。如果信用证用证当事人意欲适用 eUCP，则必须在信用证当中明确约定。但如果一份信用证适用 eUCP，即使在没有明确约定的情况下也可适用 UCP。

二、电子单证在其他国家的应用

1. 美国的自动出口系统（AES, Automatic Exporting System）和自动商业系统（ACS, Automatic Commerce System）

美国的国家自动化单证处理系统是世界领先的。进出口商可以通过 ACS 和 AES 两个系统分别进行操作，而且是相对独立的；但是，对于美国海关总署和授权的政府部门，则可以看到国家进口和出口的内容和详细资料，数据则是关联的。

对于美国的出口商，他们在货物离境前，通过 AES 系统提交托运人出口报关单（SED，Shipper Exporting' Declaration）；而自动商业系统 ACS 则是美国海关为了简化进口手续、降低成本、减少文书作业开发的。它为所有经注册的进口商、承运人、口岸等部门提供一个名为中间商自动化界面（ABI）的自动程序，并可进行电子数据交换。ACS 系统的主要功能如表 5-1 所示。

表 5-1 ACS 系统的主要功能

自动清算所 ACH	电子付款方式，用以支付海关的各种税费
其他政府机构 OGA	这一界面的设置省去了向美国其他机构提供书面表格的要求。即电子数据传到所需到达的其他各政府机构
自动载货清单系统 AMS	货物库存控制与放货通知系统
国家保税系统 THE NATIONAL IN-BOND	包含于 AMS 中，对进入美国境内从卸货地到入境港或出口港的在途货物进行跟踪核查
无纸总保税系统 PMIB	专为使用自动提单的海运货物使用

2. 欧盟的单一管理文件（SAD，Single Administration Document）

许多区域贸易集团在进出口报关时采用了标准化的进出口报关单，它是由集团成员国共同使用的标准化进出口文件，一般由出口卖方签发，涵盖下列内容：

- 出口商/卖方/发货人名址；
- 进口商/买方/收货人名址；
- 货物描述与价值；
- 货物原产地声明；
- 货物运抵国；
- 承运人和运输方式；
- 关于履约、管理及贸易统计的其他内容。

该单据的使用是这样的，当成员国向非成员国出口时，由成员国出口商填写签发的单据为出口报关单；当货物运输到成员国边境时，该单据作为进口报关单和出口报关单。目前这类单据基本上采用电子信息交换形式。

欧盟是世界区域经济一体化发展的标志，自 1988 年开始采用单一管理文件，旨在统一各成员国的海关文件，以协调和规范成员国间的海关进出口管理，简化贸易程序，促进区域经济的发展。单一管理文件作为欧盟内各成员国间进出口的报关文件，大大简化了各国间贸易的报关及其他进出口程序，推广了贸易文件的标准化。但是，由于该系统仍未基于 Internet 运作，所以各企业或机构需要与欧盟海关系统兼容。也可以选择已建立链接的机构提供报关、货运服务来解决问题。

SAD 同时作为进口或出口报关单，也用于货物在欧盟和欧洲自由贸易区（EFTA）的过境，申报信息通过计算机直接传输给所有成员国的海关。

表 5-2 为 SAD 式样。

表 5-2 SAD 式样

Consignor (Exporter)	Date; Reference No. etc		
Consignee	Buyer (if other than consignee)...		
Notify/Delivery address	Country whence consigned		Free text
	Country of origin		Country of destination
Transport details	Terms of delivery and payment		
Shipping marks; Container No.	Number & kind of packages	Commodity No.	Gross weight	Cube
			Net quantity	Value
Free disposal				
			Authentication	

3. 海关数据管理自动化系统（ASYCUDA）

这是始建于 1981 年的联合国海关网络，由联合国贸易与发展会议（UNCTAD）在日内瓦开发，目的在于帮助最不发达国家通过选择适当的贸易方式促进经济和地区的发展。最新版本为 ASYCU-DA2，系统已经过测试，性能稳定。这一系统采用国际标准化组织 ISO 编制的国际编码标准。包含了绝大多数的外贸环节，如处理海关申报、载货清单、会计程序、转运和停运等。该系统的最大优点在于它可以针对应用国家的实际海关制度、税法和其他法规对系统进行设置，所以，系统有很大的应用灵活性。

ASYCUDA 的两大基本目标在于：一是加强海关管理和征税，另一个就是加强发展中国家与发达国家间的贸易联系。

三、电子单证在我国的应用

我国目前使用最广泛的两类电子单证处理为：中国电子口岸和单证的网上申领。

1. 中国电子口岸

（1）什么是中国电子口岸。中国电子口岸（也称"口岸电子执法系统"）（网址：http://www3.chinaport.gov.cn）是海关总署等国务院十二部委在电信公网上（Internet）共建的一个公共数据中心和数据交换平台，依托国家电信公网，实现工商、税务、海关、外汇、外贸、质检、银行等部门以及进出口企业、加工贸易企业、外贸中介服务企业、外贸货主单位的联网，将进出口管理流信息、资金流信息、货物流信息集中存放在一个集中式的数据库中，随时提供国家各行政管理部门进行跨部门、跨行业、跨地区的数据交换和联网核查，并向企业提供应用互联网办理报关、结汇、付汇、进出口汇核查、出口退税和网上支付等实时在线服务。

（2）中国电子口岸建立的意义。中国电子口岸的建成和推广，标志着国家电子政务系统中的海关"金关工程"已经进入实际运行阶段，并且在提高贸易效率、降低贸易成本、整顿和规范经济秩序、促进电子政务发展和提高我国信息化水平等方面产生了巨大的经济效益和社会效益。

首先，从综合管理的角度讲，有利于各管理部门间的分工、协作，在进出口的环节管理上更加完整和严密，不仅增强了管理的综合效能，更好地服务企业，还能通过电子联网核查有效地解决单证中的欺诈行为，严厉打击走私、骗汇和骗税等违法犯罪活动。

其次，企业通过中国电子口岸网办理进出口有关业务，企业不仅节省了时间、精力，还利于贸易管理和统计，提高了贸易效率，降低了成本。

最后，电子口岸的建立，意味着我国外贸管理进入了信息化时代，它是我国贸易现代化发展的重要标志之一。

（3）中国电子口岸的企业电子通关业务流程，如图 5-1 所示。普通进口报关单录入界面如图 5-2 所示。

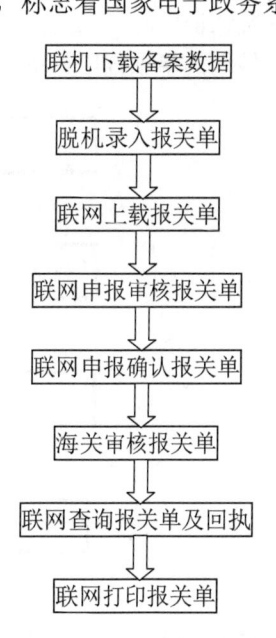

联机下载备案数据
↓
脱机录入报关单
↓
联网上载报关单
↓
联网申报审核报关单
↓
联网申报确认报关单
↓
海关审核报关单
↓
联网查询报关单及回执
↓
联网打印报关单

图 5-1　企业电子通关业务流程

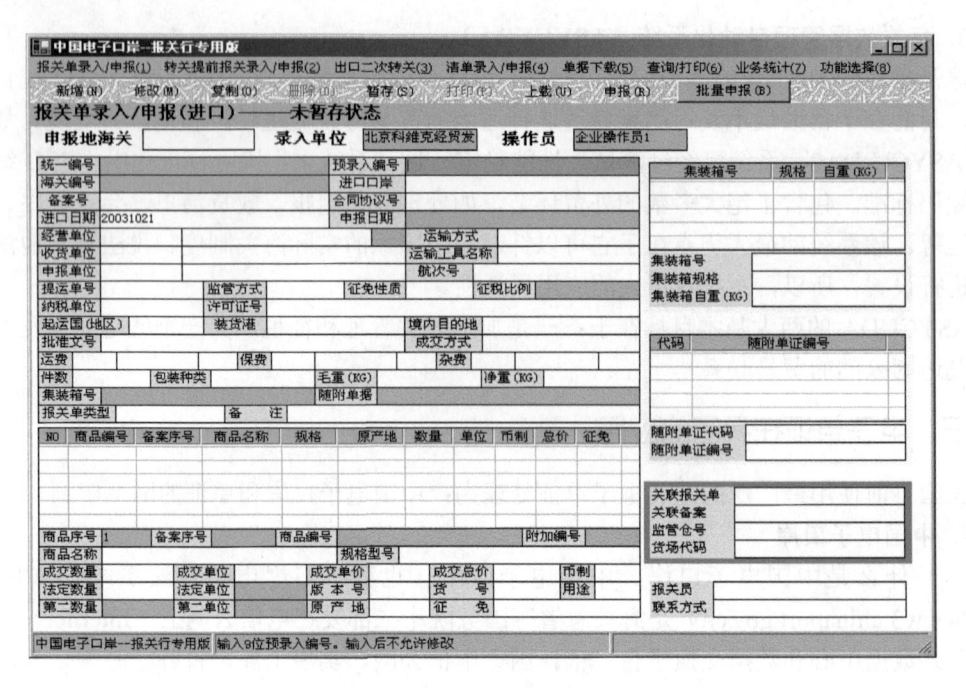

图 5-2　进口报关单录入界面

2. 单证的网上申领

进出口企业所需的某些单证是需要向政府机构或其他机构申领的。国家在贸易管理中，通过登记制或审批制来决定某些业务权力的赋予和审核，并签发相应的单证，例如进出口许可证、机电产品进口登记证，等等。企业需要办理某些单证认证，也需要由诸如贸促会等机构签发认证。

传统的申领程序如图 5-3 所示。

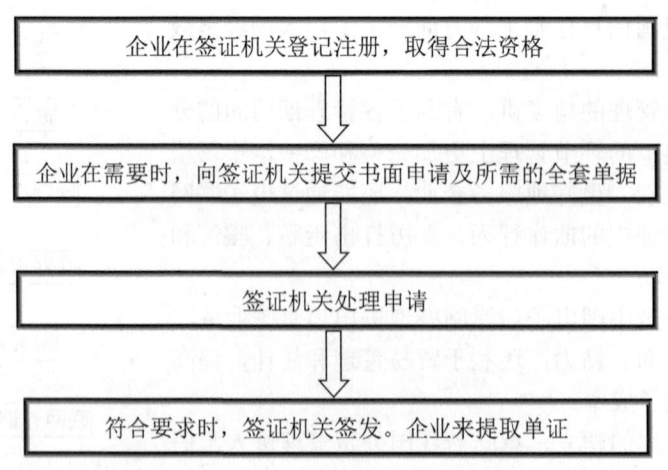

图 5-3　传统的申领程序

传统申领程序的缺点是比较浪费时间，因为企业需要先以邮寄或递送的方式上交签证申请，需要花费时间和费用。目前，许多机构采用的网上申领办法如图 5-4 所示。

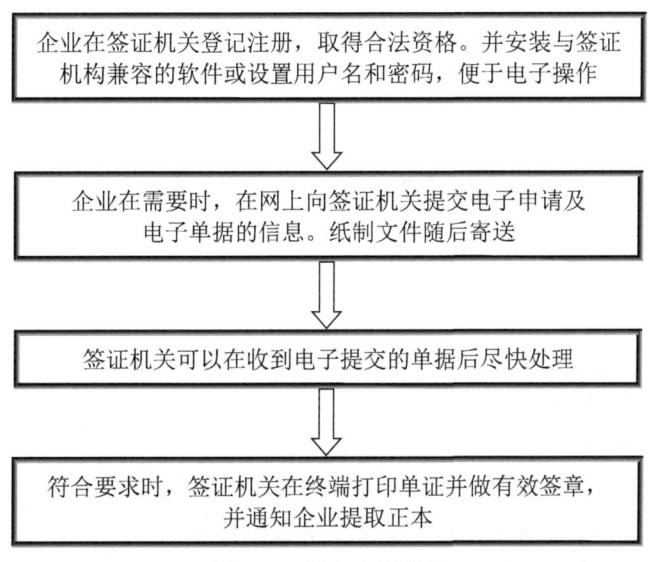

```
┌─────────────────────────────────────────┐
│ 企业在签证机关登记注册，取得合法资格。并安装与签证  │
│ 机构兼容的软件或设置用户名和密码，便于电子操作       │
└─────────────────────────────────────────┘
                    ↓
┌─────────────────────────────────────────┐
│ 企业在需要时，在网上向签证机关提交电子申请及         │
│        电子单据的信息。纸制文件随后寄送            │
└─────────────────────────────────────────┘
                    ↓
┌─────────────────────────────────────────┐
│    签证机关可以在收到电子提交的单据后尽快处理        │
└─────────────────────────────────────────┘
                    ↓
┌─────────────────────────────────────────┐
│ 符合要求时，签证机关在终端打印单证并做有效签章，     │
│              并通知企业提取正本                   │
└─────────────────────────────────────────┘
```

图 5-4 网上申领程序

以目前我国企业网上申领机电产品进口登记证明为例，说明这一操作过程。

（1）用户注册。企业用户直接登录网址 www.import.chinabidding.com，进入"欢迎访问机电产品进出口申请网上申报系统"页面，并根据屏幕提示在线填写"新用户注册表"，并按照要求支付相关费用。只有经过注册的用户才可以进行网上申领。

（2）在线申领。在业务需要时，用户使用用户名和密码登录http://import.chinabidding.com，进入"在线申请"，在线填写申请表页面，并网上提交。当网上审批成功后，用户携带纸制打印表，加盖本单位公章送主管部门审批后到所属机电办领取进口批件。

向中国贸促会在网上申领原产地证明及办理其他认证，用户也可登录 www.co.ccpit.org 进行操作。其他诸如进出口配额许可证全国联网核查管理、进出口许可证联网申领、全国加工贸易联网审批等，也采取类似办法。

显然，这种电子单证并不是完全电子化单证的意思，即最终目的还是要持有纸制的单证，而且仍然需要用领取或邮寄方式取得签发的单证。但是，通过网上提交信息，大大缩短了递送的时间和费用，可以使机构在第一时间得到申请信息，提高了工作效率，也完善了标准化的工作程序。这对我国电子单证和电子商务的发展都是有好处的。

复习思考题

1. 考察电子单证在我国贸易管理中的应用，并说明电子单证的利弊。
2. 电子单证能完全取代纸制单证吗？为什么？

第五章讲义

单证操作练习

1. 根据信用证中的具体内容，练习制作和准备结汇议付单据。

已知：（1）L/C No.95008AC；

（2）空白单据一套。

要求：（1）对 L/C 的内容进行解释，并分析（L/C 分析单）；

（2）制单练习，并说明制单的要点和注意事项；

（3）练习分析本题中的时间安排。

2. 开证练习，根据第三章第三节中的割草机案例中的已知合同 **No. CN1704**。

（1）填制向银行的开证申请书；

（2）当价格及条件由原来的 USD3,350/set CIF Xingang, China 变更为 USD3,200/set FOB NewYork, USA 时：

① 合同中哪些条款必须做相应的修改？

② 请在此条件下填制新的开证申请书。

3. 修改第三章第四节练习中的 **L/C** 条款，说明制单和议付中需要变更的地方，并重新制单。

（1）最迟装运日推至当年的 9 月 15 日；

（2）L/C 有效期推至当年的 9 月 25 日（地点不变）；

（3）特殊条款中要求交单议付应在装运后 10 日内完成。

说明：上述三项修改是同时进行的。

NANYANG COMMERCIAL BANK, LTD.

PAGE 1

NANYANG COMMERCIAL BANK BUILDING, **151 DES VOEUX ROAD.C. HONG KONG.** **WESTERN DISTRICT BILLS CENTRAL** **128 BONHAM STRAND E. HONG KONG, CHINA** **DATE AND PLACE OF ISSUE:** 2016/10/30 HONG KONG, CHINA	**IRREVOCABLE DOCUMENTARY CREDIT** **DATE AND PLACE OF EXPIRY:** 2017/08/05 In the country of the beneficiary	95008AC

APPLICANT SM Trading Company, 15 GH Road, Hong Kong, China Tel/fax : 852–988844	**Beneficiary** BEIJING INTERNATIONAL TRADE CORP, NO.7 BAISHIQIAO ROAD, BEIJING 100081, CHINA, TEL:8610684166 Fax: +86-10-686833
ADVISING BANK: BANK OF CHINA. BEIJING.	**AMOUNT:** USD800,000.–
PARTIAL SHIPMENTS ARE NOT ALLOWED **TRANSHIPMENT** IS NOT ALLOWED **SHIPMENT FROM** Xingang, China **TO** HONG KONG, CHINA **LATEST** 2016/12/20	**CREDIT AVAILABLE BY** NEGOTIATION **AGAINST PRESENTATION OF** THE DOC. DETAILED HEREIN AND OF YOUR **DRAFT(S) AT** SIGHT **DRAWN ON** US **FOR** FULL INVOICE VALUE

LIST OF DOCUMENTS TO BE PRESENTED:

— FULL SET OF   CLEAN ON BROAD   BILLS OF LADING   NOTIFY APPLICANT MARKED "FREIGHT PREPAID".

— SIGNED COMMERCIAL INVOICE IN 3 ORIGINALS INDICATING S/C NO.MY78   & L/C No.

— PACKING LIST IN 3 ORIGINALS.

— FULL SET OF INSURANCE POLICY OR CERTIFICATE FOR 110 PCT OF FULL INVOICE VALUE COVERING ALL RISKS AND WAR RISKS

— BENEFICIARY'S CERTIFIED COPY OF FAX TO APPLICANT
   ADVISING SHIPMENT DETAILS INCLUDING CREDIT NO., VESSEL'S NAME/WAGON NO., SHIPMENT DATE, NO. OF PACKAGES, AMOUNT QUANTITY AND SHIPPING MARK ON OR BEFORE SHIPMENT EFFECTED.

Continue to next page   CONTINUE TO NEXT PAGE

We hereby issue this Documentary Credit in your favor. It is subject to the Uniform Customs and Practice for Documentary Credits (2007 Revision, International Chamber of Commerce Paris. France. Publication NO.600) and engages us in accordance with the terms thereof, and especially in terms of Article 10 thereof. The number and the date of the credit and the name of our bank must be quoted on all drafts required. If the credit is available by negotiation, each presentation must be noted on the covers of this advice by the bank where the credit is available.

Yours faithfully

For NANYANG COMMERCIAL BANK, LTD.
Hong Kong

Authorized Signature

NANYANG COMMERCIAL BANK, LTD.
NANYANG COMMERCIAL BANK BUILDING.
151 DES VOEUX ROAD.C. HONG KONG, CHINA

95008AC

- BENEFICIARY'S CERTIFICATE of QUALITY IN 3 ORIGINALS
- BENEFICIARY'S CERTIFICATE OF QUANTITY IN 3 ORIGINALS
- BENEFICIARY'S CERTIFICATE CERTIFYING THAT ONE SET OF COPY OF DOCUMENTS HAVING BEEN SENT TO APPLICANT BY EXPRESS MAIL WITHIN 5 DAYS AFTER SHIPMENT.

COVERING SHIPMENT OF:
8000sets of MK87 sewing machine at USD100,- per set

CIF HONG KONG
Packed in wooden case(s)
SPECIAL INSTRUCTION(S):
- ALL BANKING CHARGES OUTSIDE THE ISSUING BANK ARE FOR ACCOUNT OF BENEFICIARY.
- A FEE OF USD50.00 WILL BE DEDUCTED FROM THE REIMBURSEMENT CLAIM FOR EACH PRESENTATION OF DISCREPANT DOCUMENTS UNDER THIS CREDIT.
- DOCUMENTS ISSUED IN COMBINED FORM NOT ACCEPTABLE.
- NEGOTIATION OF THIS CREDIT IS RESTRICTED TO ADVISING BANK.

INSTRUCTIONS TO THE NEGOTIATING BANK:

- THE NEGOTIATING BANK IS KINDLY REQUESTED TO FORWARD ALL DOCUMENTS TO US (NANYANG COMMERCIAL BANK LTD WESTERN DISTRICT BILLS CENTRE, 128, BONHAM STRAND E., HONG KONG)IN ONE LOT BY EXPRESS AIRMAIL.

- IN REIMBURSEMENT FOR YOUR NEGOTIATION(S), WE SHALL CREDIT YOUR ACCOUNT WITH US UPON, MATURITY AFTER RECEIVING OF DOCUMENTS PROVIDED THAT ALL TERMS AND CONDITIONS OF THIS CREDIT HAVE BEEN FULLY COMPLIED WITH.

END OF L/C

Yours faithfully,
For NANYANG COMMERCIAL BANK, LTD.
Hong Kong

Authorized Signature

信用证分析单

银行编号		合同		受益人		
证号						
开证银行				进口商		
开证日期		索汇方式		起运口岸		目的地
金额				可否转运		唛头：
汇票付款人				可否分批		
汇票期限	见票____天期			装运期限		
注意事项				有效期、地点		
				提单日____天议付____内寄单		
单证名称	提单	副提单	商业发票	VISA商业发票	海关发票	装箱单	重量单	尺码单	保险单	产地证	GSP产地证	EU产地证	贸促会产地证	出口许可证	装船通知	投保通知	寄投保通知邮据	寄单证明	寄样证明	寄样邮据
银行																				
客户																				
提单	抬头					保险														
	通知					保额另加 %					赔款地点									

BILL OF LADING

1) SHIPPER	10) B/L No. CARRIER: **C O S C O** 中国远洋运输(集团)总公司 **CHINA OCEAN SHIPPING (GROUP) CO.** **ORIGINAL** **Combined Transport BILL OF LADING**
2) CONSIGNEE	
3) NOTIFY PARTY	

4) PLACE OF RECEIPT	5) OCEAN VESSEL
6) VOYAGE NO.	7) PORT OF LOADING
8) PORT OF DISCHARGE	9) PLACE OF DELIVERY

11) MARKS 12) Nos. & KINDS OF PKGS. 13) DESCRIPTION OF GOODS 14) G. W. (kg) 15) MEAS (m^3)

16)

17) TOTAL NUMBER OF CONTAINERS OR PACKAGES
    (IN WORDS)

FREIGHT&CHARGES	REVENUE TONS	RATE	PER	PREPAID	COLLECT

PREPAID AT	PAYABLE AT	21) PLACE AND DATE OF ISSUE
TOTAL PREPAID	18) NUMBER OF ORIGINAL B(s)L	
LOADING ON BOARD THE VESSEL 19) DATE 20) BY		22)

北京国际贸易公司
BEIJING INTERNATIONAL TRADE CORP
No.7 Baishiqiao Road, Beijing 100081, China Tel/Fax: 684166

No.
Date: Place:
Exchange for
At _____ sight of this **First** of Exchange (**Second** of the same tenor and date unpaid), Pay to the Order of _____ the sum of
_____

DRAWN UNDER
TO :

北京国际贸易公司
BEIJING INTERNATIONAL TRADE CORP
No.7 Baishiqiao Road, Beijing 100081, China Tel/Fax: 684166

No.
Date: Place:
Exchange for
At _____ sight of this **Second** of Exchange (**First** of the same tenor and date unpaid), Pay to the Order of _____ the sum of
_____

DRAWN UNDER
TO :

北京国际贸易公司
BEIJING INTERNATIONAL TRADE CORP
No.7 Baishiqiao Road, Beijing 100081, China Tel/Fax: 684166

INVOICE

No.:
Date:

Shipment from   to

货品名称及规格 Commodities and specifications	数量 Quantity	单价 Unit Price	总价 Amount

北京国际贸易公司
BEIJING INTERNATIONAL TRADE CORP

No.7 Baishiqiao Road, Beijing 100081, China Tel/Fax: 684166

装箱单

PACKING LIST |ORIGINAL|

MESSRS.   Reference No. _____
                                     Invoice No. _____
                                     Date   _____
                                     Contract No. _____

SHIPMENT FROM _____ **TO** _____

Description	Quantity	N.W.	G.W.	Measurement

中国人民保险公司
The People's Insurance Company of China

总公司设于北京　　　　1949 创立
Head Office: Beijing　　Established in 1949

保 险 单　　　　　　　　　　　保险单号次
INSURANCE POLICY　　　　　**POLICY NO.**

中 国 人 民 保 险 公 司 （ 以 下 简 称 本 公 司 ）
THIS POLICY OF INSURANCE WITNESSES THAT THE PEOPLE'S INSURANCE COMPANY OF CHINA (HEREINAFTER CALLED "THE COMPANY")
根 据
AT THE REQUEST OF_____
（以下简称被保险人）　的 要 求，由 被 保 险 人 向 本 公 司 交 付 约 定
(HEREINAFTER CALLED "THE INSURED") AND IN CONSIDERATION OF THE AGREED PREMIUM PAID TO THE COMPANY
的　保　险　费，按 照 本 保 险 单 承 保 险 别 和 背 面 所 载 条 款 与 下 列
BY THE INSURED, UNDERTAKES TO INSURE THE UNDER MENTIONED GOODS IN TRANSPORTATION SUBJECT TO THE
特　款 承 保 下 述 货 物 运 输 保 险，特 立 本 保 险 单。
CONDITION OF THIS POLICY AS PER THE CLAUSES PRINTED OVERLEAF AND OTHER SPECIAL CLAUSES ATTACHED HEREOF.

标　记 MARKS & NOS.	包装及数量 QUANTITY	保险货物项目 DESCRIPTION OF GOODS	保险金额 AMOUNT INSURED

总保险金额：
TOTAL AMOUNT INSURED: _____
保　费　　　　　　费率　　　　　　装载运输工具
PREMIUM _____　RATE _____　PER CONVEYANCE S.S _____
开航日期　　　　　　自　　　　　　　至
SLG ON OR ABT _____　FROM _____　TO _____
承保险别：
CONDITIONS

所保货物，如遇出险，本公司凭本保险单及其他有关证件给付赔款。
CLAIMS IF ANY PAYABLE ON SURRENDER OF THIS POLICY TOGETHER WITH OTHER RELEVANT DOCUMENTS
所保货物，如发生本保险单项下负责赔偿的损失或事故，
IN THE EVENT OF ACCIDENT WHEREBY LOSS OR DAMAGE MAY RESULT IN A CLAIM UNDER THIS POLICY IMMEDIATE NOTICE
应立即通知本公司下述代理人查勘。
APPLYING FOR SURVEY MUST BE GIVEN TO THE COMPANY'S AGENT AS MENTIONED HEREUNDER

赔款偿付地点　　　　　　　　　　　　　中国人民保险公司
CLAIM PAYABLE AT/IN _____　　　　　THE PEOPLE'S INSURANCE CO. OF CHINA

日期　　　　　　　　　　　　　　　　　_____
DATE _____　　　　　　　　　　　**General Manager**

北京国际贸易公司
BEIJING INTERNATIONAL TRADE CORP

No.7 Baishiqiao Road, Beijing 100081, China
Tel/Fax: 684166

CERTIFICATE OF QUANTITY
Date:

北京国际贸易公司
BEIJING INTERNATIONAL TRADE CORP

No.7 Baishiqiao Road, Beijing 100081, China
Tel/Fax: 684166

CERTIFICATE OF QUALITY
Date:

北京国际贸易公司

BEIJING INTERNATIONAL TRADE CORP

No.7 Baishiqiao Road, Beijing 100081, China
Tel/Fax: 684166

CERTIFICATE

Date:

北京国际贸易公司

BEIJING INTERNATIONAL TRADE CORP

No.7 Baishiqiao Road, Beijing 100081, China
Tel/Fax: 684166

CERTIFIED COPY OF FAX

Date:

附录一

国际商会
《2020年国际贸易术语解释通则》
中的11种术语

E组（发货）	EXW	工厂交货（……指定地点）
F组（主要运费未付）	FCA	货交承运人（……指定地点）
	FAS	船边交货（……指定装运港）
	FOB	船上交货（……指定装运港）
C组（主要运费已付）	CFR	成本加运费（……指定目的港）
	CIF	成本、保险费加运费（……指定目的港）
	CPT	运费付至（……指定目的地）
	CIP	运费、保险费付至（……指定目的地）
D组（到达）	DPU	卸货地交货（……指定目的地）
	DAP	地点交货（……指定目的地）
	DDP	完税后交货（……指定目的地）

注：在不同版本的INCOTERMS之间，进出口商可以在合同中确定所选用的版本。

附录二

国际商会
《2010年国际贸易术语解释通则》
中的 11 种术语

E组（发货）	EXW	工厂交货（……指定地点）
F组（主要运费未付）	FCA	货交承运人（……指定地点）
	FAS	船边交货（……指定装运港）
	FOB	船上交货（……指定装运港）
C组（主要运费已付）	CFR	成本加运费（……指定目的港）
	CIF	成本、保险费加运费（……指定目的港）
	CPT	运费付至（……指定目的地）
	CIP	运费、保险费付至（……指定目的地）
D组（到达）	DAT	终点站交货（……指定目的地）
	DAP	地点交货（……指定目的地）
	DDP	完税后交货（……指定目的地）

附录三

国际贸易单证常用词汇和短语
（中英对照）

1. L/C 的性质与种类

Irrevocable L/C/Revocable L/C	不可撤销信用证/可撤销信用证
Confirmed L/C/Unconfirmed L/C	保兑信用证/不保兑信用证
Transferable L/C/Non Transferable L/C	可转让信用证/不可转让信用证
Divisible L/C/Indivisible L/C	可分割信用证/不可分割信用证
Sight L/C/Usance L/C	即期信用证/远期信用证
Deferred Payment L/C	延期付款信用证
Anticipatory L/C	预支信用证
Documentary L/C/Clean L/C	跟单信用证/光票信用证
Revolving L/C	循环信用证
Back to Back L/C	对背信用证
Reciprocal L/C	对开信用证
L/C with/ without T/T Reimbursement Clause	带/不带电汇索偿条款信用证
with/ without Recourse L/C	有/无追索权信用证

2. L/C 的当事人

Applicant	开证申请人
Beneficiary	受益人
Opening Bank, Issuing Bank	开证行
Advising Bank	通知行
Negotiation Bank, Negotiating Bank	议付行
Paying Bank	付款行
Confirming Bank	保兑行
Reimbursing Bank	偿付行
Drawer	出票人

Drawee   付款人
to draw on (upon)   以（某人）为付款人

3. 单据与操作

Draft /Bill of Exchange   汇票
Sight/Time Drafts   即期/远期汇票
Presentation   提示
Acceptance   承兑
Commercial/Customs Invoice   商业发票/海关发票
Endorsement   背书
T/T，Telegraphic Transfer   电汇
Collection   托收
D/P，Document Against Payment   付款交单
D/A，Document Against Acceptance   承兑交单
Trust Receipt (T/R)   信托收据
Packing List/Weight Memo   装箱单/重量单
Inspection Certificate   检验证书
Fumigation Certificate   熏蒸证明
Sanitary Certificate   卫生证书
Health Certificate   卫生健康证书
Certificate of Origin   原产地证书
Generalized System of Preference Certificate of Origin Form A   普惠制原产地证书 FORM A
B/L，Bills of Lading   提单
Non-negotiable Copy of B/L   不可议付的副本提单
Clean on Board B/L   清洁已装船提单
Freight Prepaid   运费付讫
Freight to collect   运费到付
Insurance Policy/Certificate   保险单/保险凭证
Marine Insurance Policy   海运保险单
Ocean Marine Cargo Insurance Clauses   海洋运输货物保险条款
Risks & Coverage   保险险别
F.P.A，Free From Particular Average   平安险
W.P.A，With Particular Average   水渍险
All Risks   一切险
War Risks   战争险

Additional Risks	附加险
Warehouse to Warehouse Clauses	仓至仓条款

4. 国际惯例与组织

ICC, International Chamber of Commerce	国际商会
INCOTERMS 2010	《国际贸易术语解释通则 2010 年修订本》
INCOTERMS 2020	《国际贸易术语解释通则 2020 年修订本》
UCP 600, Uniform Customs and Practice for Documentary Credit 2007 Version, ICC No.600 Publication	《跟单信用证统一惯例 2007 年修订本》国际商会 600 号出版物
ISBP, International Standard Banking Practice for the Examination of Documents under Documentary Credits	《关于审核跟单信用证项下单据的国际标准银行实务》

参 考 文 献

[1] 万晓兰，庄碧蓉. 新编国际货物贸易实务与操作［M］. 北京：经济科学出版社，2001.
[2] ［美］爱德华·辛克尔曼. 国际贸易单证［M］. 第 3 版. 张倩，译. 北京：中国人民大学出版社，2012.
[3] 祝卫. 出口贸易模拟操作教程［M］. 上海：上海人民出版社，1999.
[4] 尹哲. 国际贸易单证流转实务——国际贸易实务模拟实验室［M］. 北京：中国轻工业出版社，1999.
[5] 王芬，刘丽英. 进出口贸易实务模拟教程［M］. 上海：立信会计出版社，1998.
[6] 高东风，董凤兰. 出口贸易制单与银行结汇实务（修订本）［M］. 北京：对外贸易教育出版社，1996.
[7] ICC 跟单信用证统一惯例（2007 年修订本）［M］. 北京：中国民主法制出版社，2006.
[8] 跟随 UCP600 而进行的相关规则的改变［EB/OL］. 正天国际贸易网 http://www.trade158.com/.
[9] 于强. UCP600 实施后，提交什么样的单据才算是相符交单？［EB/OL］. 中国贸易金融网 http://www.sinotf.com/GB/116/1169/2007-10-23/0840ABJ02111.htm.
[10] 顾民. 最新信用证（UCP600）操作指南［M］. 北京：中国对外经济贸易出版社，2007.
[11] 中华人民共和国商务部网站 www.mofcom.gov.cn.
[12] 国家外汇管理局网站 www.safe.gov.cn.
[13] International Standard Banking Practice for the Examination of Documents under Documentary Credits subject to UCP 600 (ISBP) [S]. International Chamber of Commerce, 2006.
[14] Standards Release Guide and Message Format Validation Rules 2007 [S]. Society for Worldwide Interbank Financial Telecommunication, 2007.
[15] SWIFT UCP 600 Usage Guidelines [S]. Society for Worldwide Interbank Financial Telecommunication, 2007.
[16] Johnson, Thomas E. Export/import procedures and Documentation [M]. New York: Amacom, 1997.
[17] Lockwood, Henry. Documents necessary for smooth sailing of export goods [J]. Caribbean Business, 9/26/96, Vol. 24 Issue 38: 7.
[18] Takahashi, Koji. Original documents in letter of credit in the era of high-quality photocopies and printers [J]. Banking Law Journal, Jul/Aug2004, Vol. 121 Issue 7: 613.
[19] Freight documents[EB/OL]. http://www.jasitaly.com/misc/download/shipment/index.cfm.
[20] eUCP-electronic uniform customs and practice [EB/OL]. http://www.exportmichigan.com/eucp.htm.
[21] New UCP supplement comes into force [EB/OL]. http://www.iccwbo.org/home/news_archives/2002/eUCP.asp.